徐世章藏金石集拓

徐立 整理

中華書局

圖書在版編目(CIP)數據

徐无聞藏金石集拓/徐立整理. —北京:中華書局,2013.11
ISBN 978 -7 -101 -09717 -7

Ⅰ.徐… Ⅱ.徐… Ⅲ.金石-拓本-中國-古代
Ⅳ.K877.22

中國版本圖書館 CIP 數據核字(2013)第 240429 號

責任編輯:李天飛 劉 麗

徐无聞藏金石集拓
徐 立 整理
*
中 華 書 局 出 版 發 行
(北京市豐臺區太平橋西里 38 號 100073)
http://www.zhbc.com.cn
E-mail:zhbc@zhbc.com.cn
北京瑞古冠中印刷廠印刷
*
787×1092 毫米 1/16 · 24 印張
2013 年 11 月第 1 版 2013 年 11 月北京第 1 次印刷
印數:1-800 册 定價:660.00 元

ISBN 978 -7 -101 -09717 -7

徐无聞先生1992年攝于四川新都桂湖公園

徐无聞先生1973年攝于四川忠縣鳴玉溪

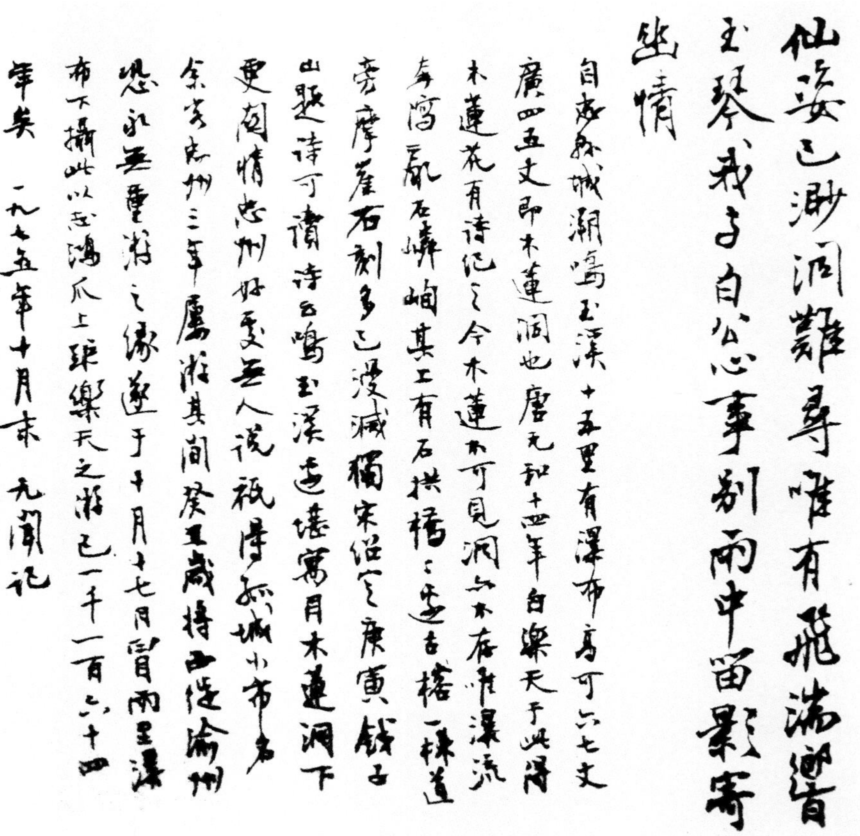
仙姿已渺洞難尋唯有飛湍響
玉琴我與白公心事別雨中留影寄
幽情
自忠縣城溯鳴玉溪十五里有瀑布高可六七丈
廣四五丈即木蓮洞也唐元和十四年白樂天于此得
木蓮花有詩紀之今木蓮不可見洞亦不存唯瀑流
奔寫亂石嶙峋其上有石拱橋橋邊古榕一株道
旁摩崖石刻多已湮滅獨宋紹定庚寅錢子
山題詩可讀詩云鳴玉溪邊懷寓月木蓮洞下
更關情忠州好處無人說祇是荒城小市名
余客忠州三年屢游其間癸丑歲將西徙渝州
恐永無重游之緣遂于十月十七日冒雨至瀑
布下攝此以志鴻爪上距樂天之游已一千一百六十四
年矣 一九七五年十月末 无聞記

徐无聞先生題詩

前言

當我一頁頁細細閱讀這些拓片時，記憶之窗隨之一扇扇開啟，父親徐无聞的身影漸漸地向我走來。這三百四十餘張拓片有他一生各個時期的手拓、題跋，也有祖父和他收藏的一些精品。從童年開始，无聞公便醉心於此道。他的足跡從歌商頌室走出，走進張氏世留堂、崔氏謙益堂、唐氏怡蘭堂、易氏靜偶軒，最後走向全國。優良的家風、濃郁的興趣、高品位的良師，將其打造成了一代好古的傳人。

拓片作爲古器物上人類文明的載體，以其直觀、真實爲歷代文人所重視，在中華文明的傳承過程中，拓片是瞭解遠古歷史的一手資料和研究基礎。古代先賢用拓椎的方式，將古器物記載的文化信息轉移到紙上，使其化身千百，供學人、好古者藏玩研究，當是前人的一大創造。這批拓片經歷了一個世紀，從衆多愛家手中彙集至此，凝集了徐家兩代人的心血，无聞公尚未整理便英年早逝。面對先人遺留的未盡事業，我只能勉爲其難，將這批拓片進行簡單梳理，大致依照拓片類型、時代先後做了目録。從拓片上的印章看大部分是近現代成都的文人、藏家，如張成孝、唐鴻昌、易均室、曾祐生、王樹成、崔之雄等，這些前輩學識淵博，見多識廣，尊重他們的研究成果是必須的。加之古器物歷來命名不同，在編目過程中凡有前輩命名的即依所言，没有命名的即參照今人的研究成果，類比命名。書名《歌商頌室集蜕》是源于易忠録先生所題「歌商頌室磚瓦集蜕」，由劉石先生改定。整理的過程中可以清楚地看到父親正是在拓片的浸淫、熏陶、研究中將出土文物與傳世古籍相印證，釐清了華夏歷史的斷代，辨識了漢文字的發展演變軌跡，把握了中國書法漸進的脈絡。

徐家是個清貧之家，四壁徒立，夜無存糧，唯有古籍拓片相伴。家裏的藏書藏拓上祖父鈐印一方曰「益生節衣縮食所得」。就是當時情景的真實寫照。父親没有同齡人騎竹馬、放風箏的童年，拓片中有一件「永年手釋」的金文拓片，從字跡看當在十歲左右。集子中有十五六歲所拓，十七八歲所拓，最後有五十幾歲拓、六十歲跋的拓片。他的一生與拓片相隨，在人稱「黑老虎」的拓片中尋找人生樂趣，夯實學識基礎，最終厚積薄發，在《漢語大字典》字形編寫、主持編寫《漢語古文字字形表》、《秦漢魏晉篆隸字形表》、《甲金篆隸大字典》……中發揮得淋漓盡致，使學界刮目相看。這本集子便是一個聚土成山的範例。

集中鏡拓較多，這些拓片的實物，有的消亡了，有的轉讓了，有的入藏了，大多無緣再見真容。我們只能從存世的拓片中去感受古代燦爛文化的氣息。聽父親講，過去的藏家大多没有那個經濟實力收藏重器，鐘鼎彝器動輒良田千畝，庭院一所，非常人所能爲。嗜古有癮，退而求其次，秦磚漢瓦、唐鏡宋碗便成了藏家追捧的熱品。銅鏡以其精美的紋飾、銘文、圖案、形制獨具一格，它豐富的文化信息，精湛的製作工藝，除重器外，遠勝其他青銅器。當年一枚品相上佳的漢鏡，也價值不菲。鏡少而愛家多，高手所作鏡拓，就成了衆多愛家的把玩之物。這批鏡拓有无聞公手拓，亦有民國時期高手所爲，細觀之，經歷了多半個世紀的老拓片，依然墨彩燦然，纖毫無遺。可賞、可玩、可藏、可研究。從時間看，上至戰國，下迄清代，脈絡清晰，種類繁多。銅鏡的紋飾、銘文從一個側面折射了當時社會的各個方面，使我們對傳世文字記載多了一些直觀瞭解。磚瓦拓片量大，種類多，是當時文人研究金石文字的主要材料，殘磚斷瓦往往被人忽略，但文字、書法都很真實，很富時代氣息。漢畫像磚是漢代的一個特殊品種，形象生動地反映了當時社會生活的各種場景，爲不可多得的一手資料。父親的跋語很精彩，集考證、斷代、歸類、人物介紹於一體。加之絶美的書法，細讀跋文，你會感到一個學者踏實的治學方法和豐富細膩的内心世界。

面對這本集子，我心裏湧出一陣難以言表之情。時光荏苒，父親走了二十年，徐門弟子遵循先生的教導奮鬥了二十年。其間，發論文、出專集、召開研討會，這一切都是非功利性的，我以爲這是一種精神的感召。父親執教一生，「爲人師表」的真諦在這裏得到了最好的詮釋。整理這些拓片我深感學識淺薄，力不從心，得到了衆多良師益友的鼎力相助，我以父親在天之靈及全家的名義向

清華大學人文學院中文系劉石先生

中華書局徐俊先生、俞國林先生、李天飛先生

北京文森文化傳媒公司劉輝先生

重慶四川美院李偉鵬先生

致以最誠摯的謝意。

由於集子涉獵面廣，本人學識有限，敬請讀者不吝指教。

徐立拜書，二〇一二年十一月八日。

目録

青銅器銘文及雜件拓

青銅鏡拓

磚拓及碑刻

漢畫像磚

瓦當

青銅器銘文及雜件拓

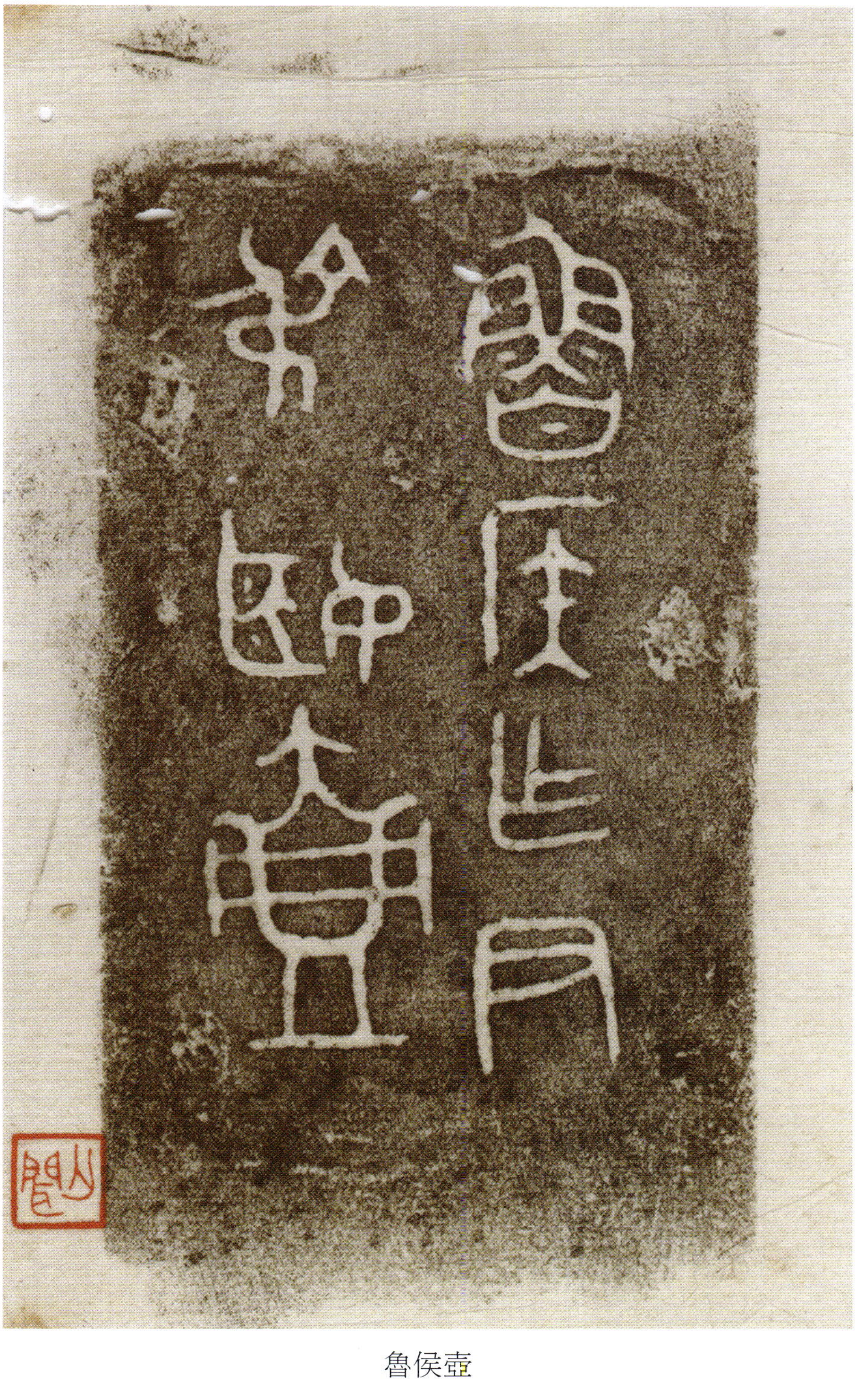

魯侯壺

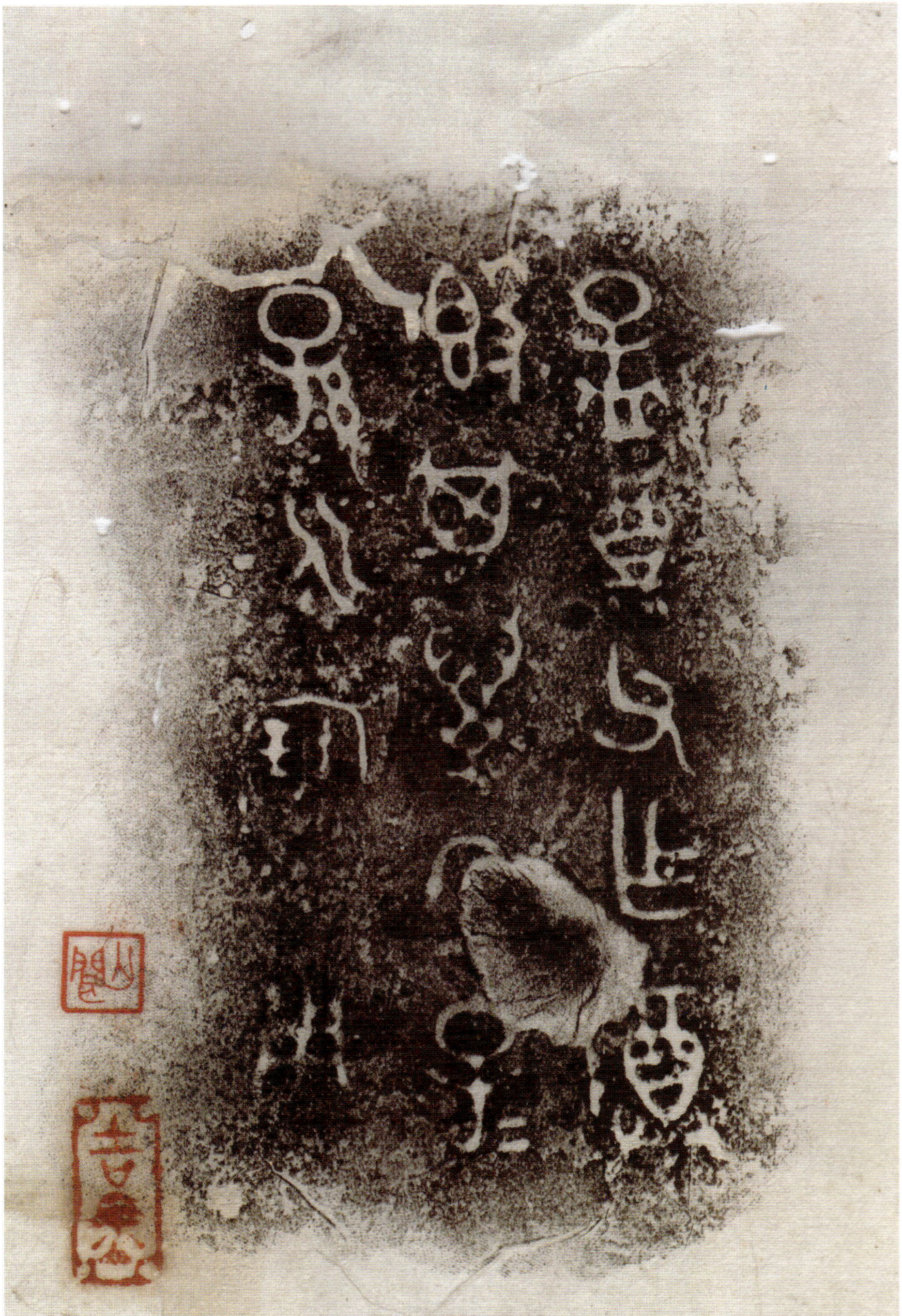

孟鄭父敦

婞姒敦

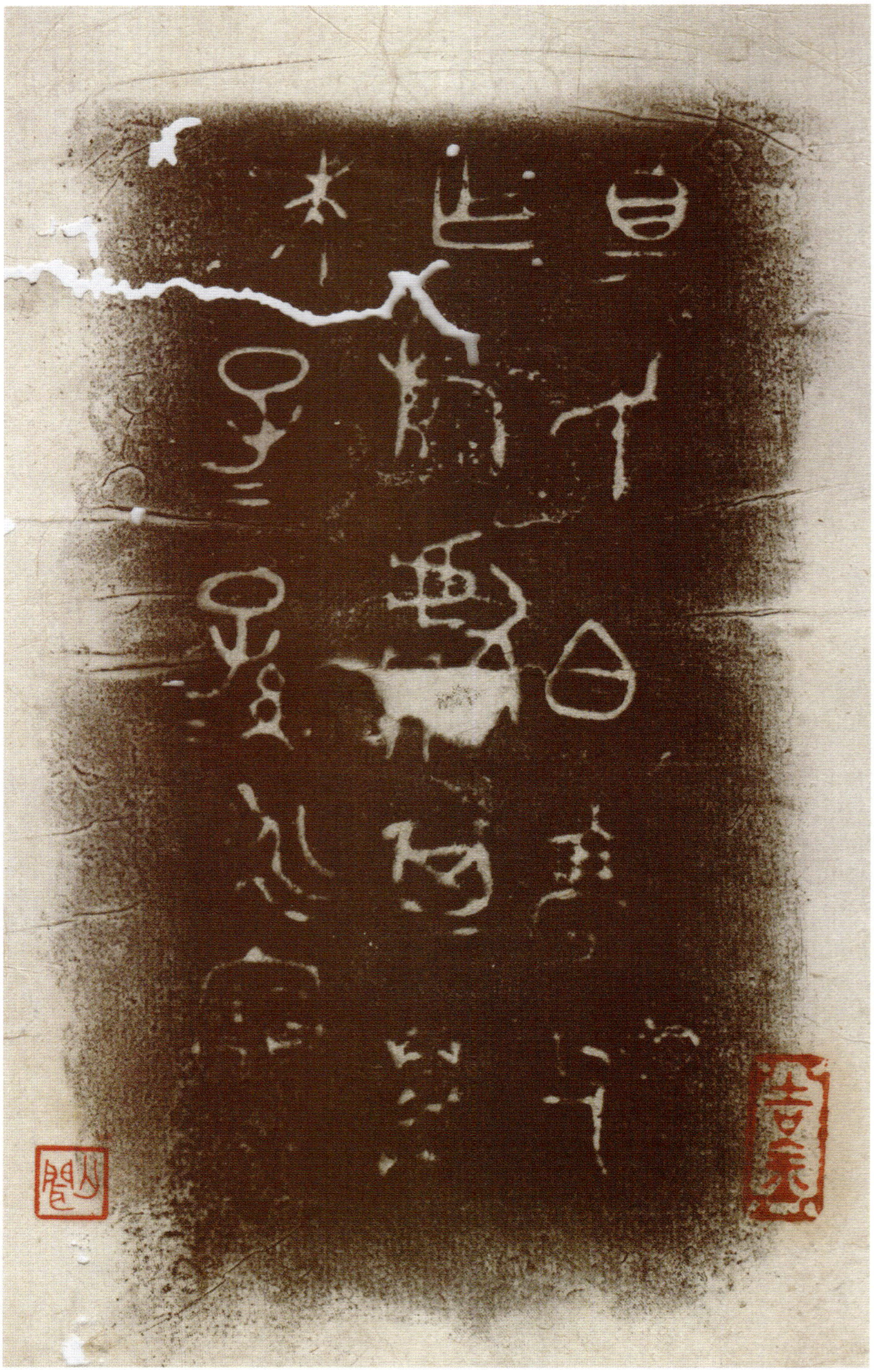

伯高父甗

鄭氏伯高父
作旅甗其萬
秊子子孫孫永寶

此甗見載愙齋集古錄吳愙齋題
伯高父甗第二行第二字疑而不釋今
以拓本相對細審之乃即氏字也

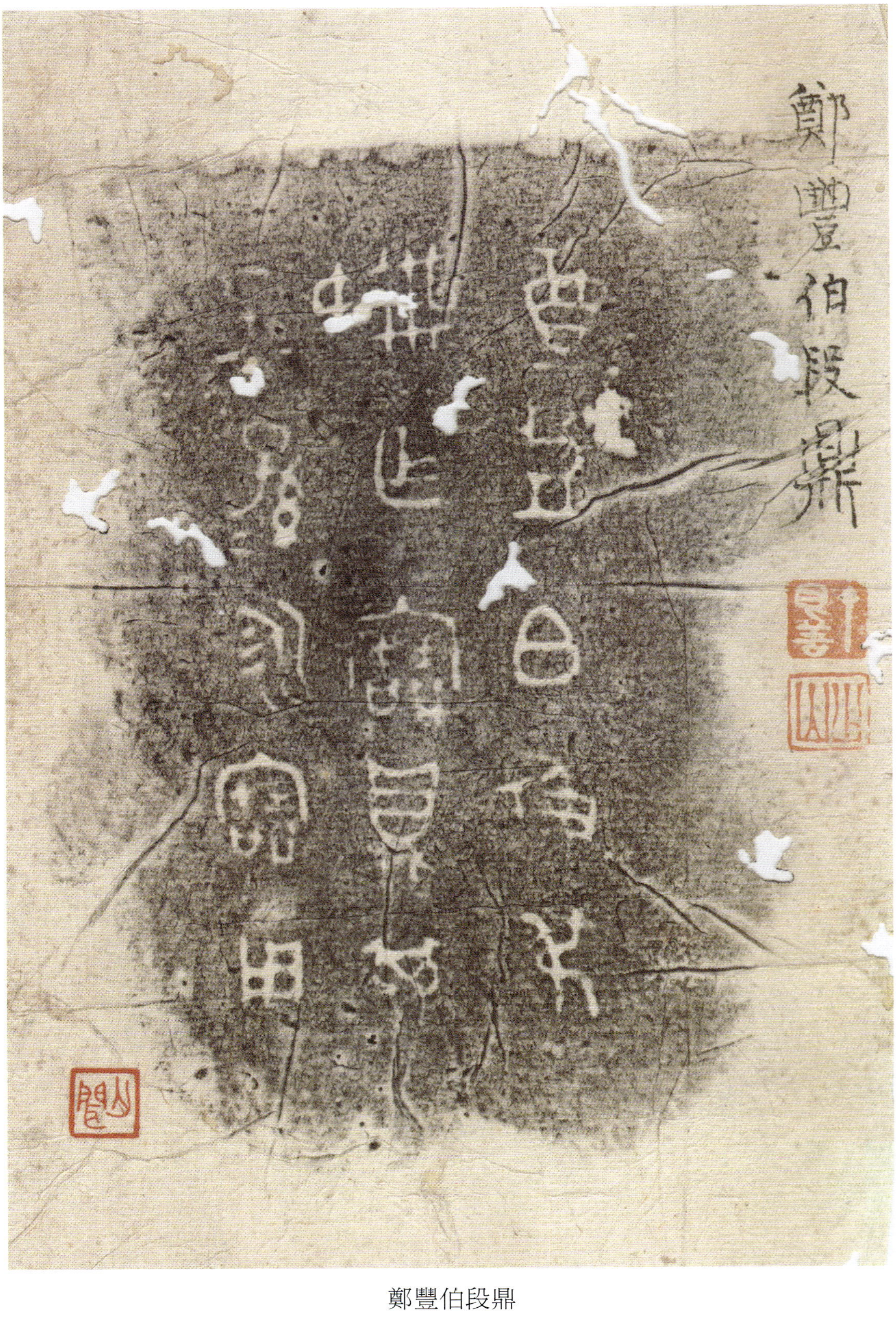

鄭豐伯段鼎

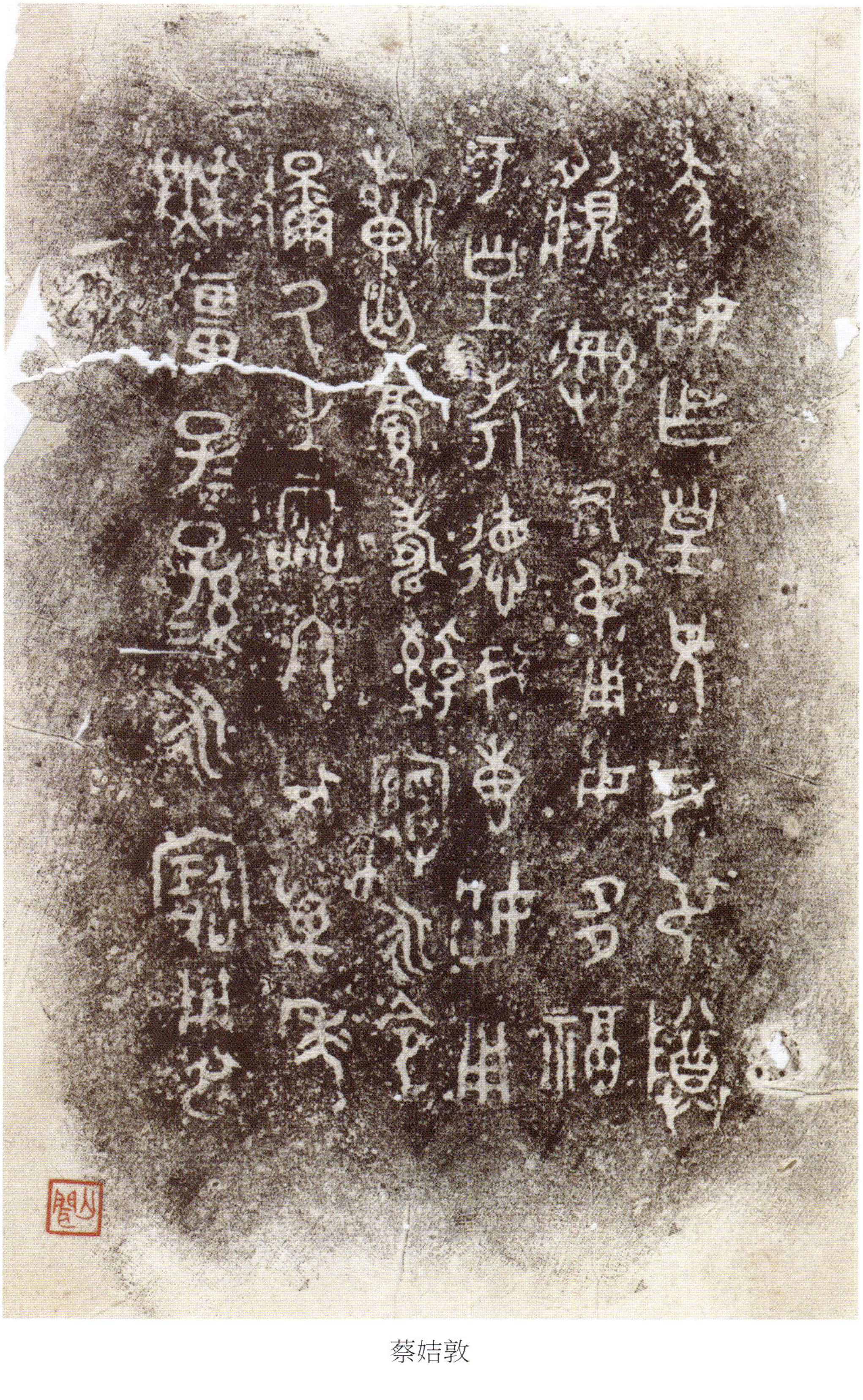

蔡姞敦

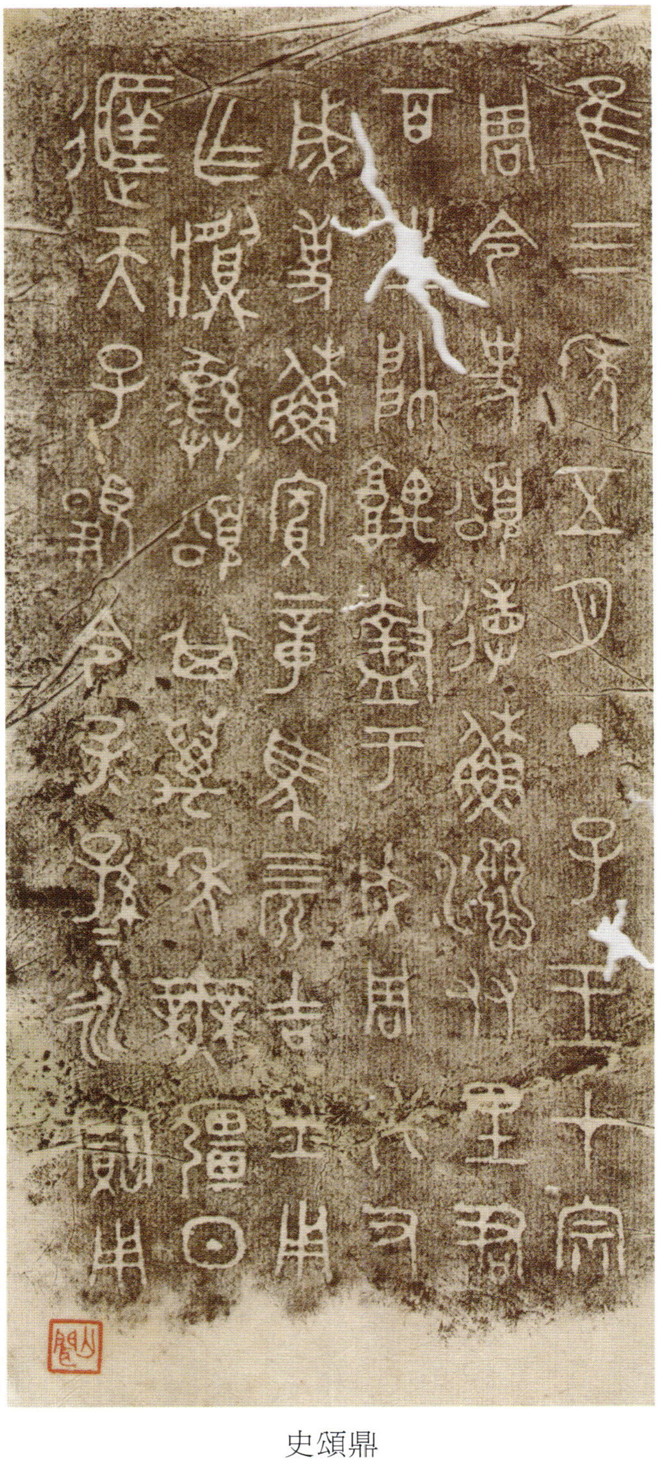

史頌鼎

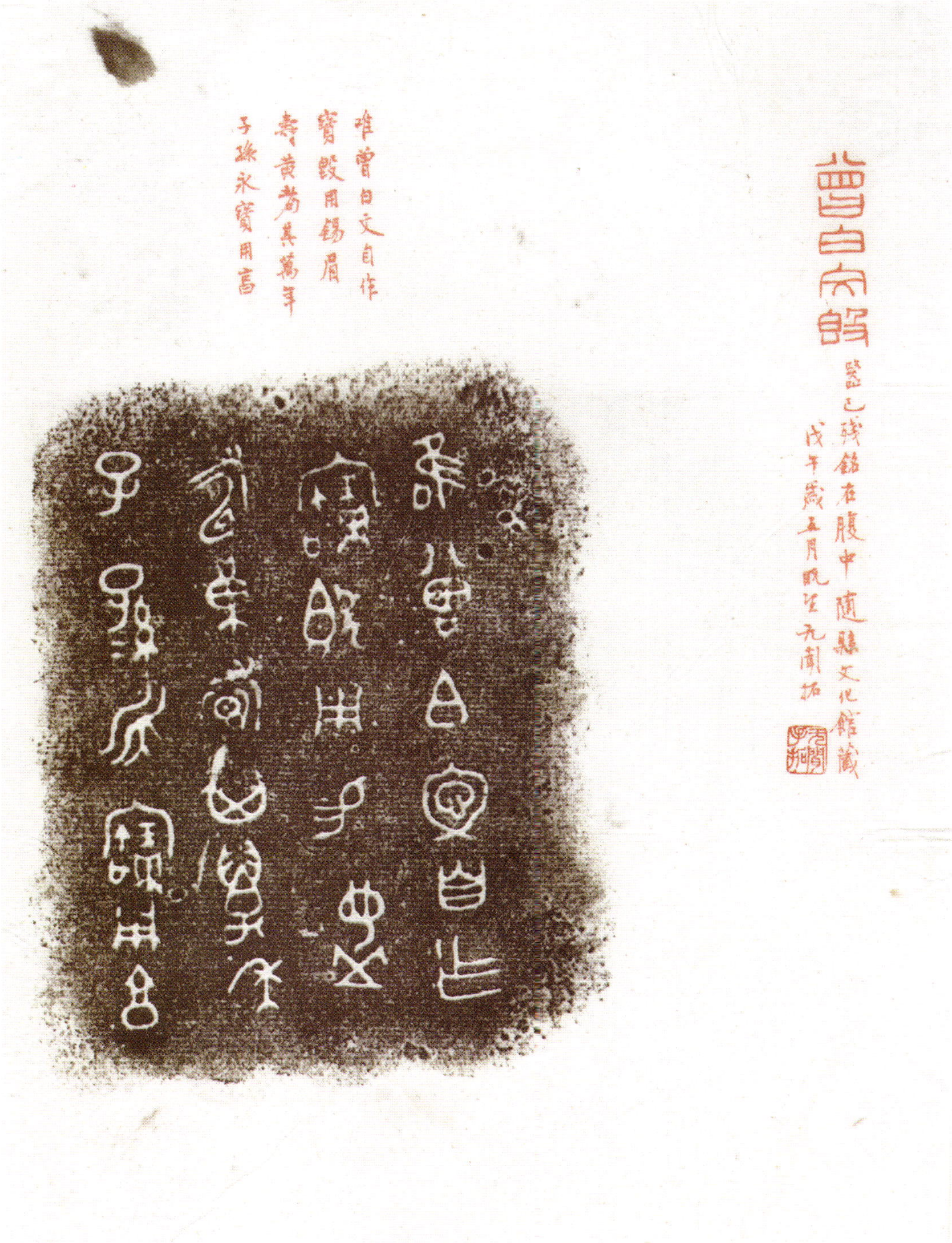
曾白文毁
器已殘銘在腹中 隨縣文化館藏
戊午歲五月既生元剛拓
唯曾白文自作
寶毁用錫眉
壽黄耇其萬年
子孫永寶用亯

曾白文敦

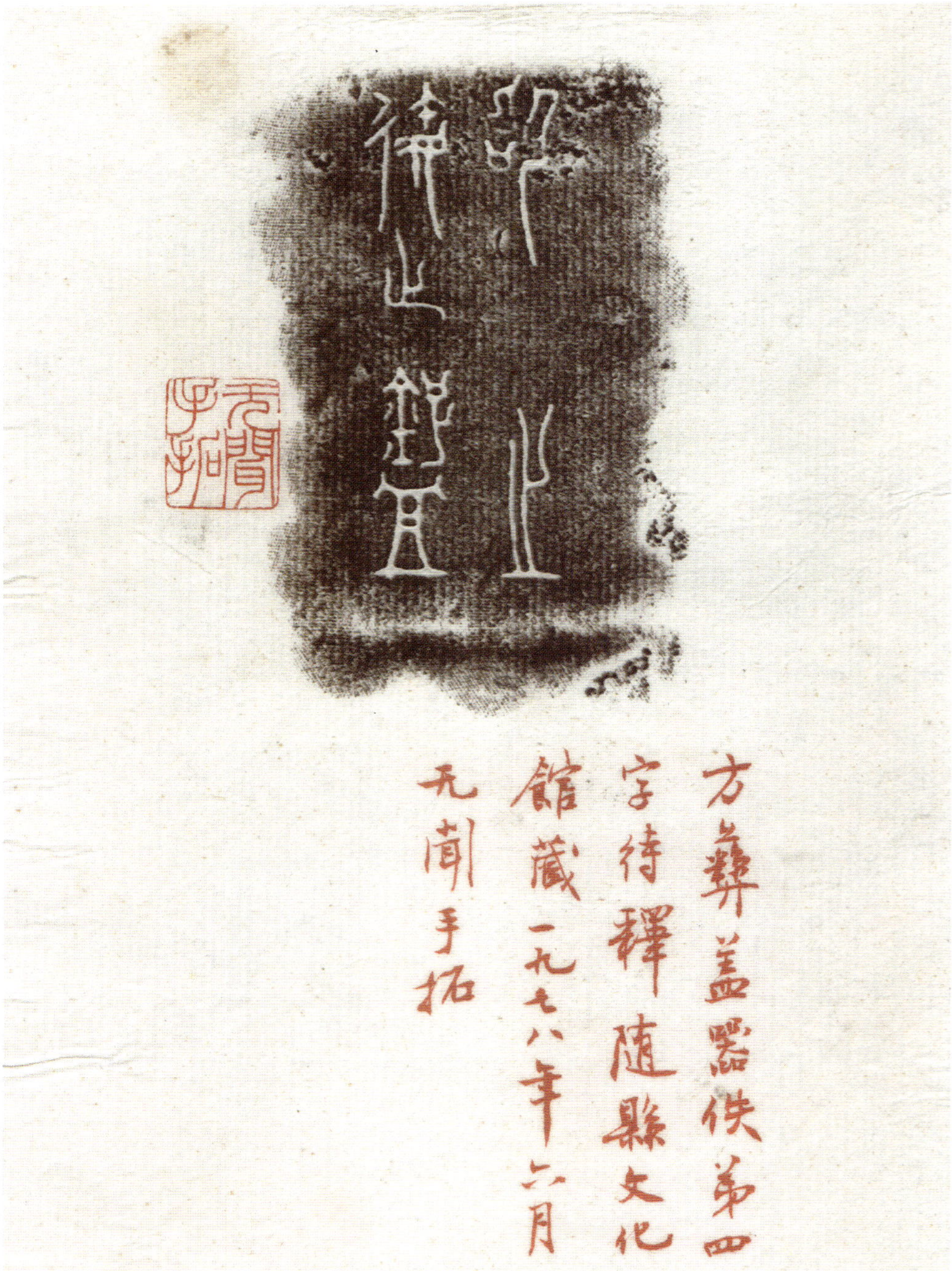

方　彝

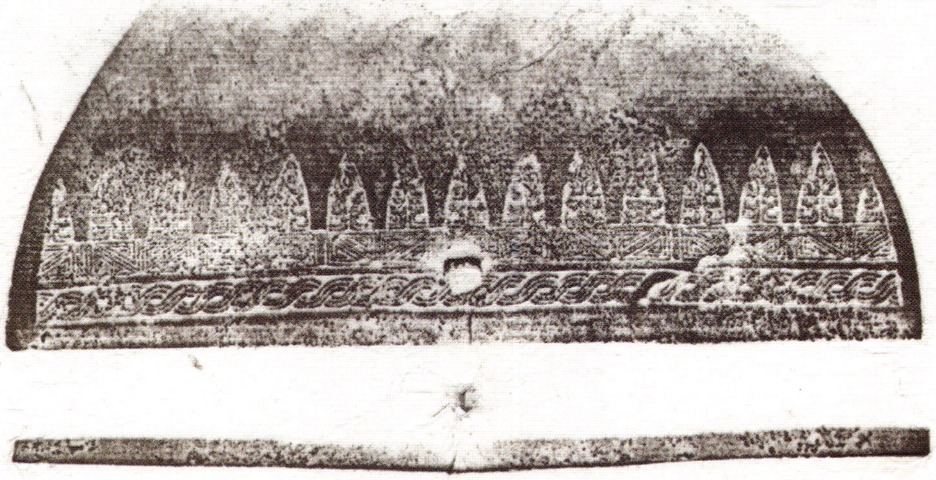

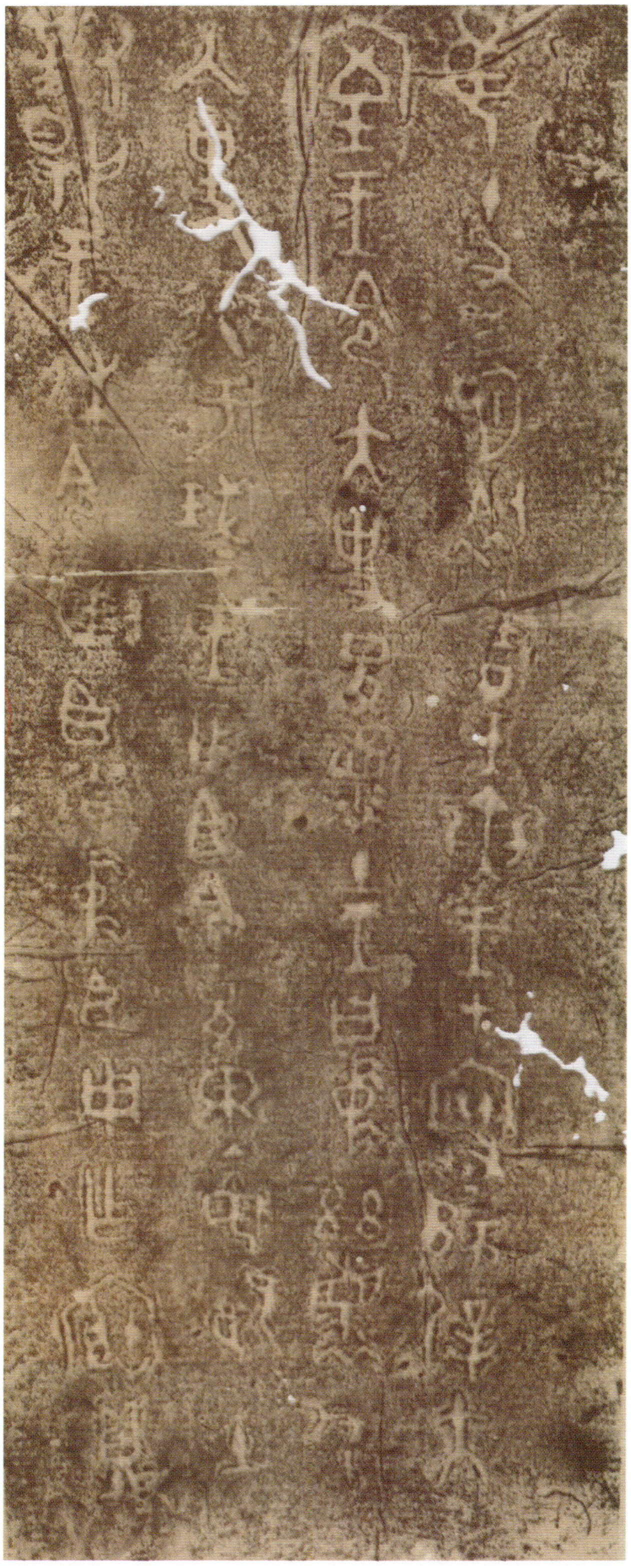

尚中鼎

隹十又三月初吉□寅（丙寅）王在周師辟大
室王令大史兄裹土王曰中丝裹□（疑文）
人（內）史錫于琺王作臣今□兄里母□土
對揚王休令隹臣尚中臣用作寶鼎

小卷格

成都青龍街鴻興公製

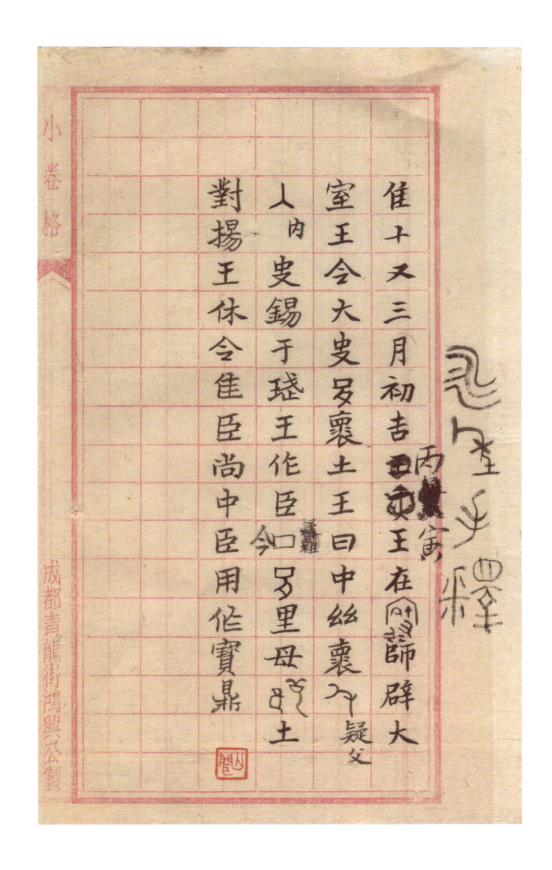

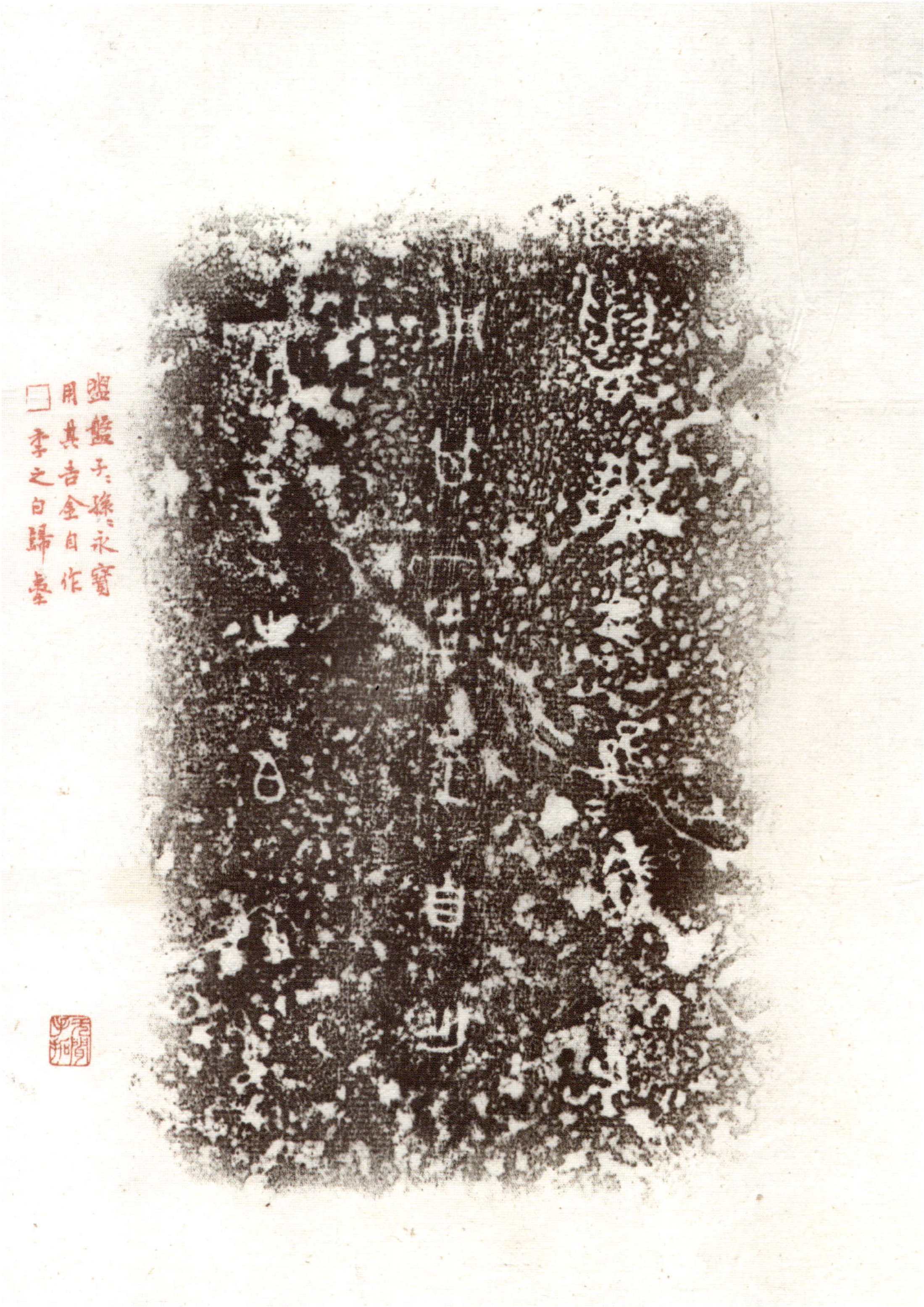

白歸盤

陳侯鼎

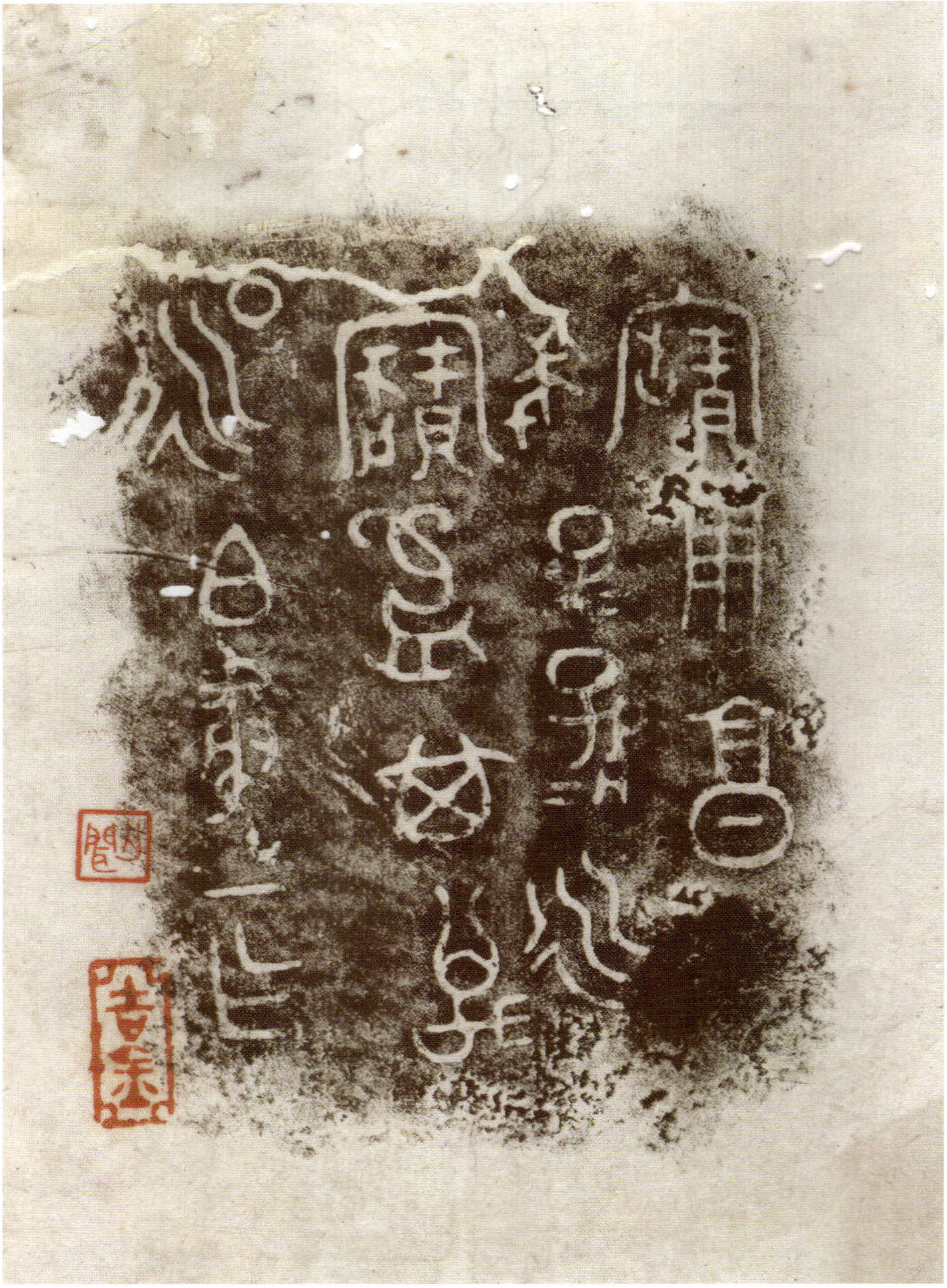

伯魚鼎

大庚鬲

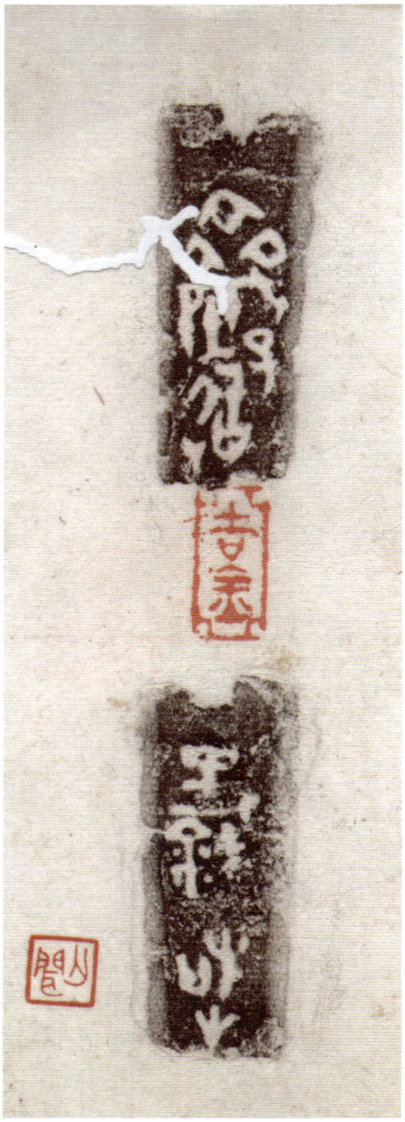

漢弩機（一）

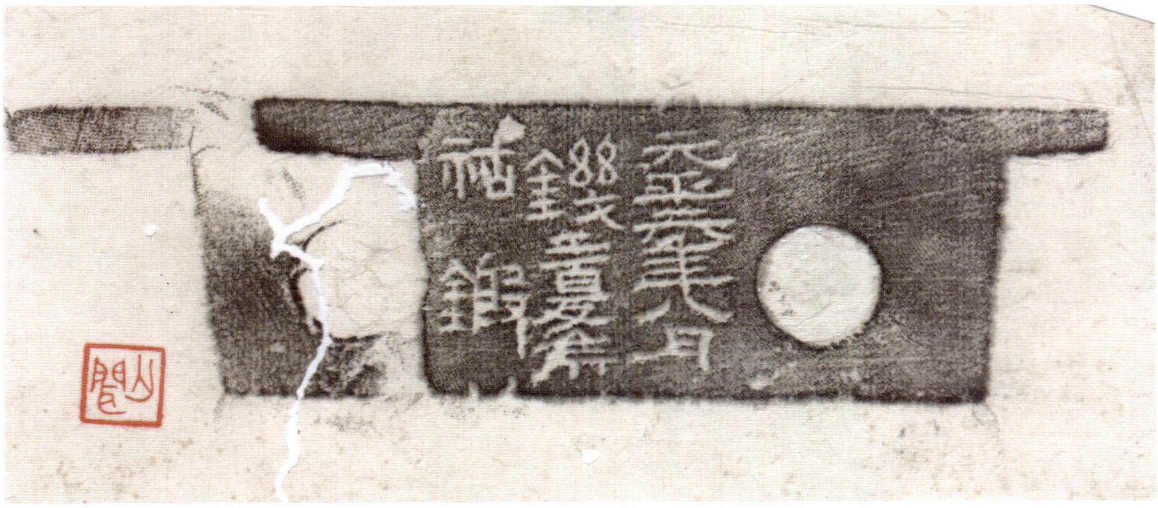

漢弩機（二）

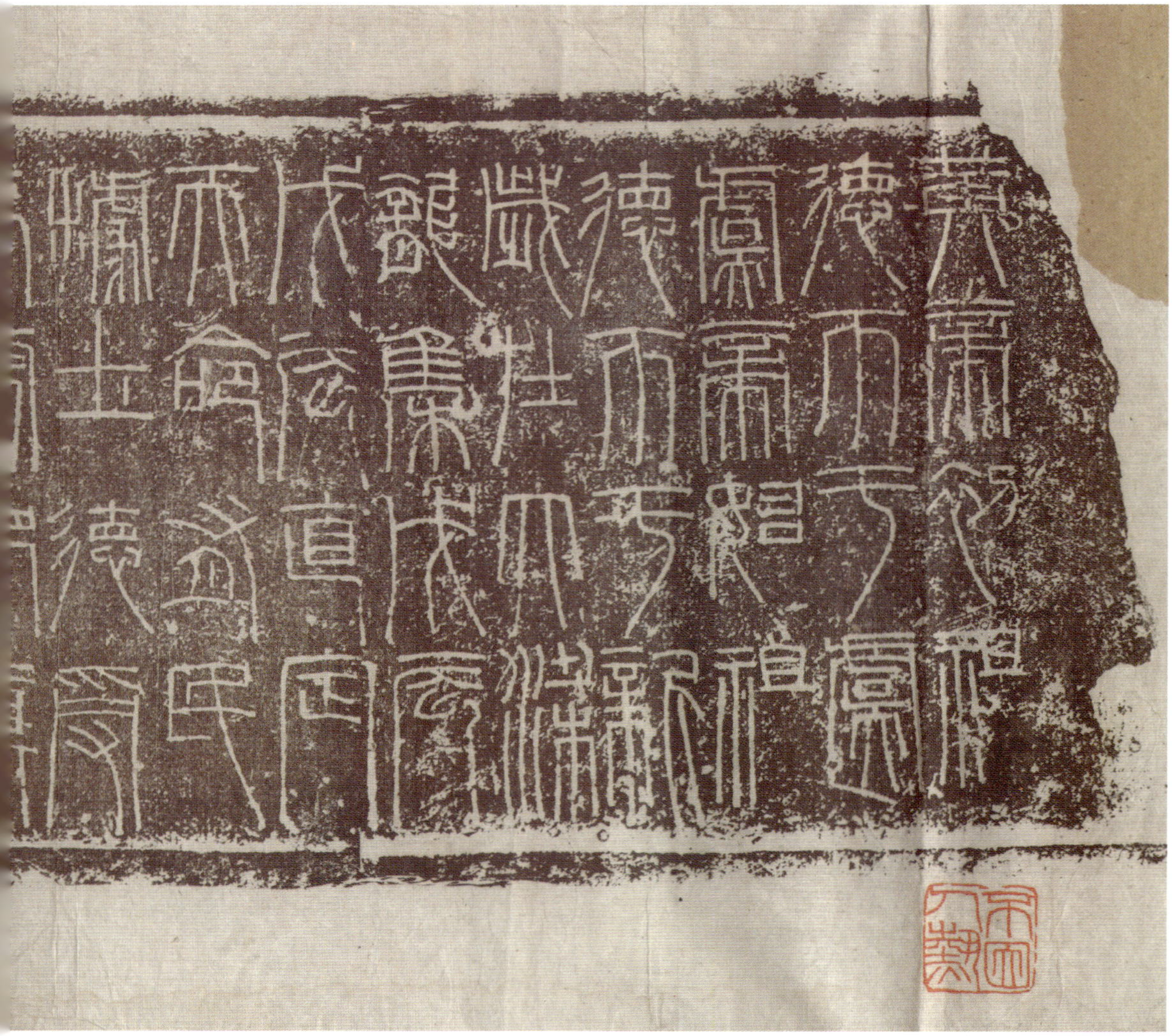

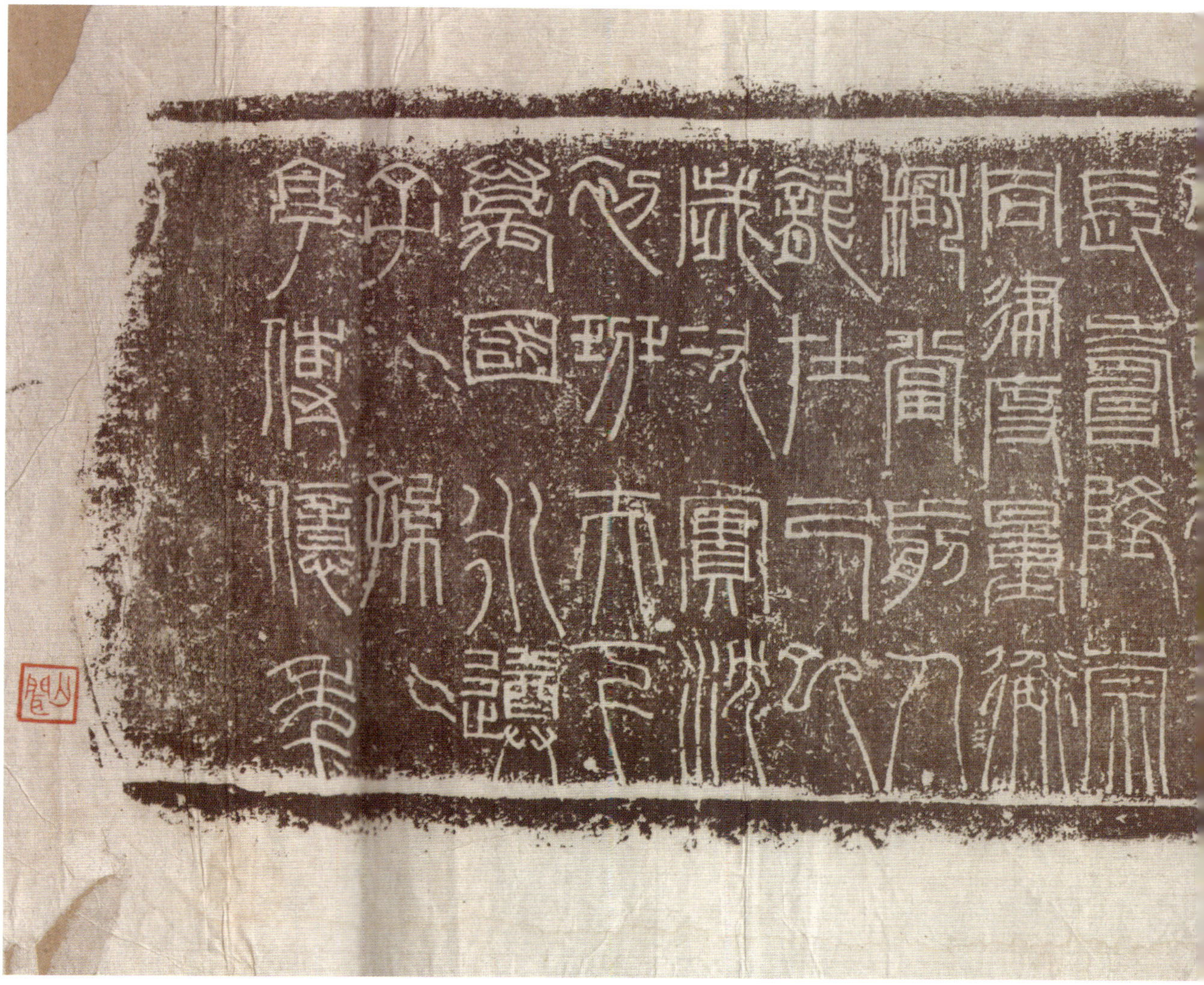

漢權量

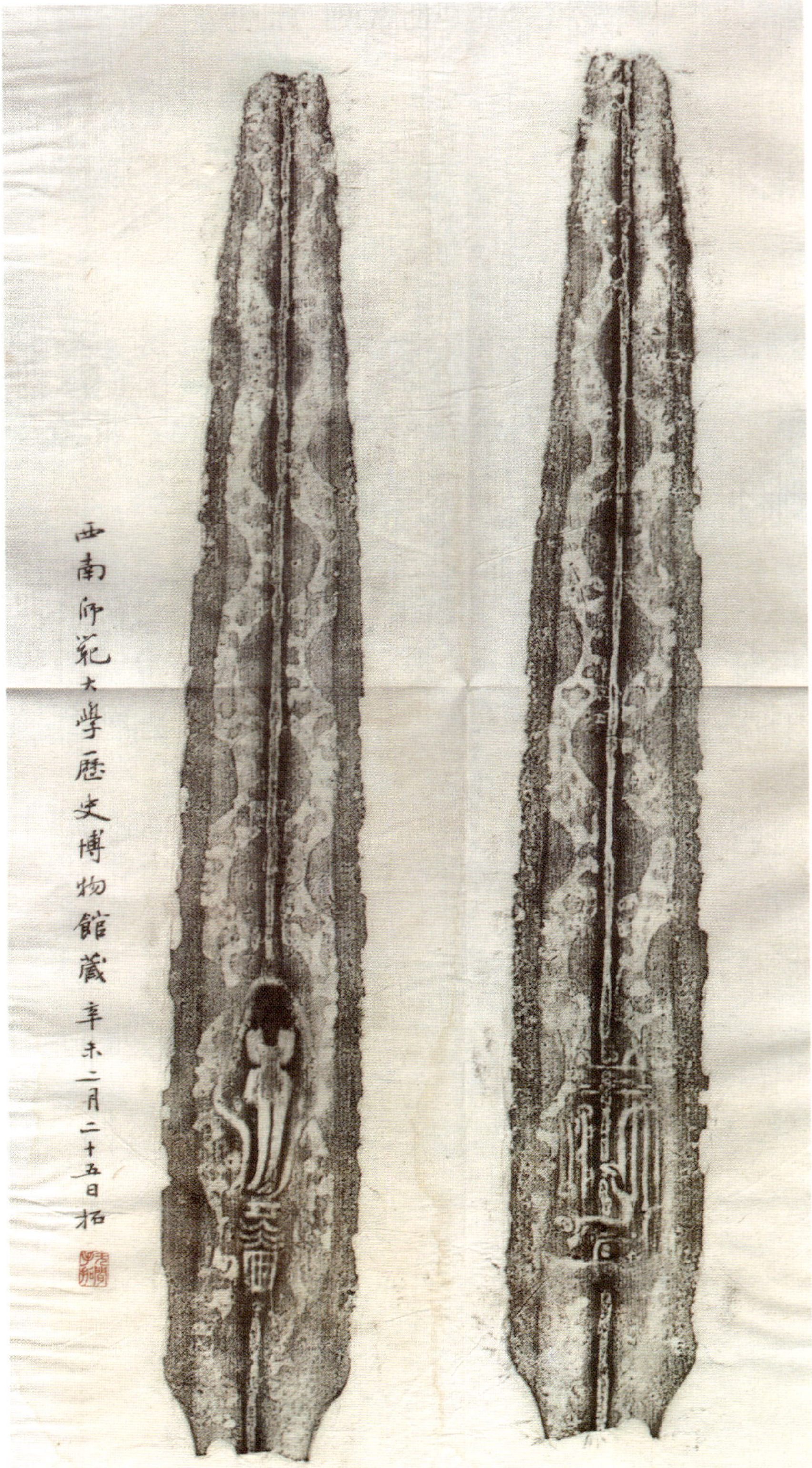
西南師範大學歷史博物館藏
辛未二月二十五日拓

戰國劍

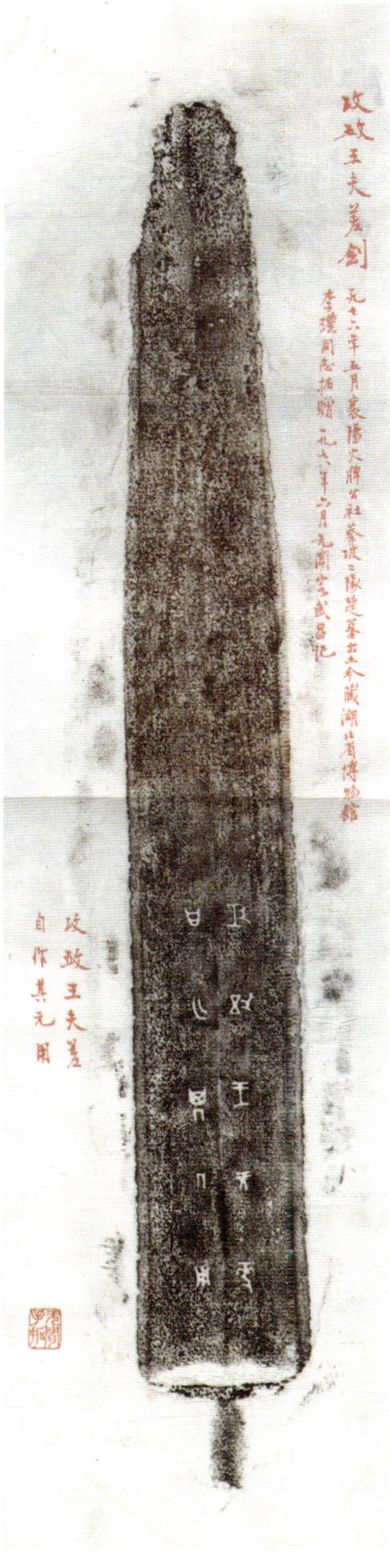

戰國吴王夫差劍

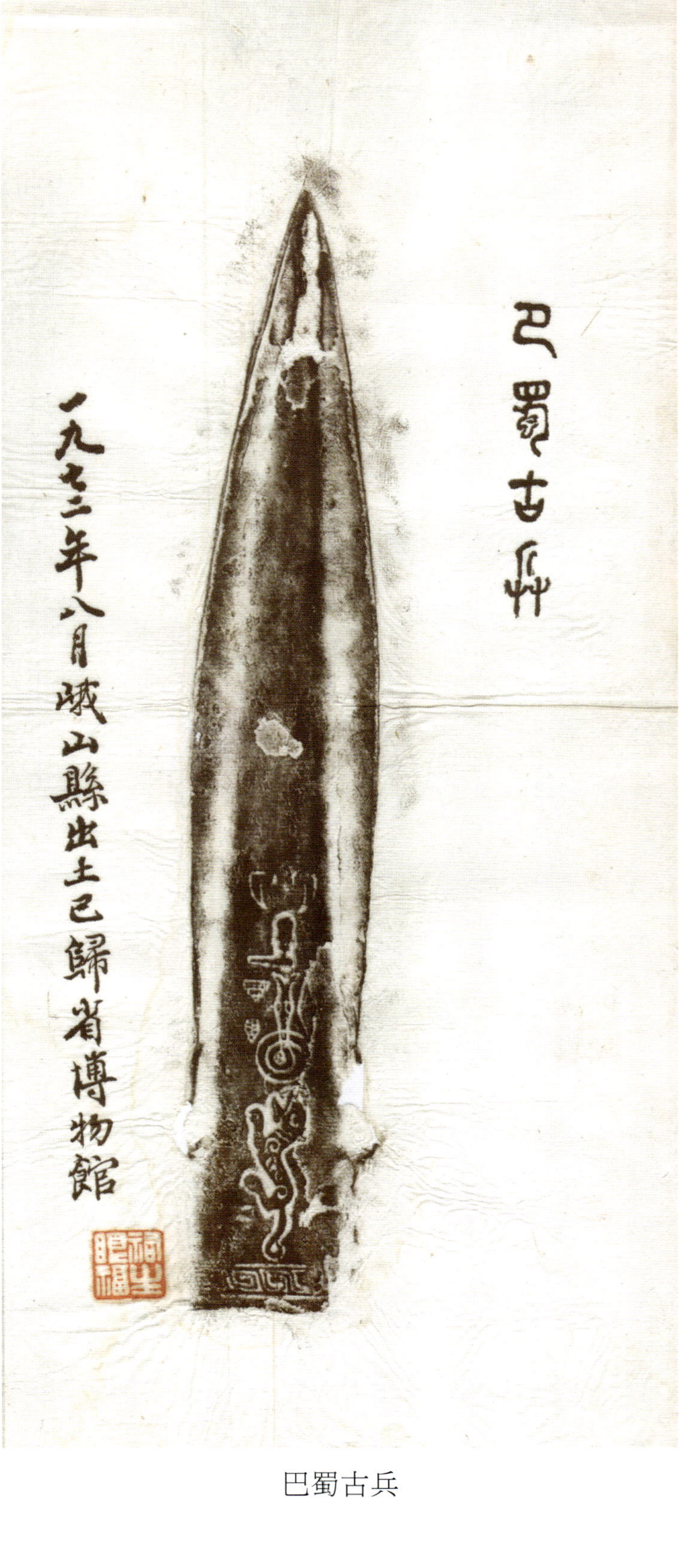
巴蜀古兵
一九五二年八月峨山縣出土已歸省博物館

巴蜀古兵

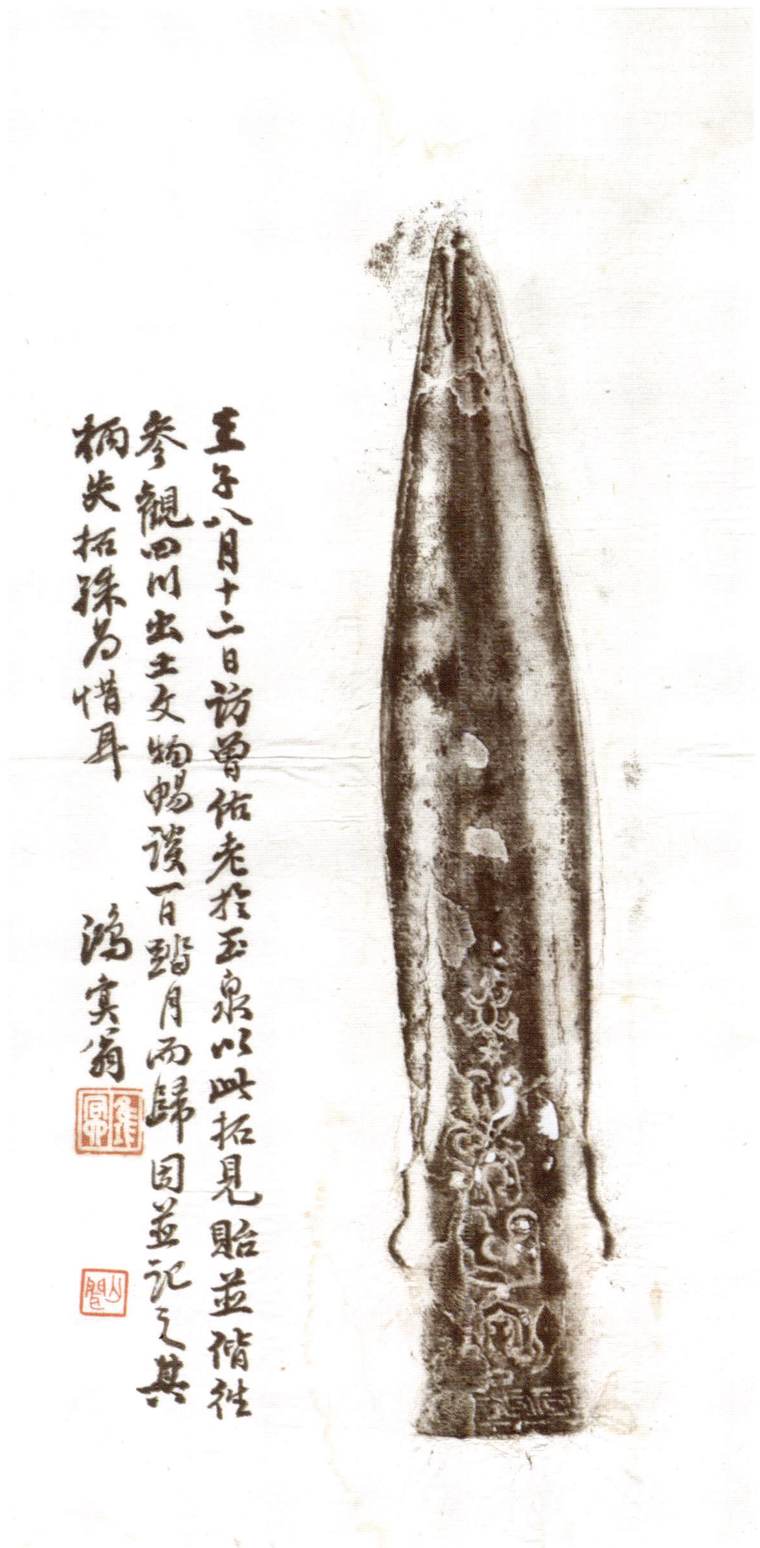
壬子八月十二日訪曾佑老於玉泉以此拓見貽並偕往
參觀四川出土文物暢談一日踏月而歸因並記之其
柄失拓殊為惜耳
鴻賓翁

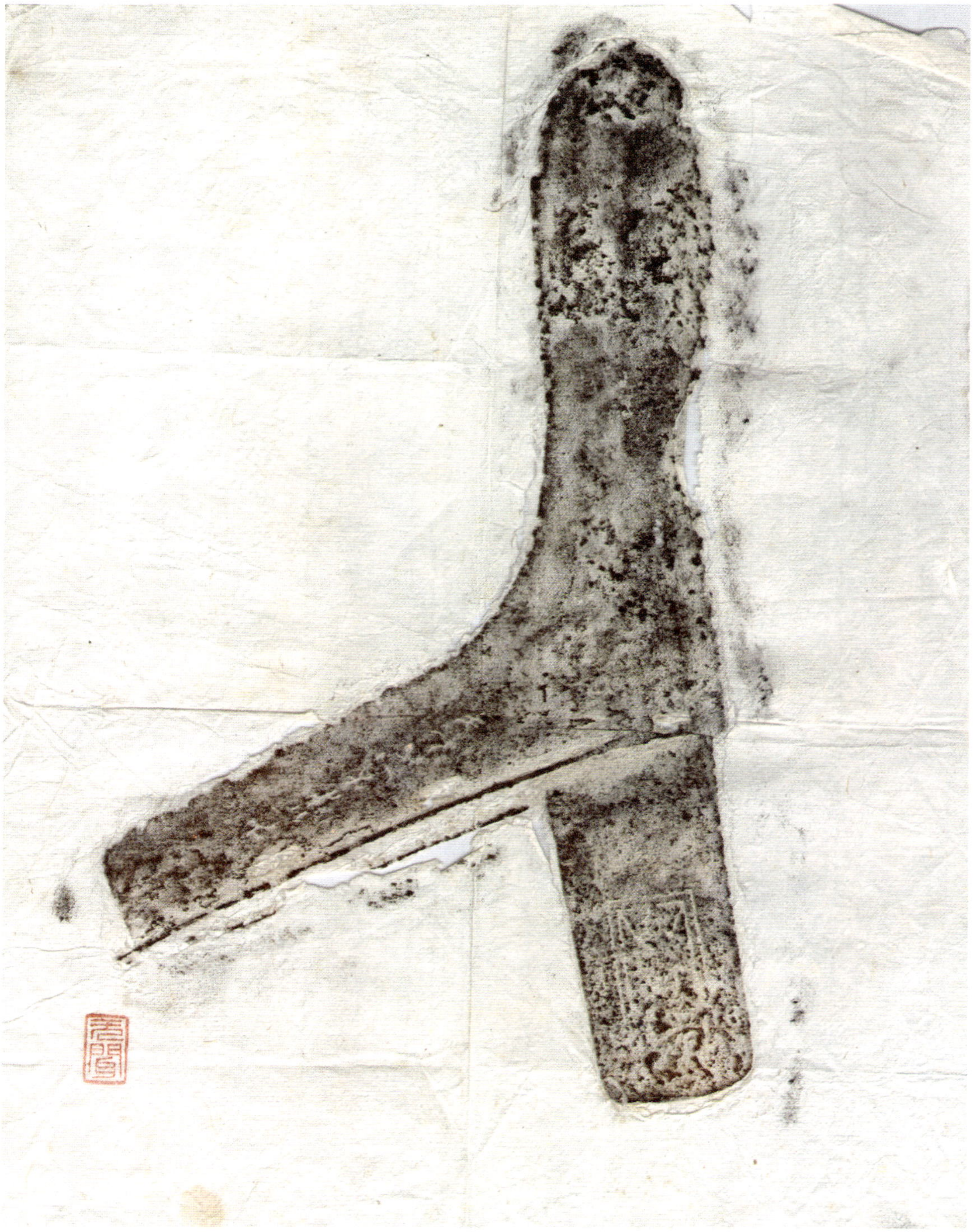

戈

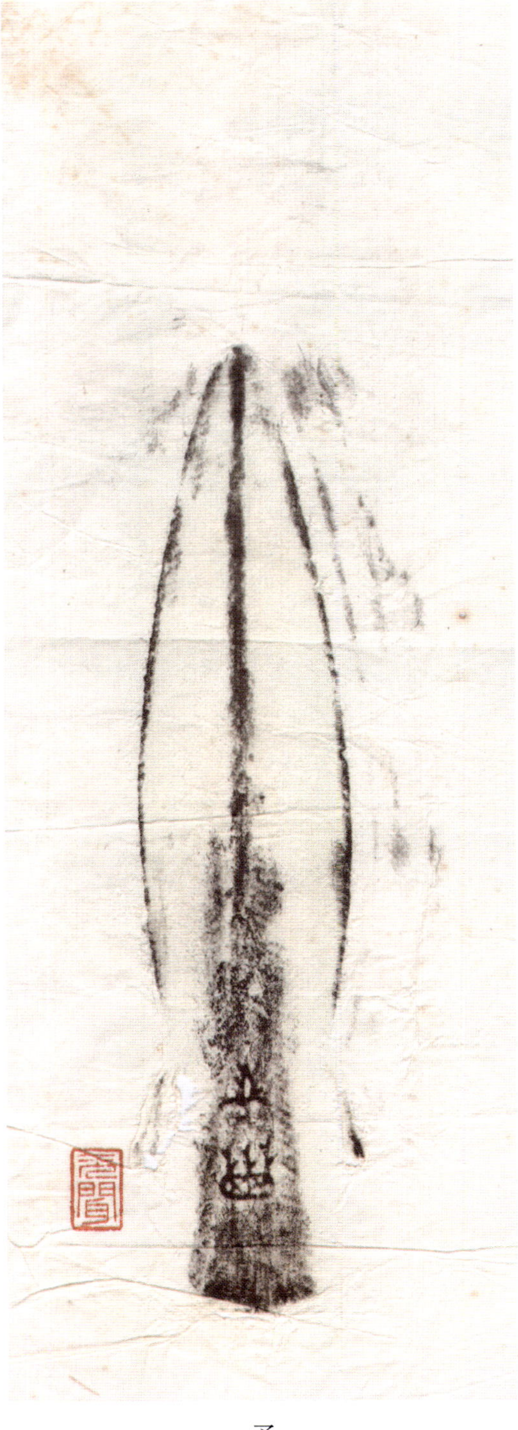

矛

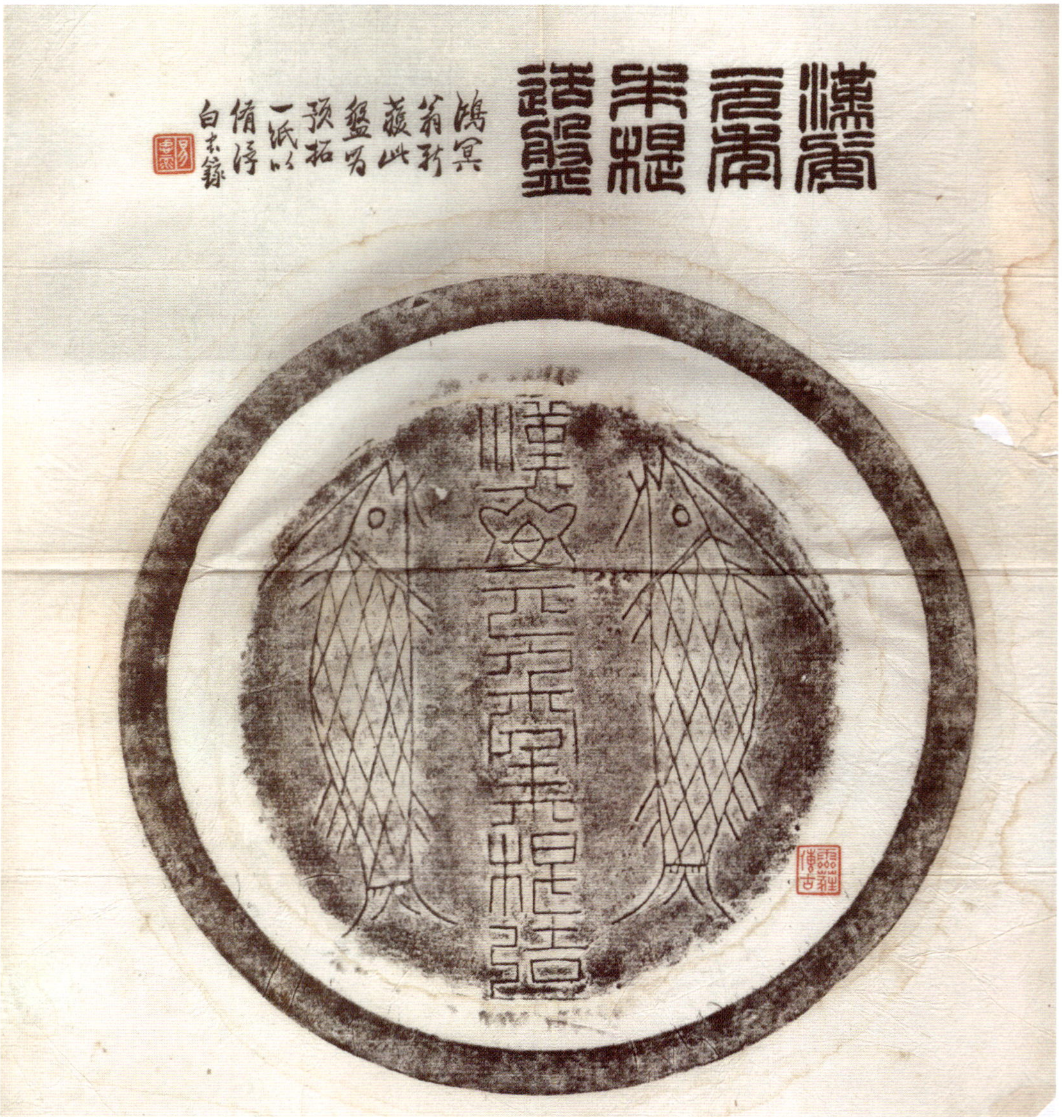

漢安元年朱提造盤

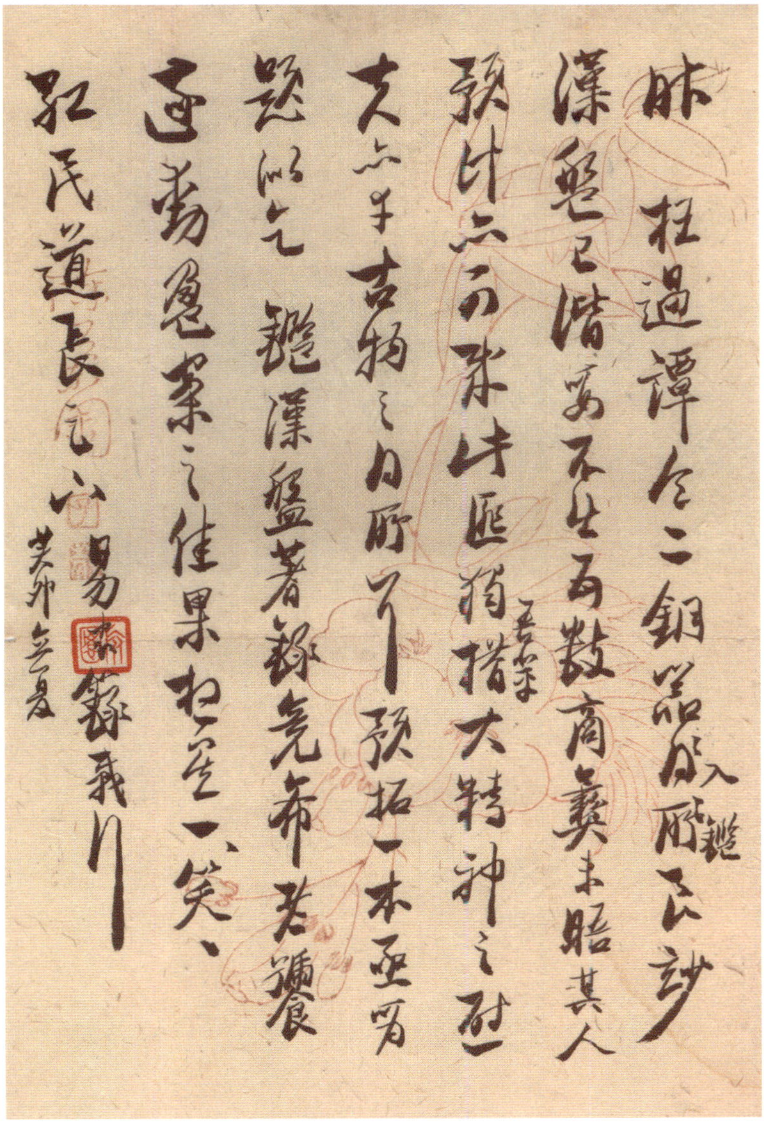

易忠録題跋

漢帶鉤

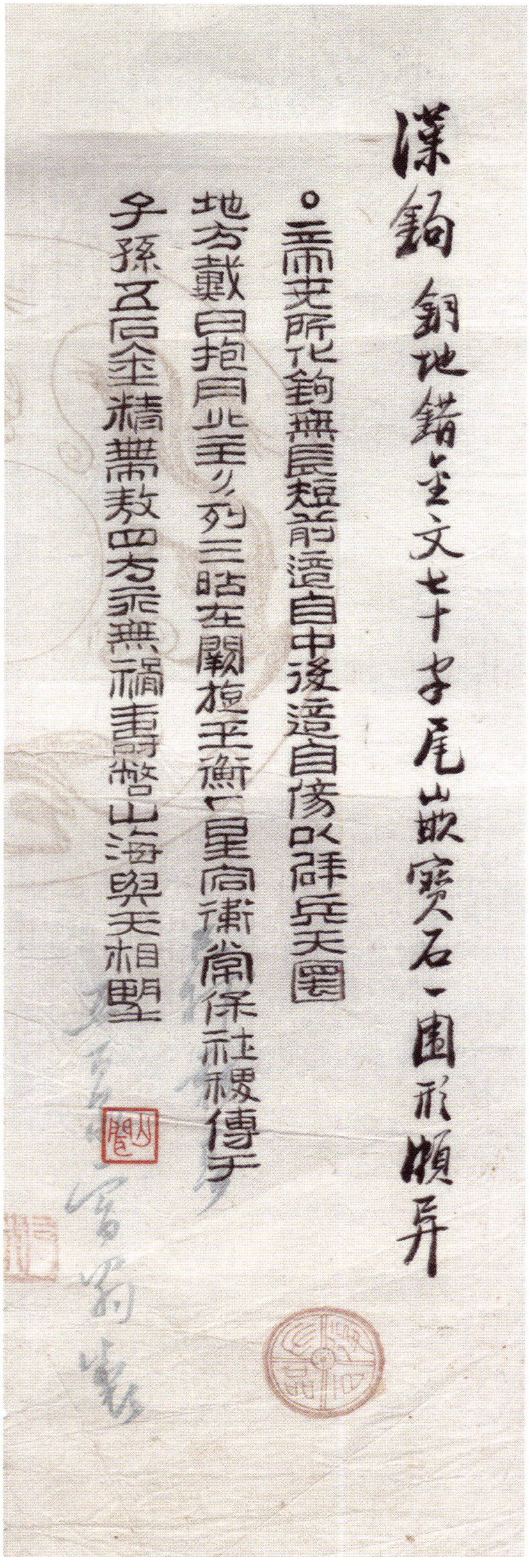
漢鉤 銅地錯金文七十字尾嵌寳石一圓形頗異
。帝之所化鉤無長短前適自中後適自傍以辟兵天圉
地方載日抱月北斗列三皓左闕右衡七星同衛常保社稷傳于
子孫五辰金精無敵四方永無禍壽皆山海與天相墅

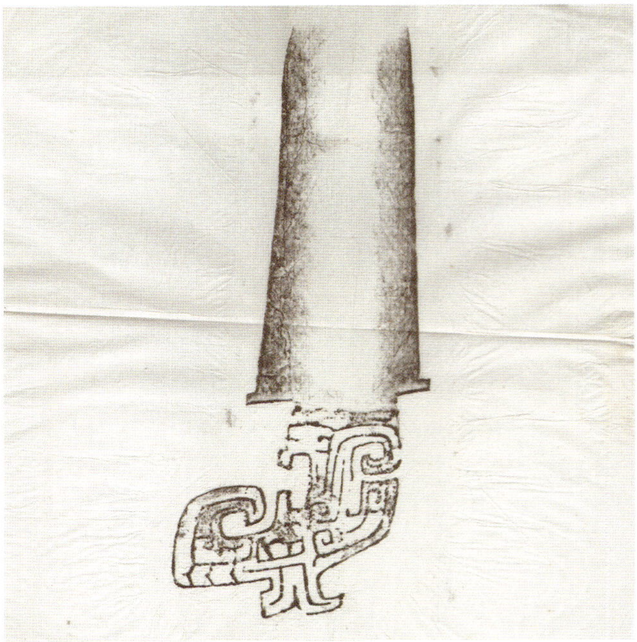

古　劍

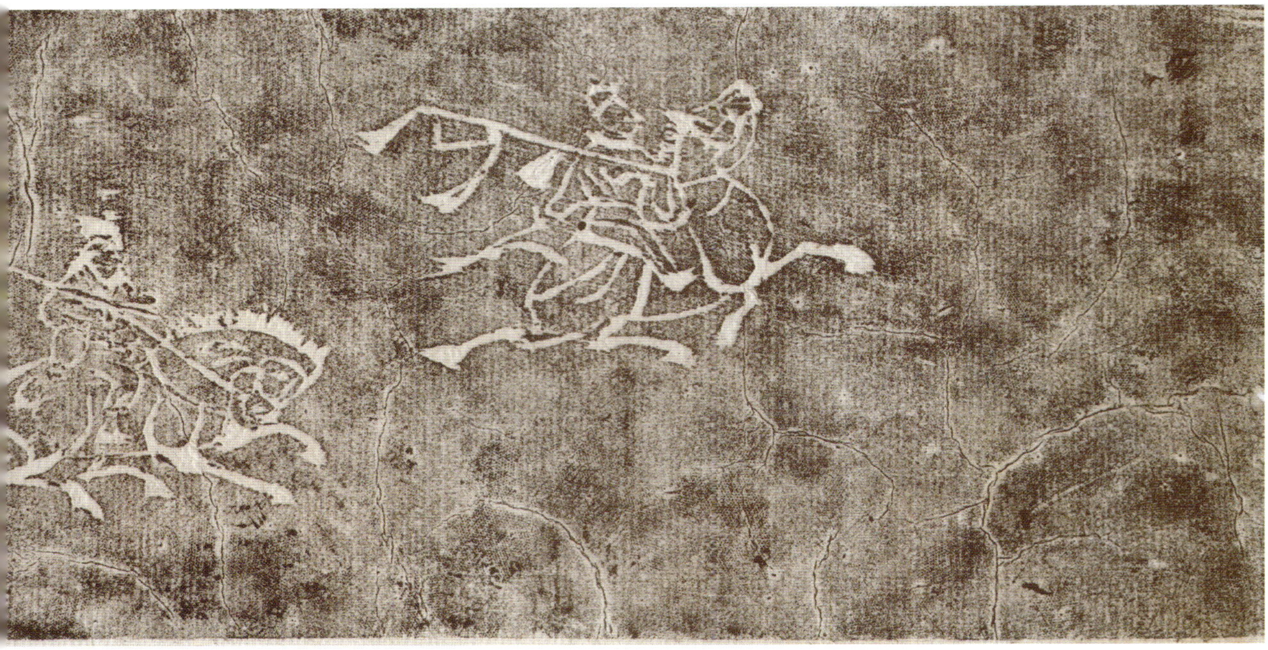

漢木刻車馬

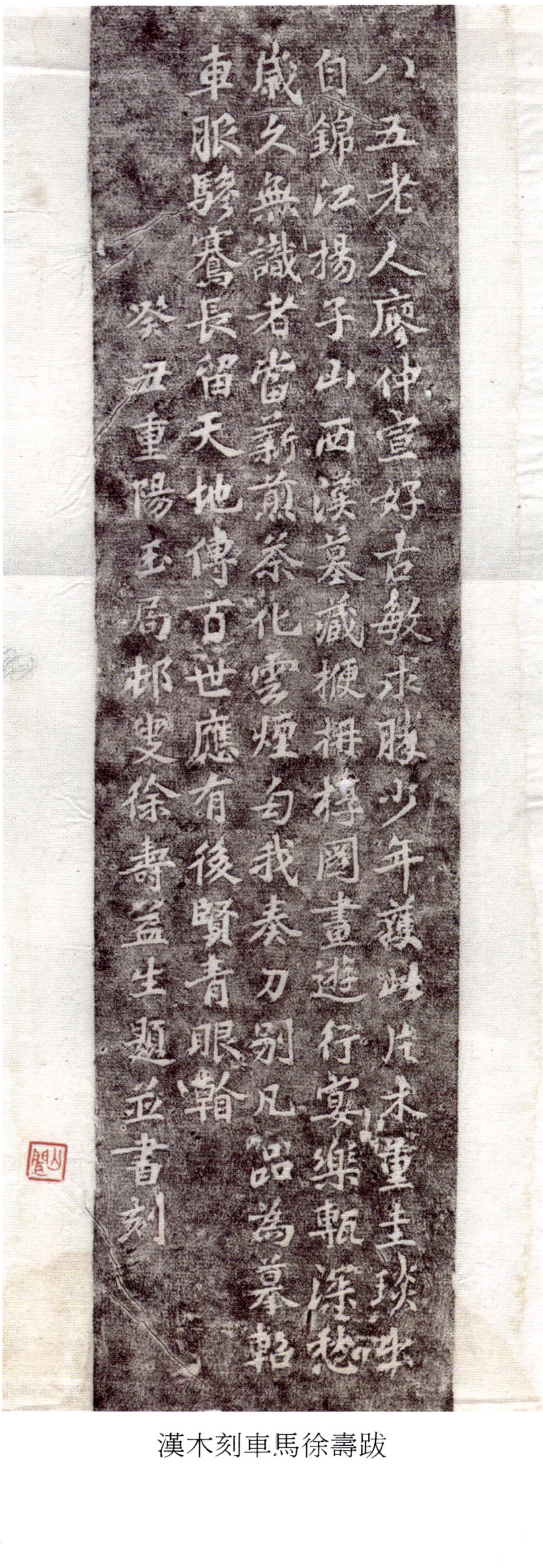
八五老人廖仲宣好古敏求雖少年獲此片木重圭琰珠
自錦江揚子山西漢墓藏梗栟桴圖畫遊行宴樂輒深愁
歲久無識者嘗薪煎茶化雲煙句我奏刀剔凡品為摹榻
車服驂騖長留天地傳百世應有後賢青眼翰
癸丑重陽玉局邨叟徐壽益生題並書刻

漢木刻車馬徐壽跋

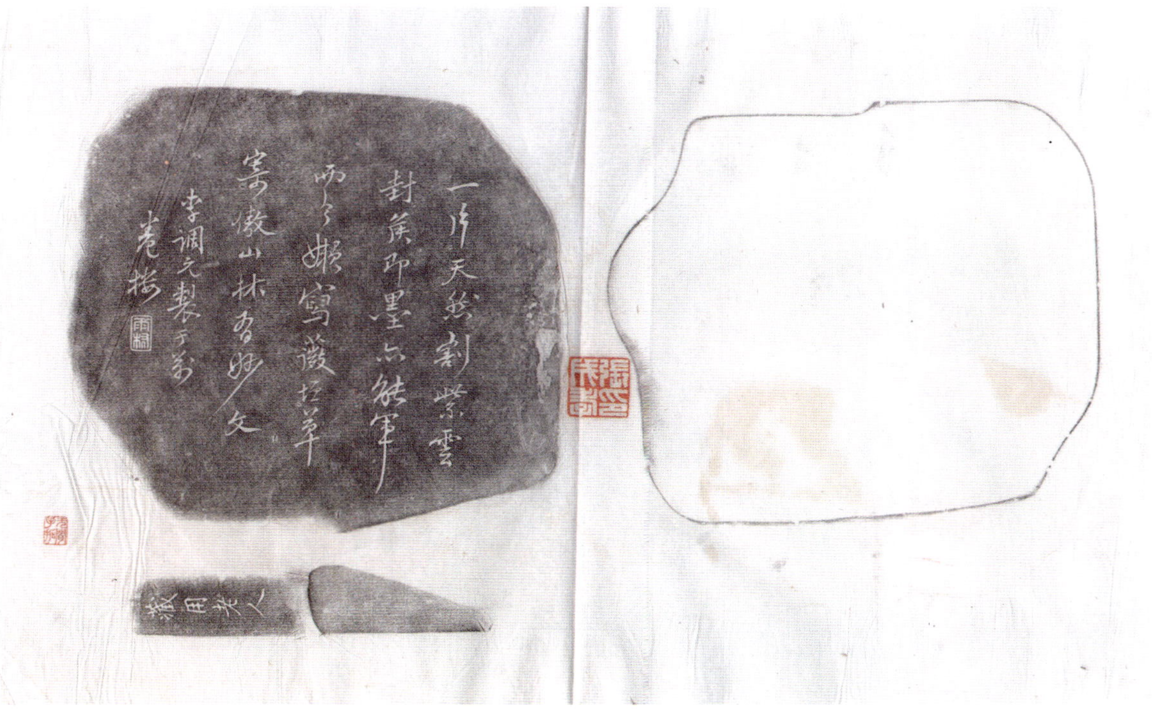

李調元硯銘

清抄手硯銘（一）

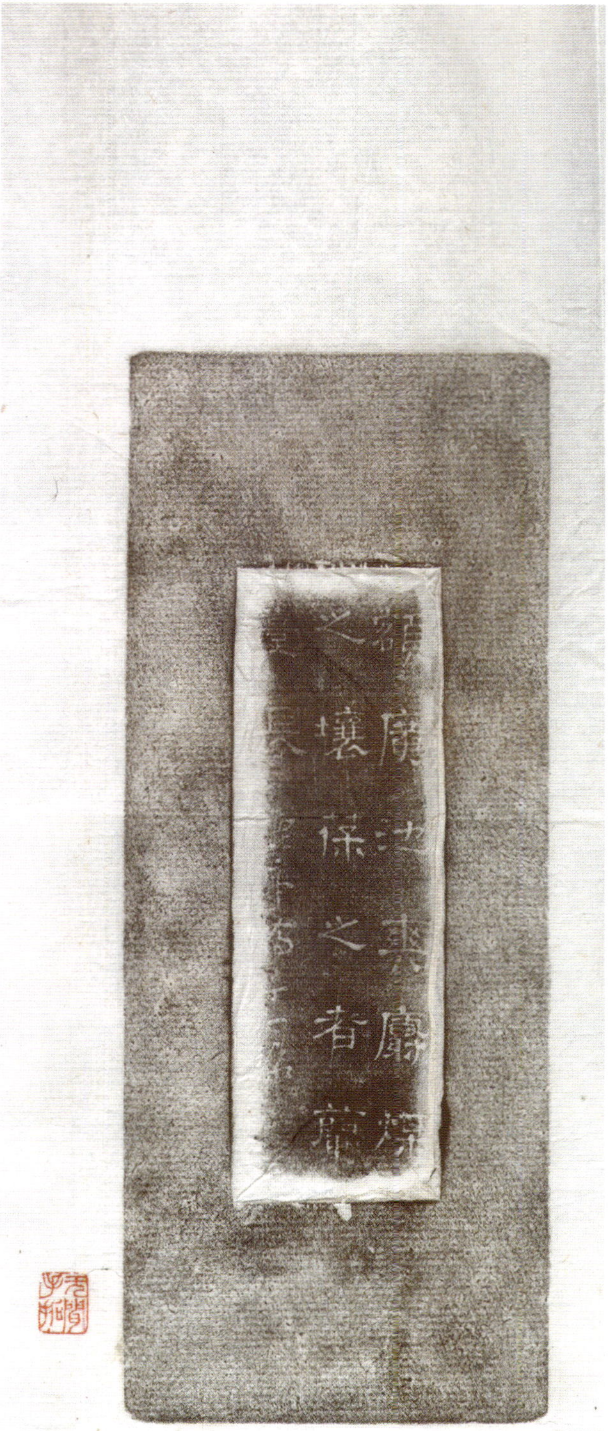

清抄手硯銘（二）

明高士松下煮茶木雕

嘉令錫云迺喜椎拓較淺印興潑目擒黃楊臂閣以助興

戊申寒雨之雄記于錦里

玉端左右迴旋有狀惝不能觇拓餘三則未盡其人巾

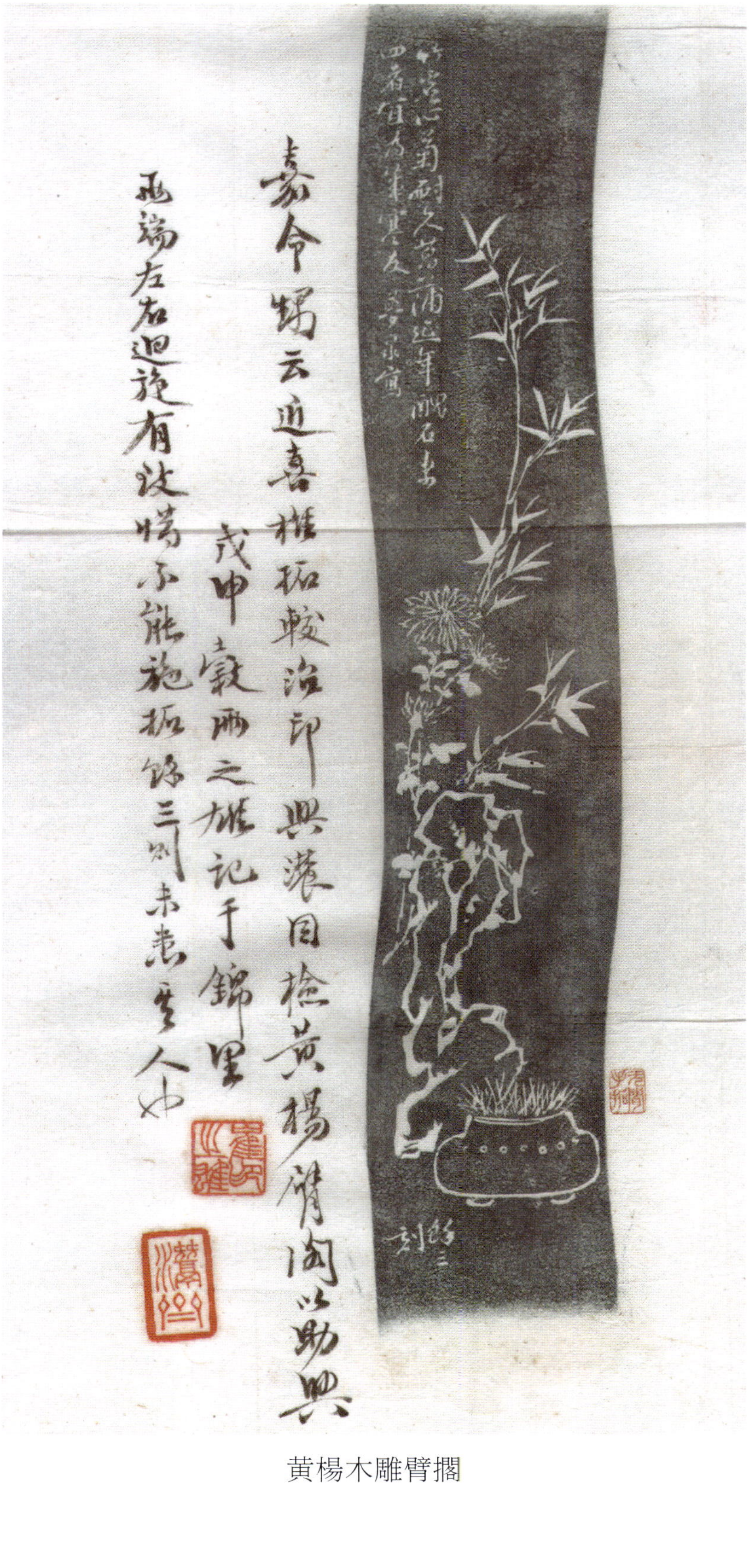

黃楊木雕臂擱

周松泉漢瓦硯（一）

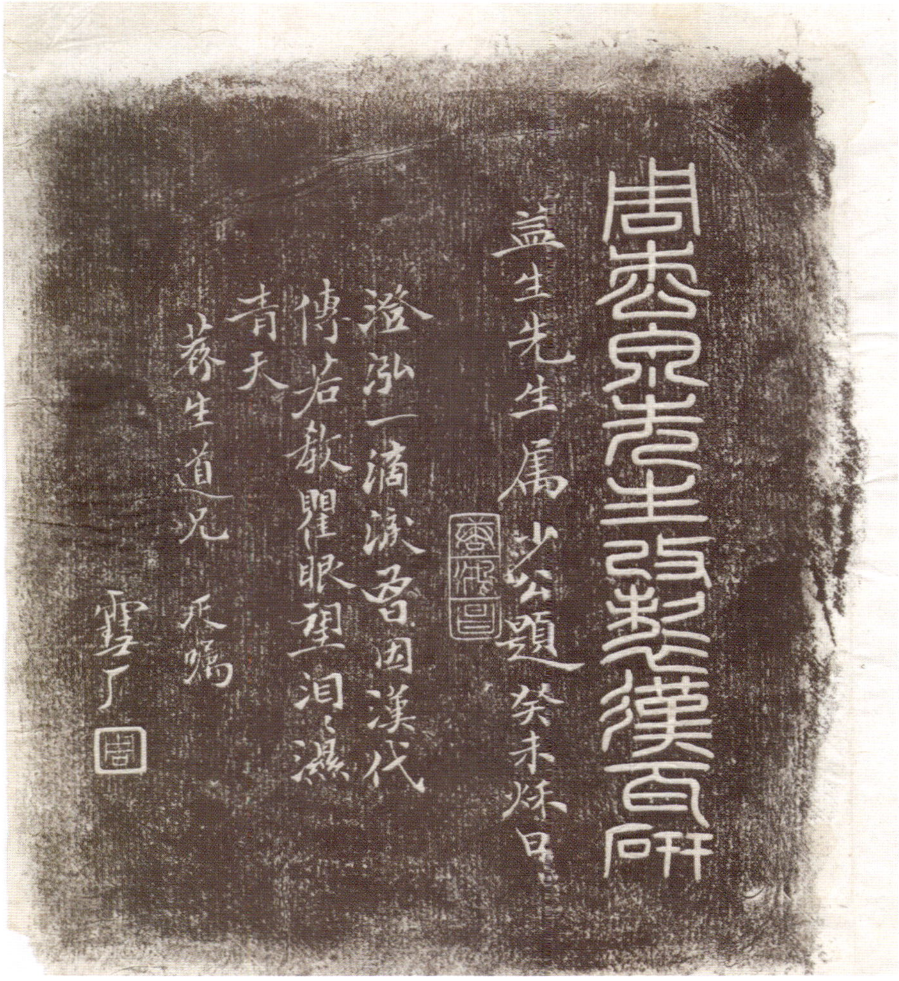

周松泉漢瓦硯（二）

陳師曾畫銅墨水匣

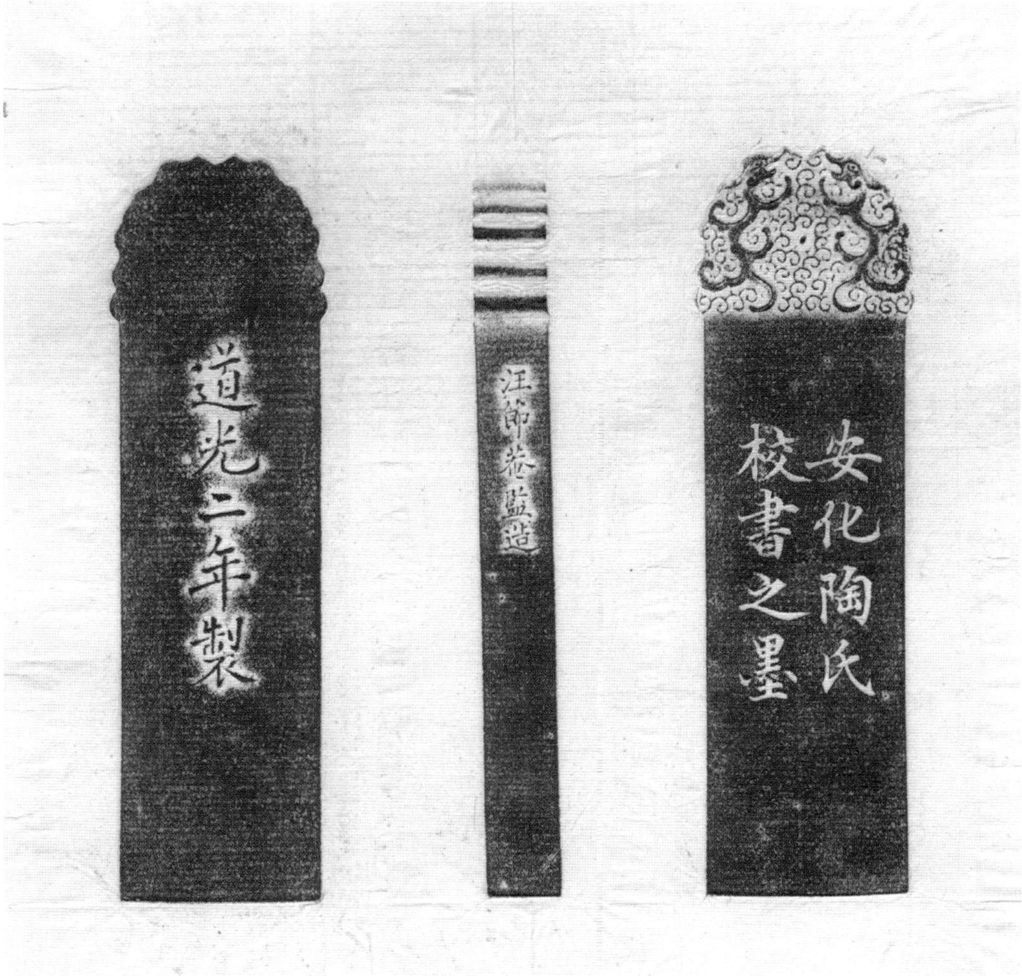
道光二年製
汪節菴監造
安化陶氏
校書之墨

道光二年陶氏校書墨拓

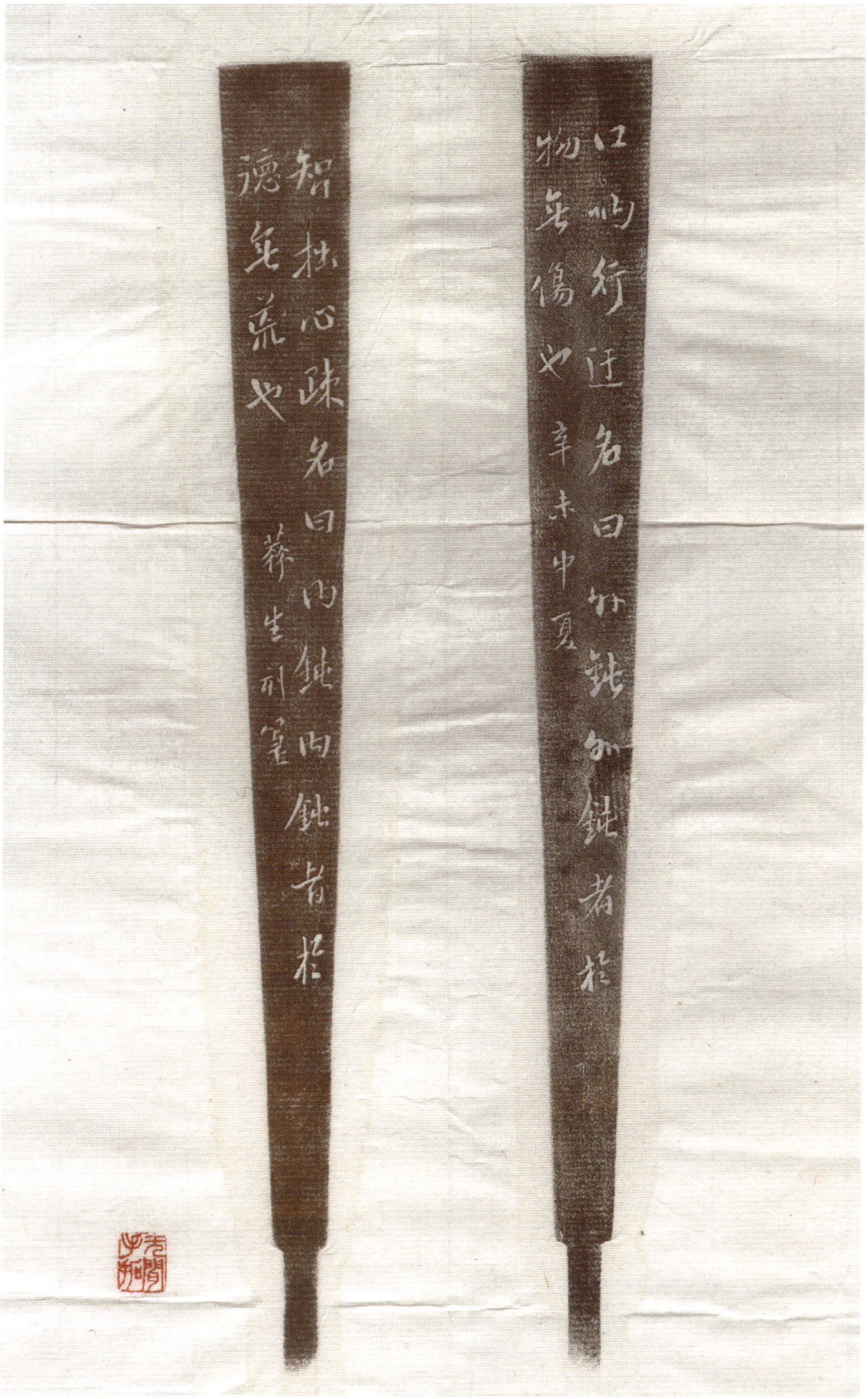

徐壽刻扇骨

青銅鏡拓

戰國楚四山鏡

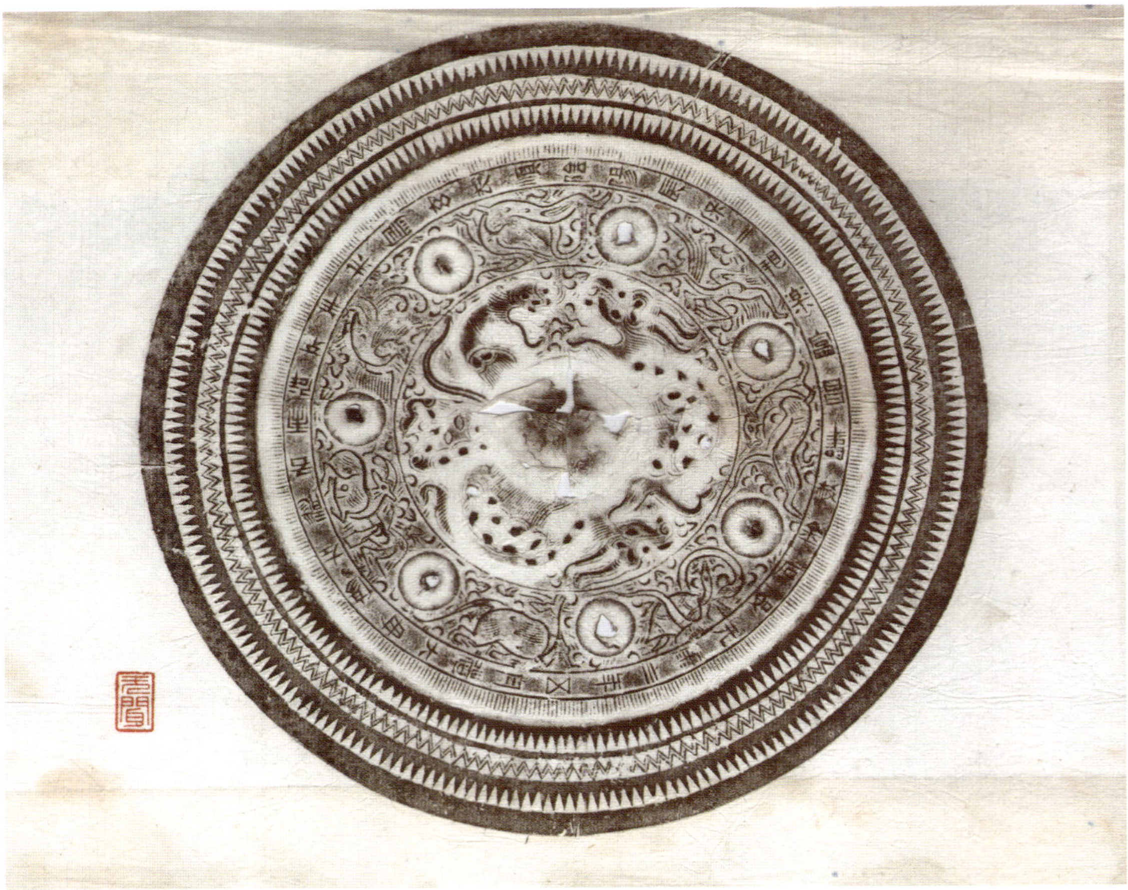

漢元康三年七乳神獸鏡

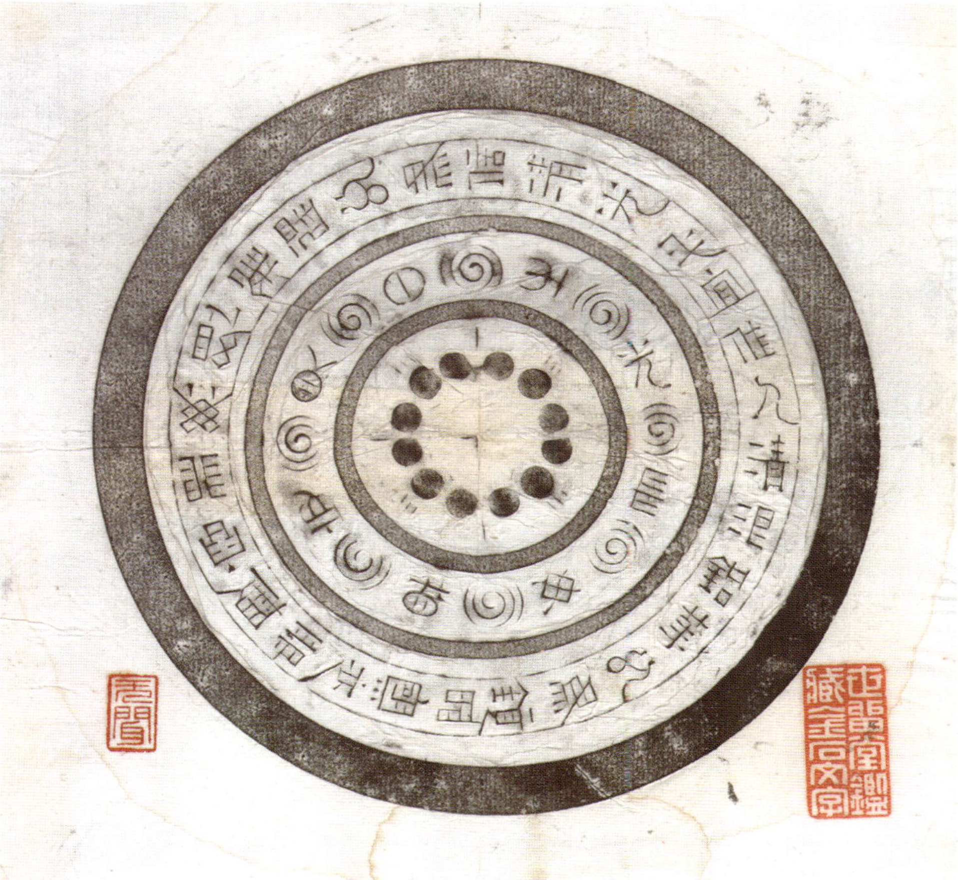

漢長毋相忘鏡

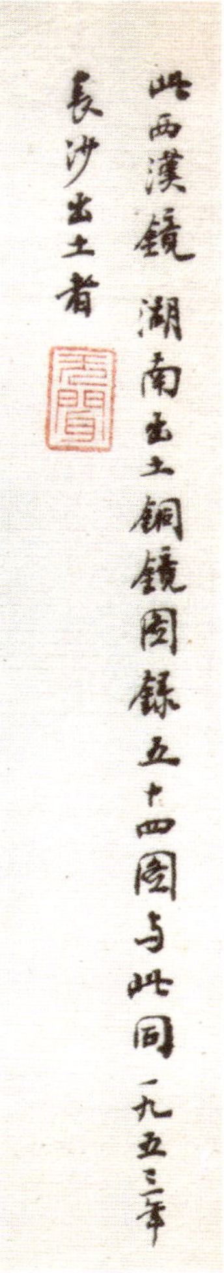

漢内以昭明鏡

漢長毋相忘鏡

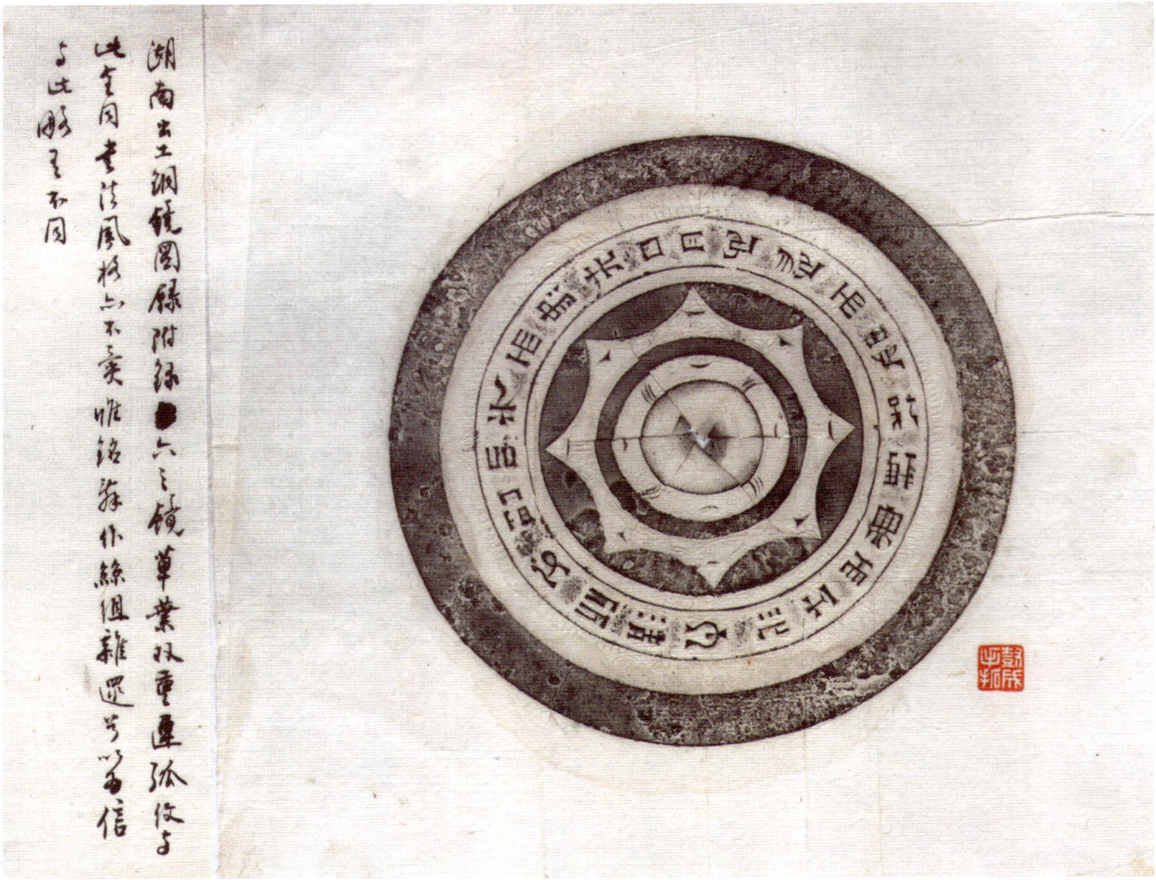
湖南出土銅鏡圖録附録
六之鏡草葉紋重連弧紋与
此全同書法風格亦不爽唯銘辭作絲組雜遝

漢内清以昭明鏡

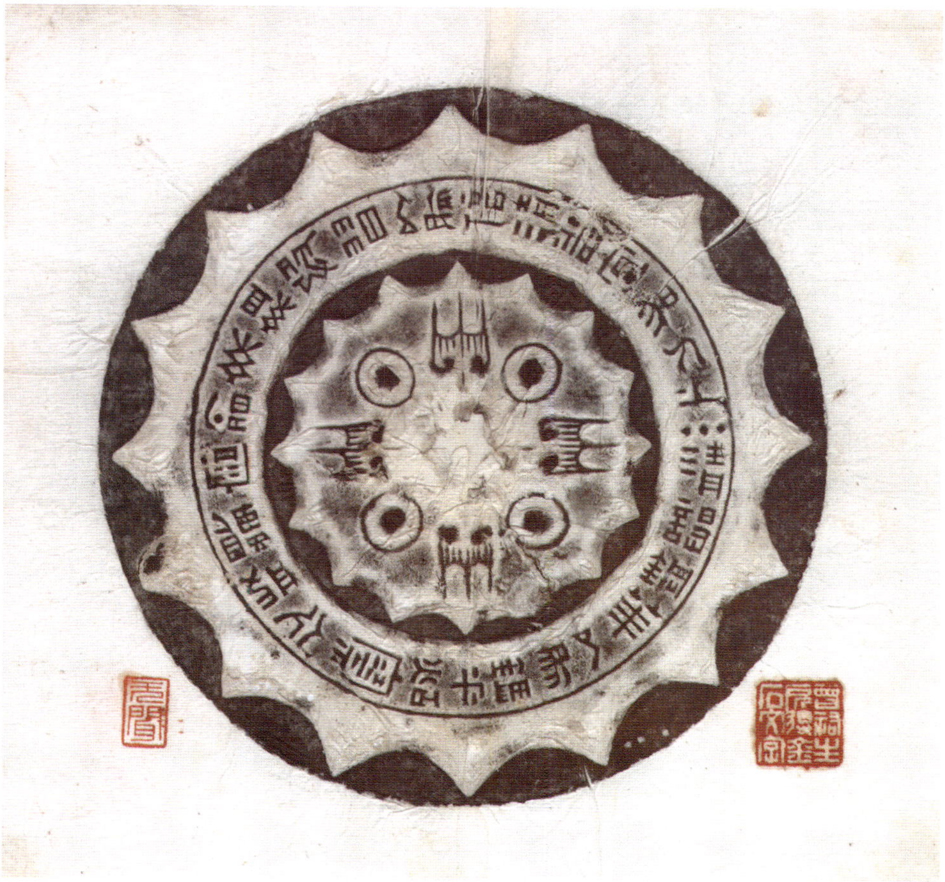

漢清謁鋼羊鏡

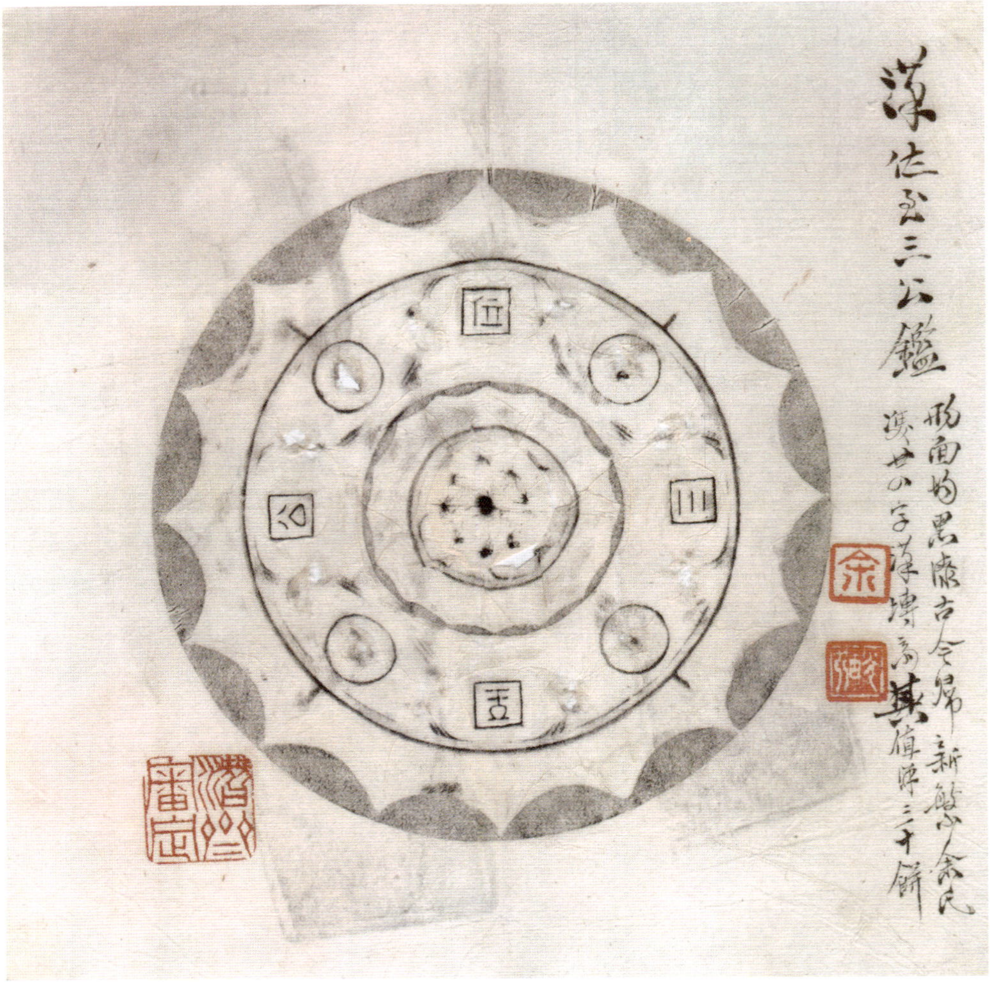

漢位至三公鏡

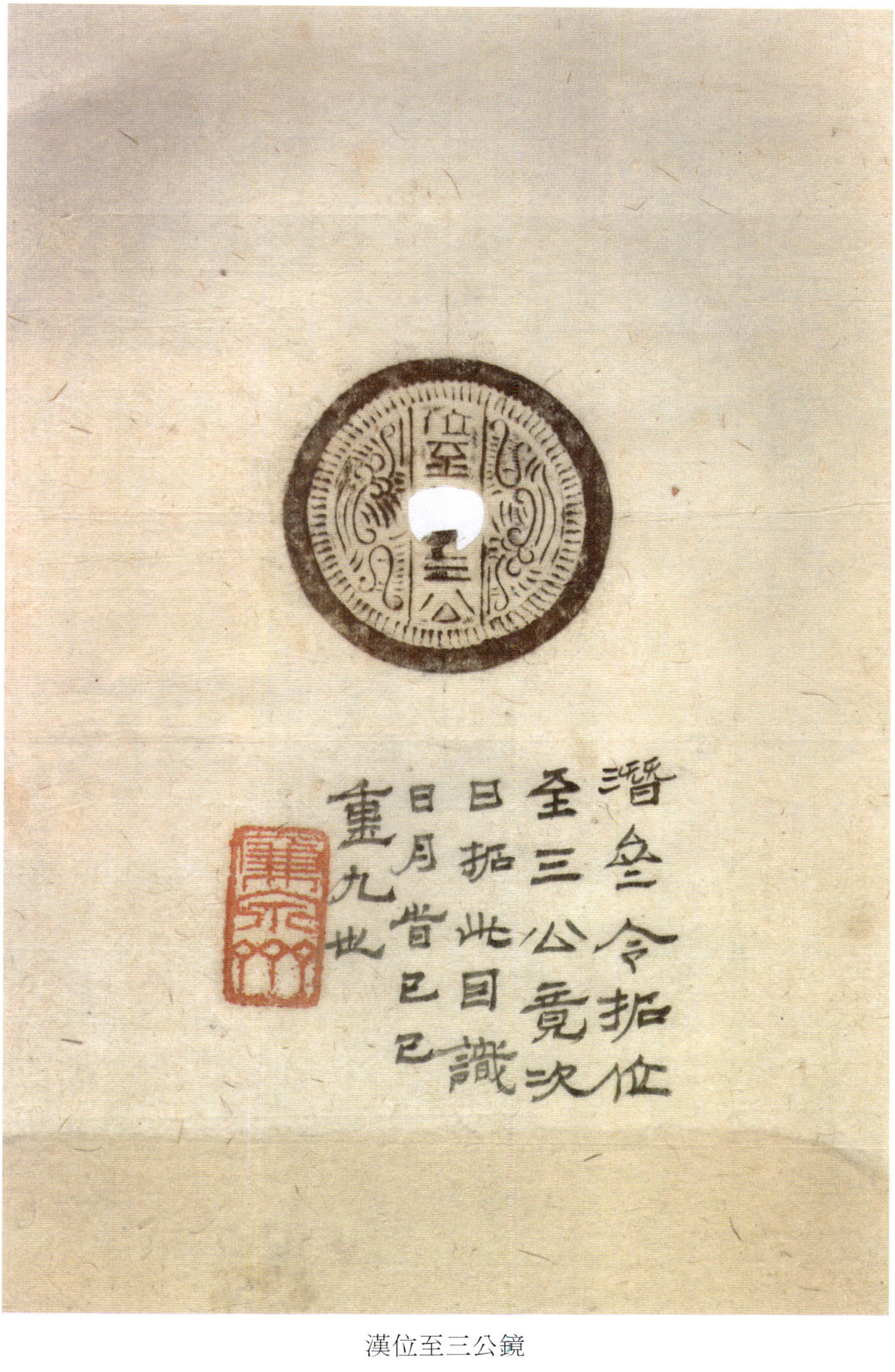

漢位至三公鏡

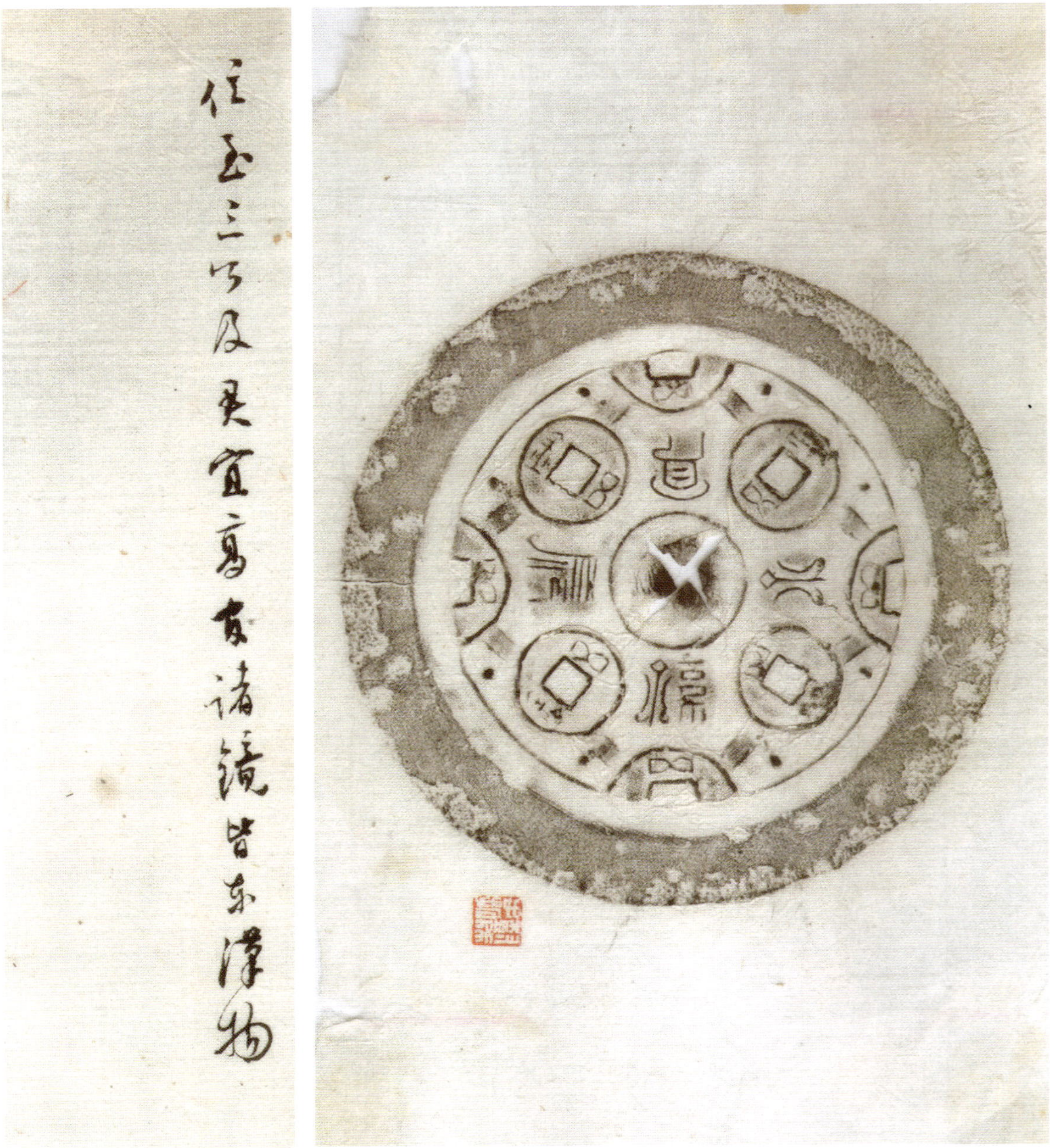

漢長宜子孫鏡

漢湅治鉛華鏡

漢必安毋息鏡

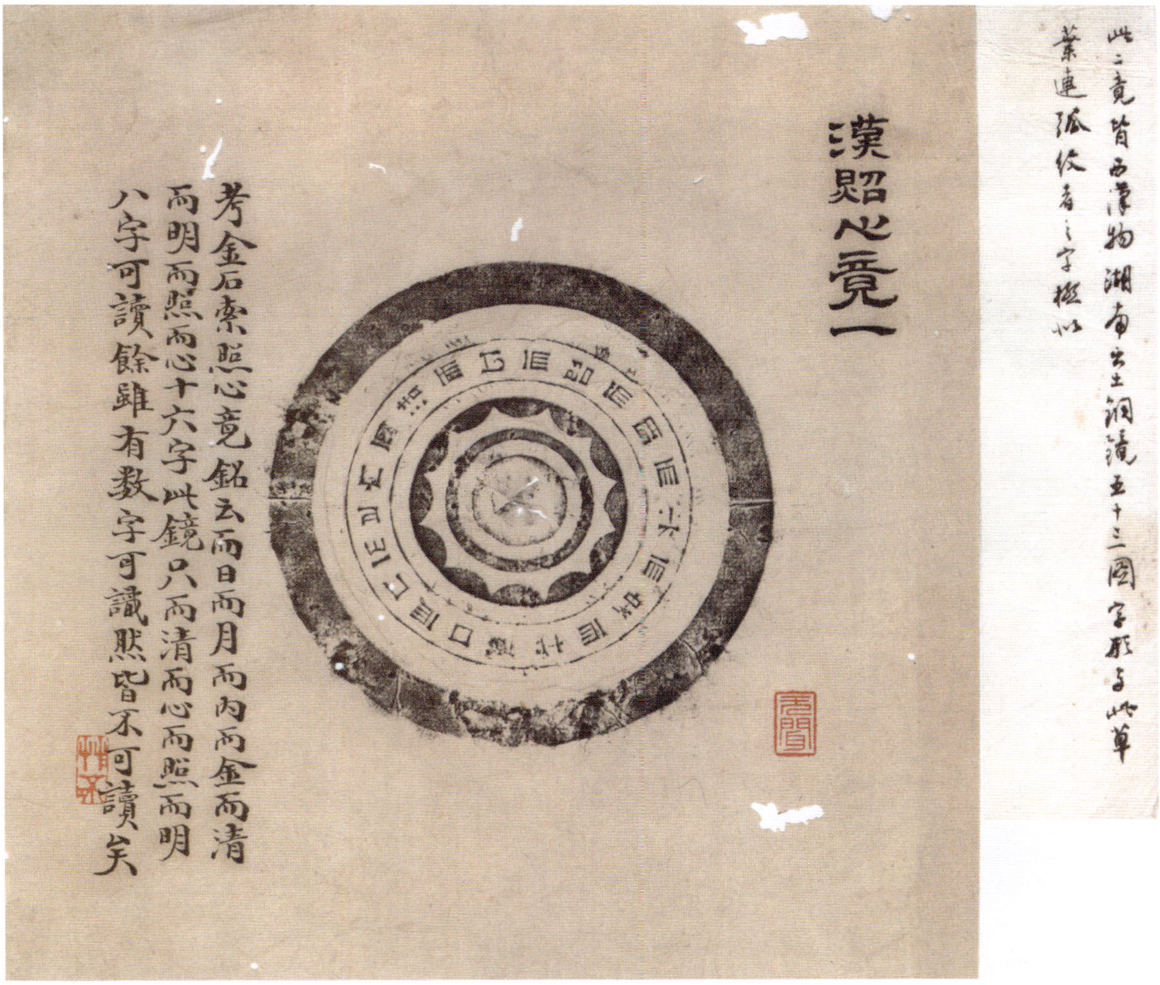
漢照心竟一
此二竟皆西漢物湖南出土銅鏡五十三圖字形與此草葉連弧紋者之字極似
考金石索照心竟銘云而日而月而内而金而清而明而照而心十六字此鏡只而清而心而照而明八字可讀餘雖有數字可識然皆不可讀矣

漢照心鏡

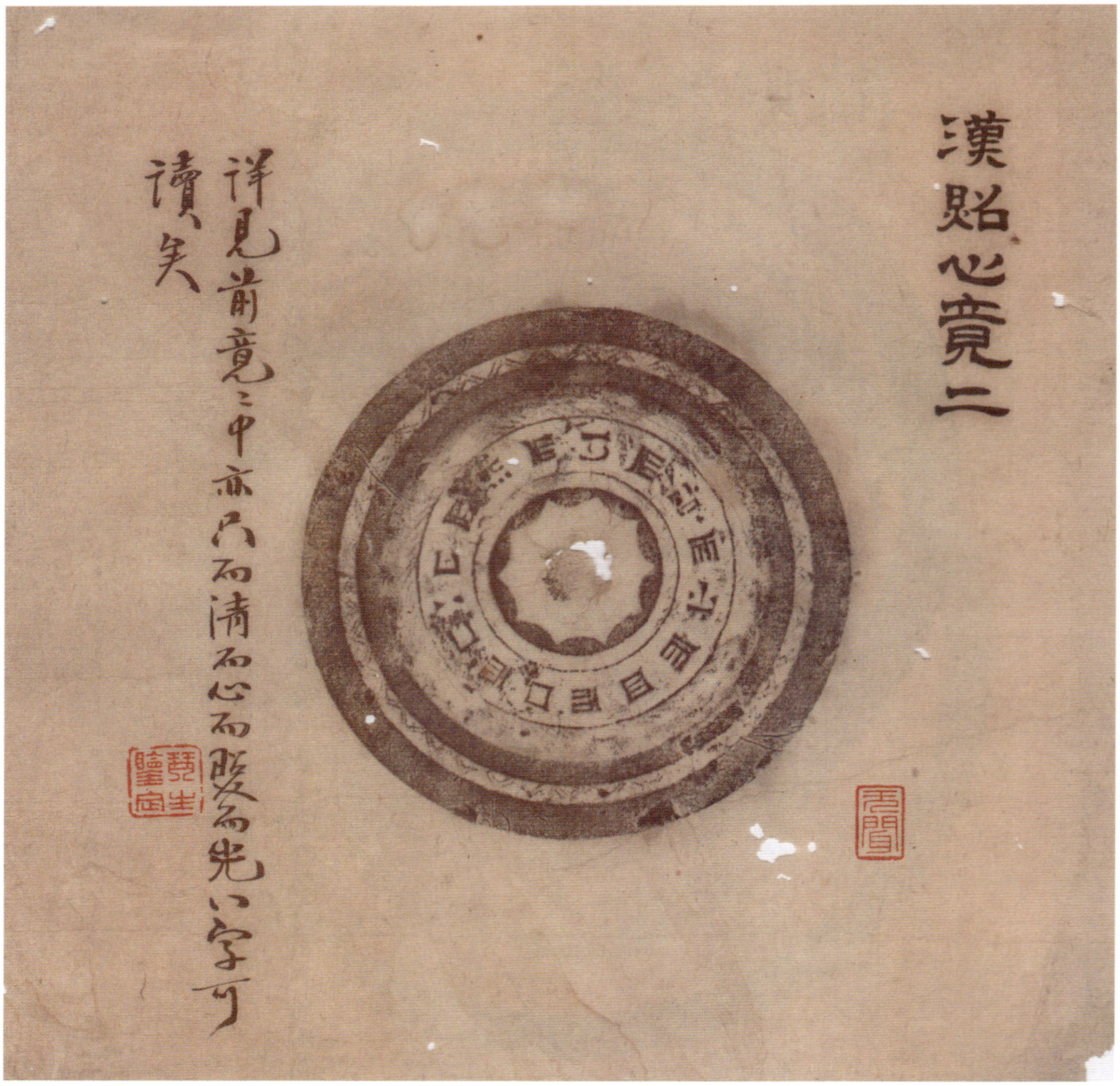

漢照心鏡

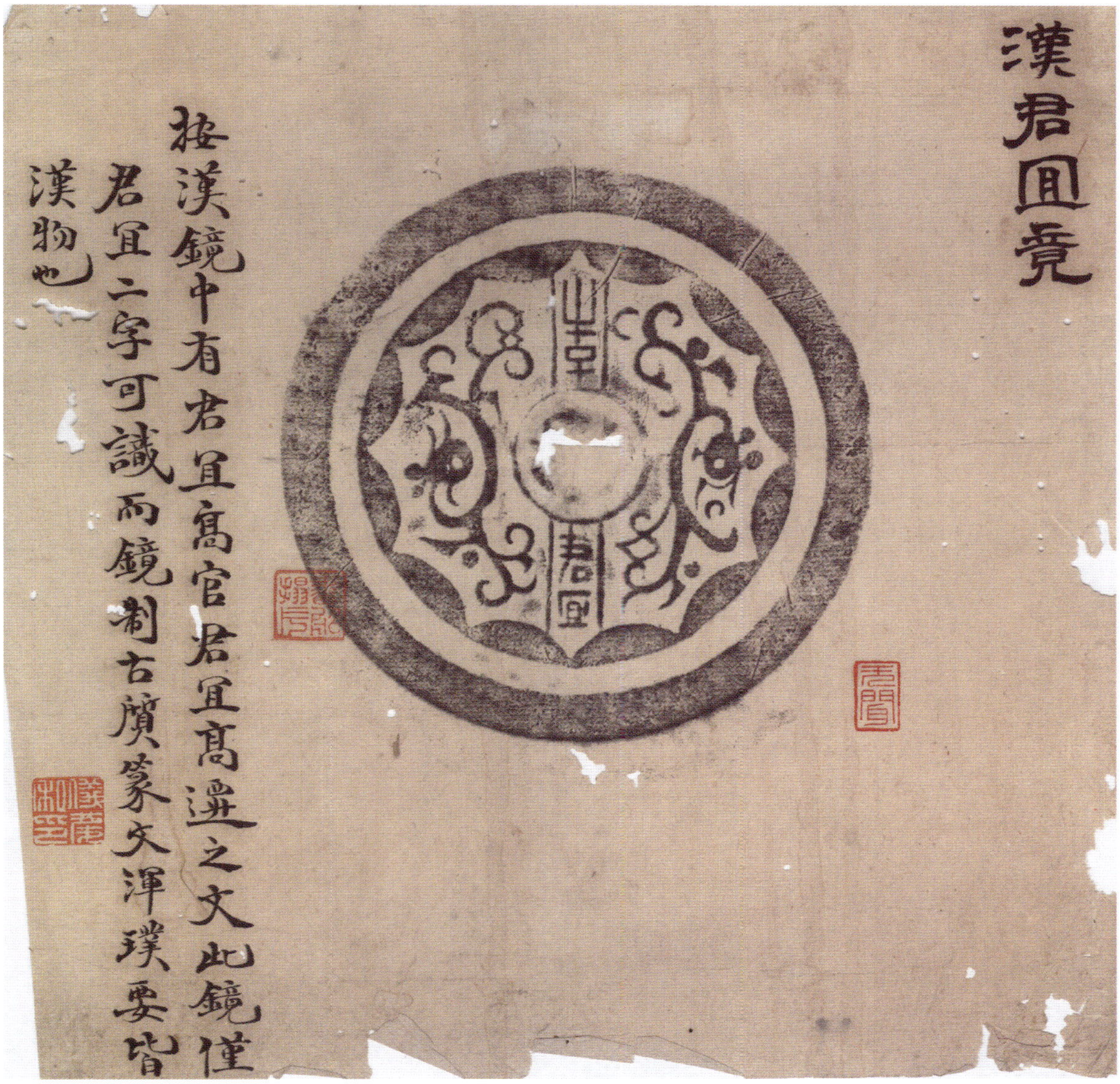

漢君宜鏡

漢富貴竟

按漢竟中有寄言宜官貴字鏡朮具四字性富昌二字
最顯餘二字以意求之一字何宜字一字疑是宜貴
昌宜姑闕之以待識者之一証也

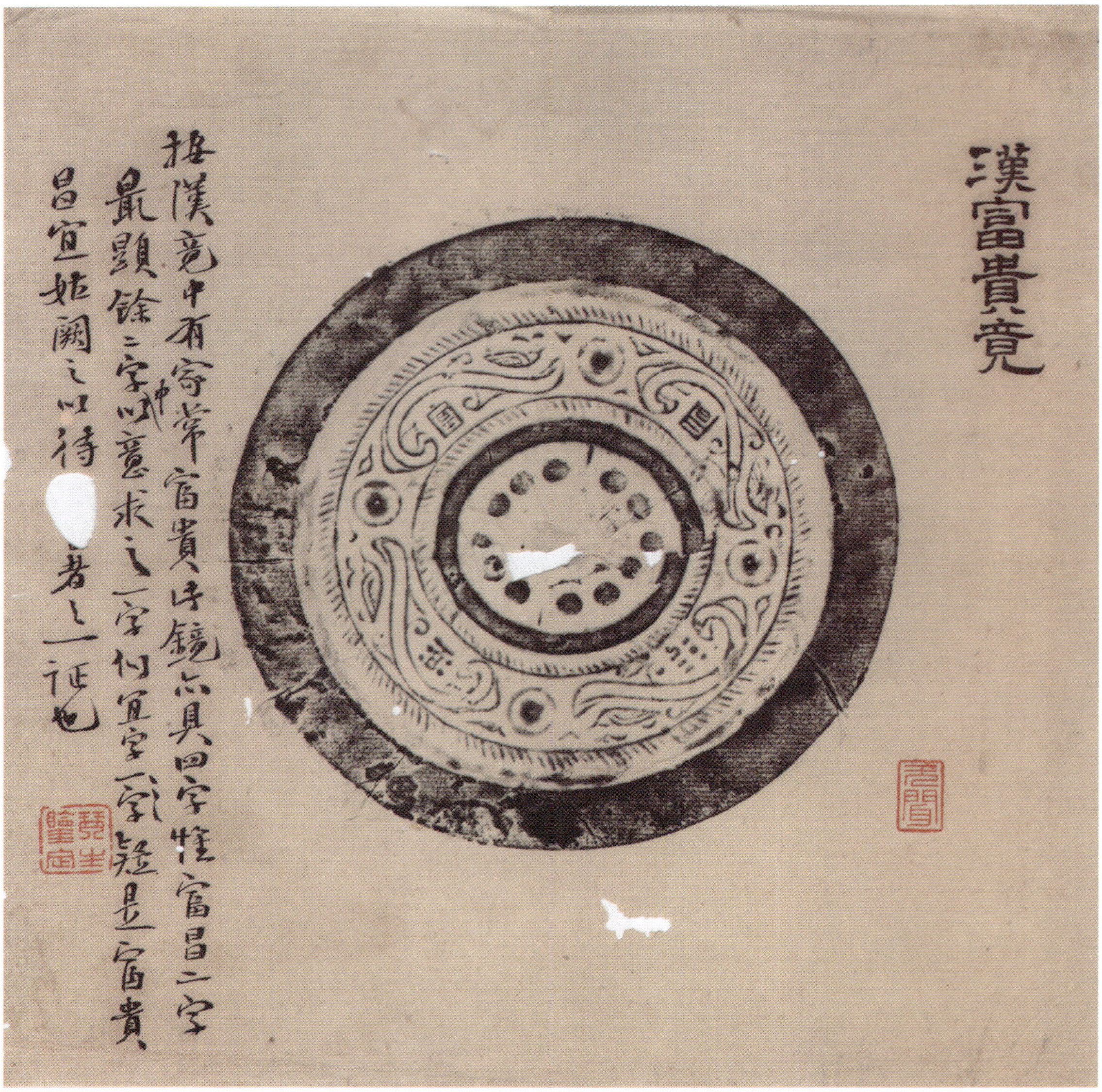

漢富貴鏡

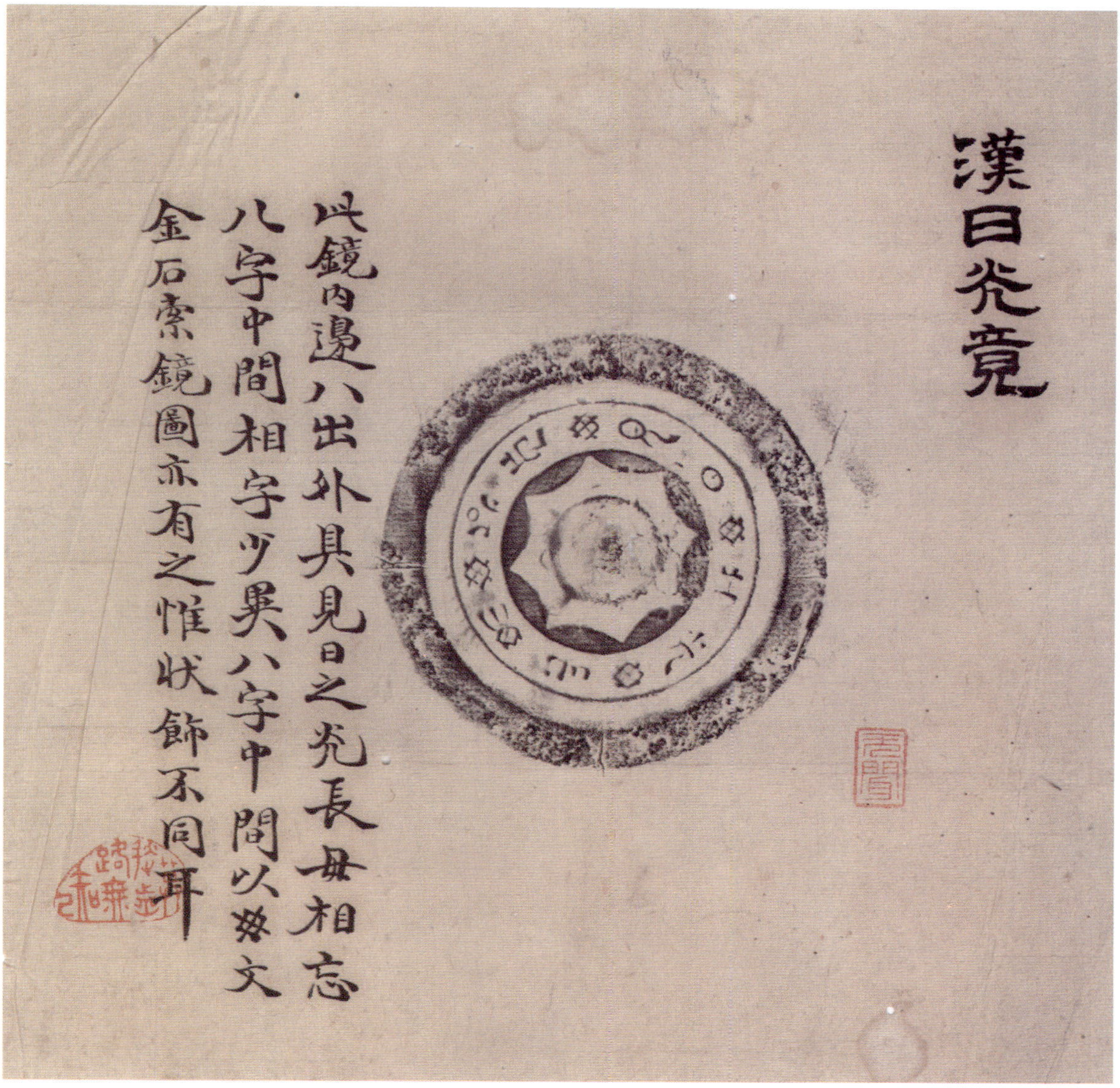

漢日光鏡

漢内清以昭明鏡

漢内清以昭明鏡

漢長毋相忘鏡

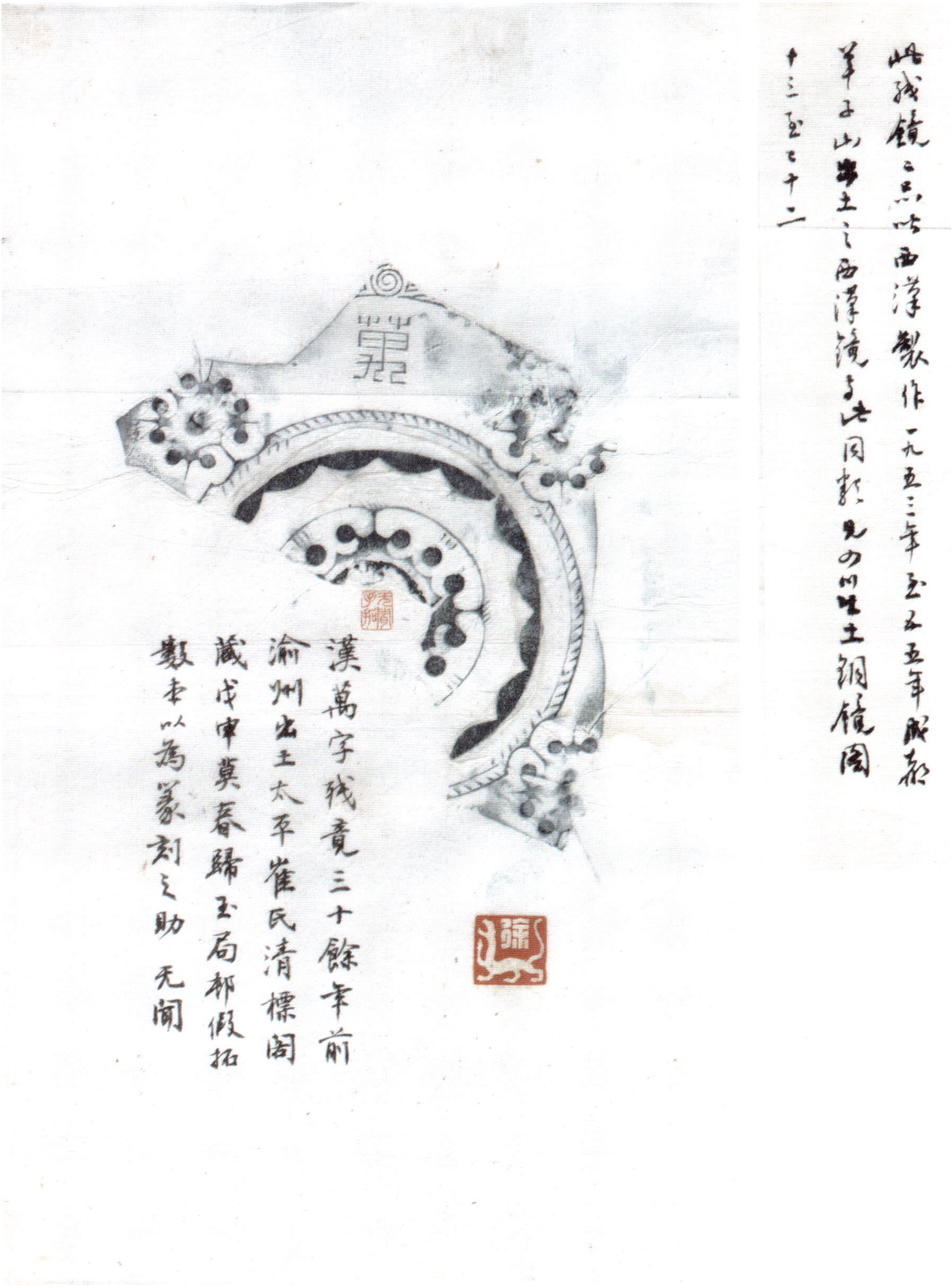
此殘鏡亦似西漢製作 一九五三年至五五年成都
羊子山出土之西漢鏡與此同款見四川出土銅鏡圖
十三至七十二
漢萬字殘竟三十餘年前
渝州出土太平崔氏清標閣
藏戊申莫春歸玉局郁假拓
數本以為篆刻之助 无聞

漢萬字殘鏡

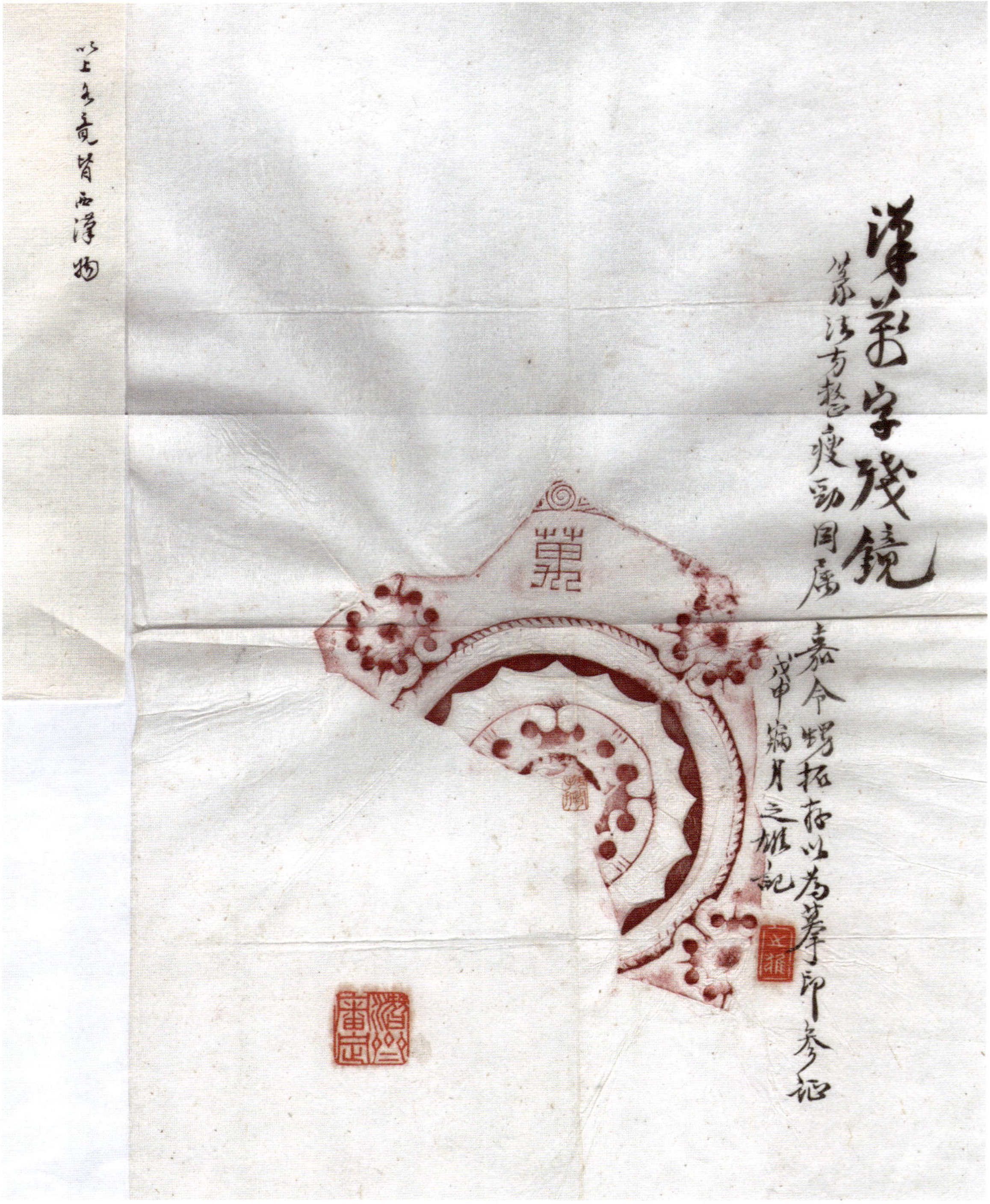
漢萬字殘鏡
篆法方整瘦勁同屬
以上各鏡皆西漢物

漢萬字殘鏡

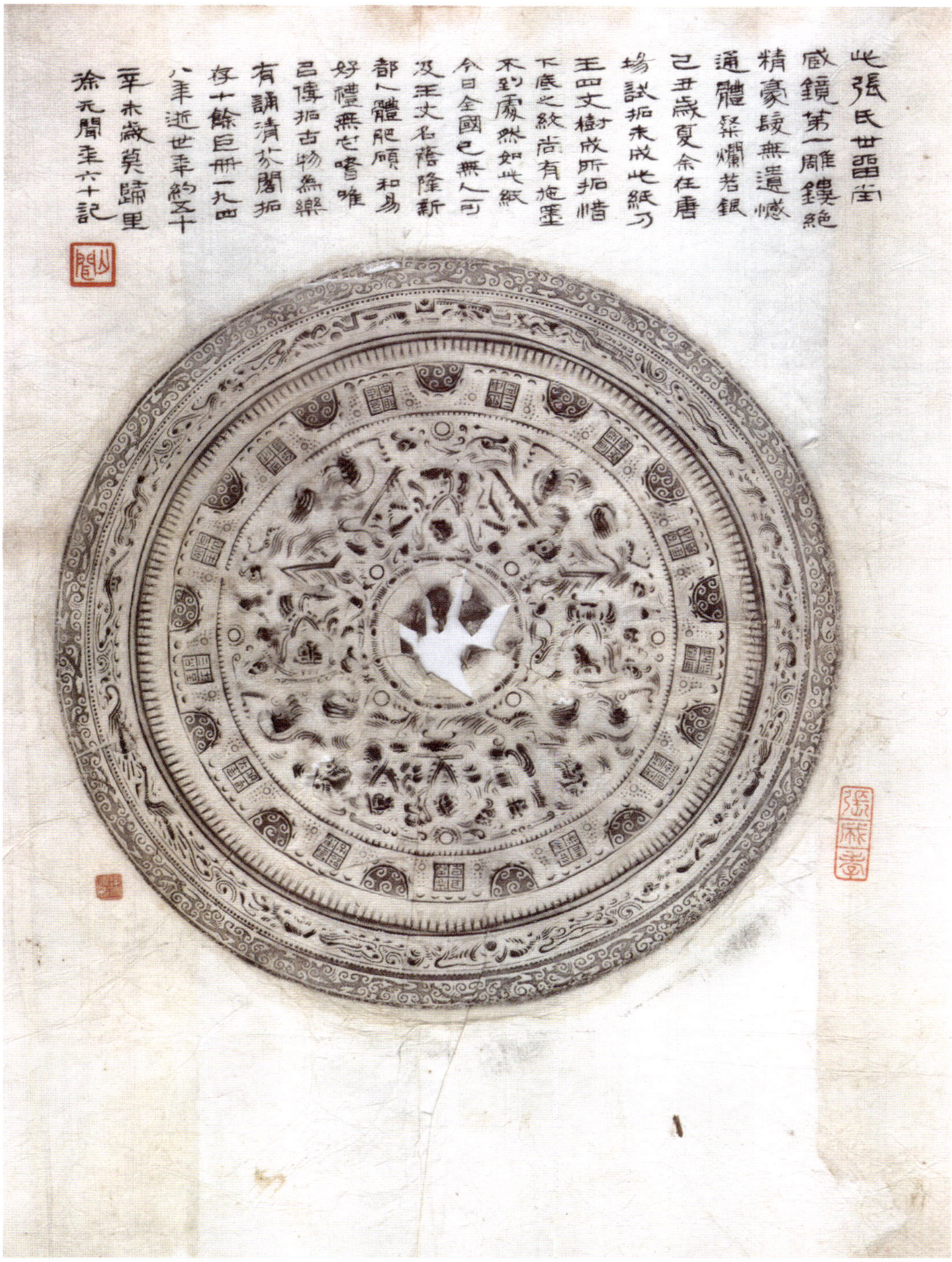
此張氏廿畱堂
藏鏡第一雕鏤絶
精豪鋒無遺憾
通體燦爛若銀
己丑歲夏余在唐
場試拓未成此紙乃
王四文樹成所拓惜
下底之紋尚有施墨
不到處然如此紙
今日全國已無人可
及王文名蕃隆新
都人體肥碩和易
好禮無他嗜唯
以傳拓古物為樂
有誦清芬閣拓
存十餘巨冊一九四
八年逝世年約五十
辛未歲莫歸里
徐元閶年六十記

漢半圓方枚神仙鏡

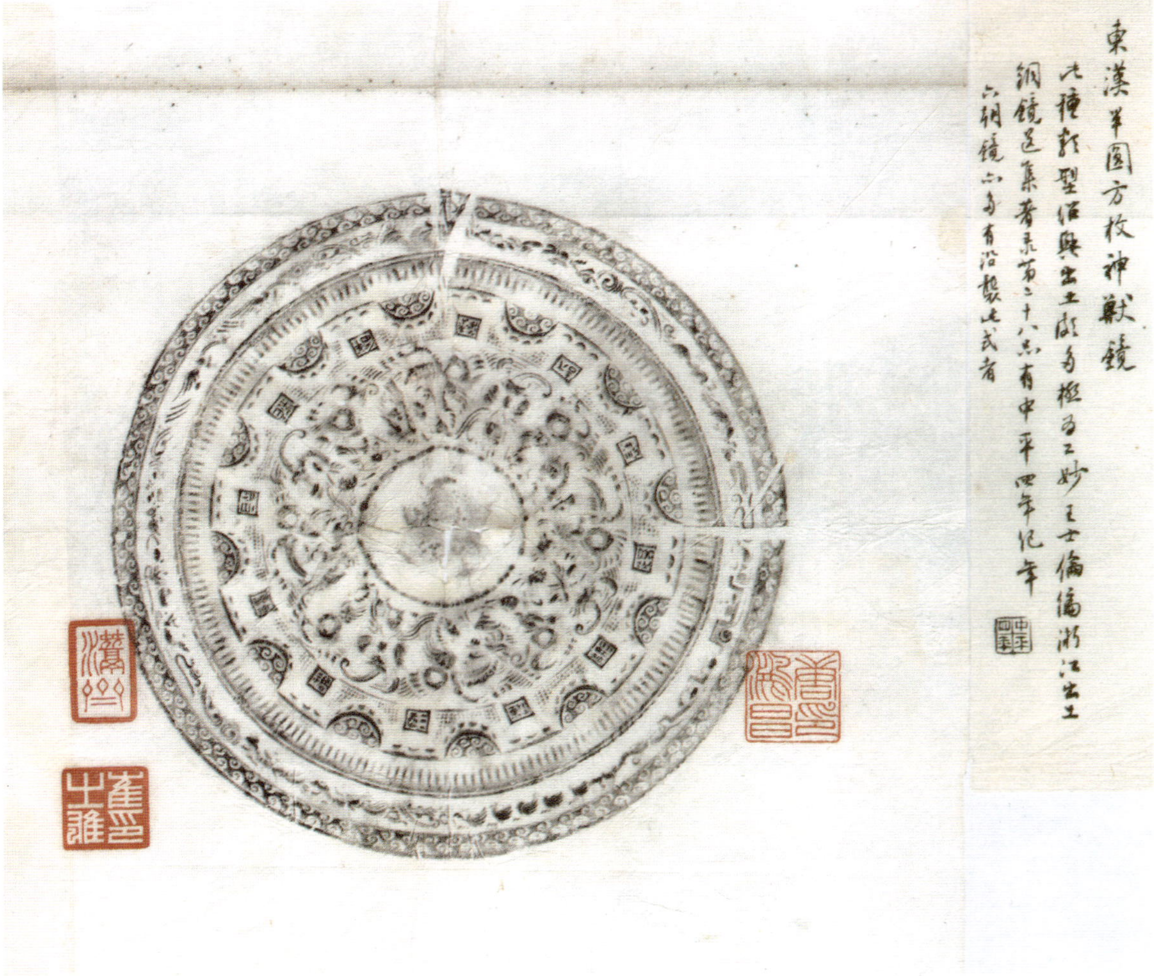
東漢半圓方枚神獸鏡
此種新型紹興出土殊多極為工妙王士倫編浙江出土
銅鏡選集著录第二十八器有中平四年紀年
六朝鏡亦多有沿襲此式者
中平四年

漢半圓方枚神獸鏡

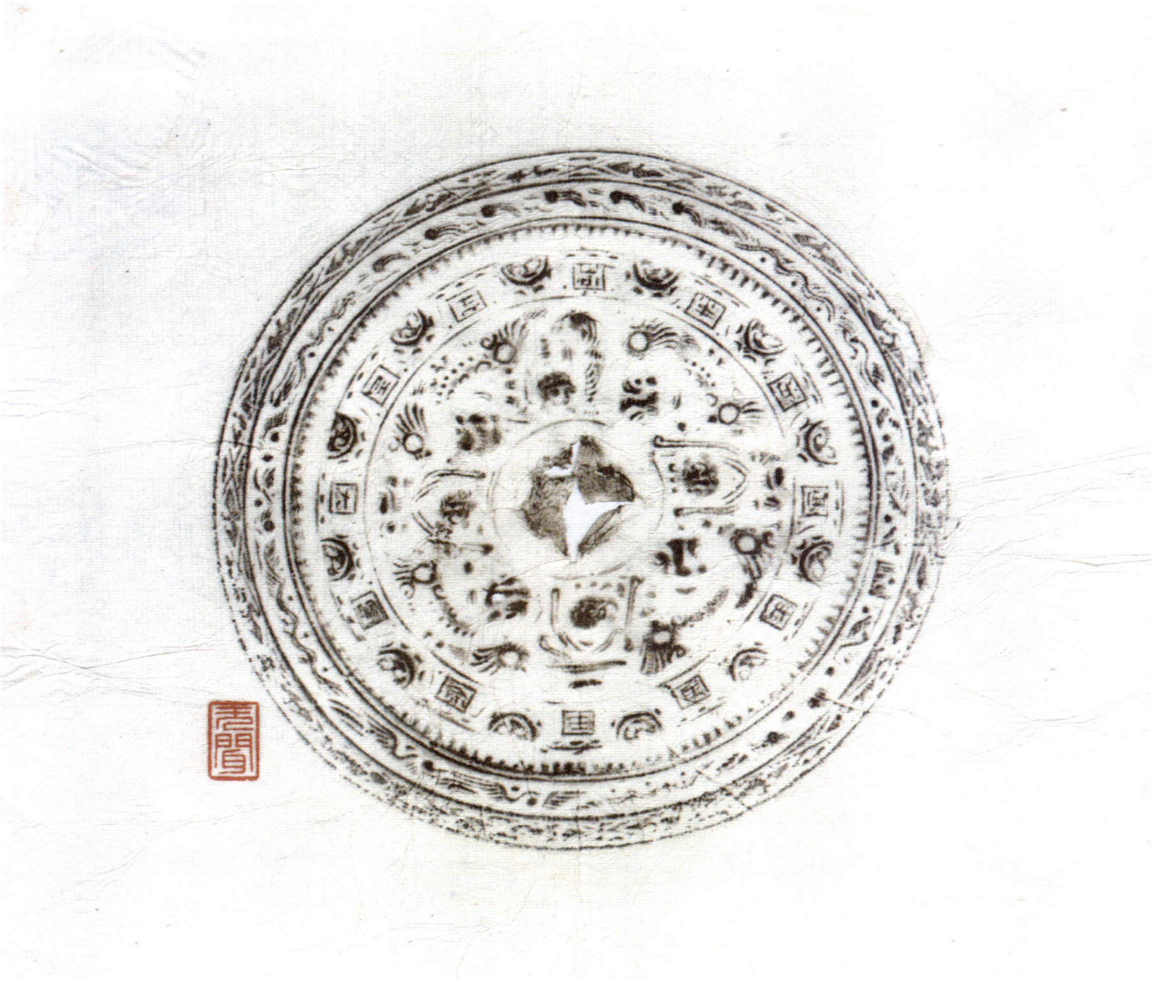

漢半圓方枚神獸鏡

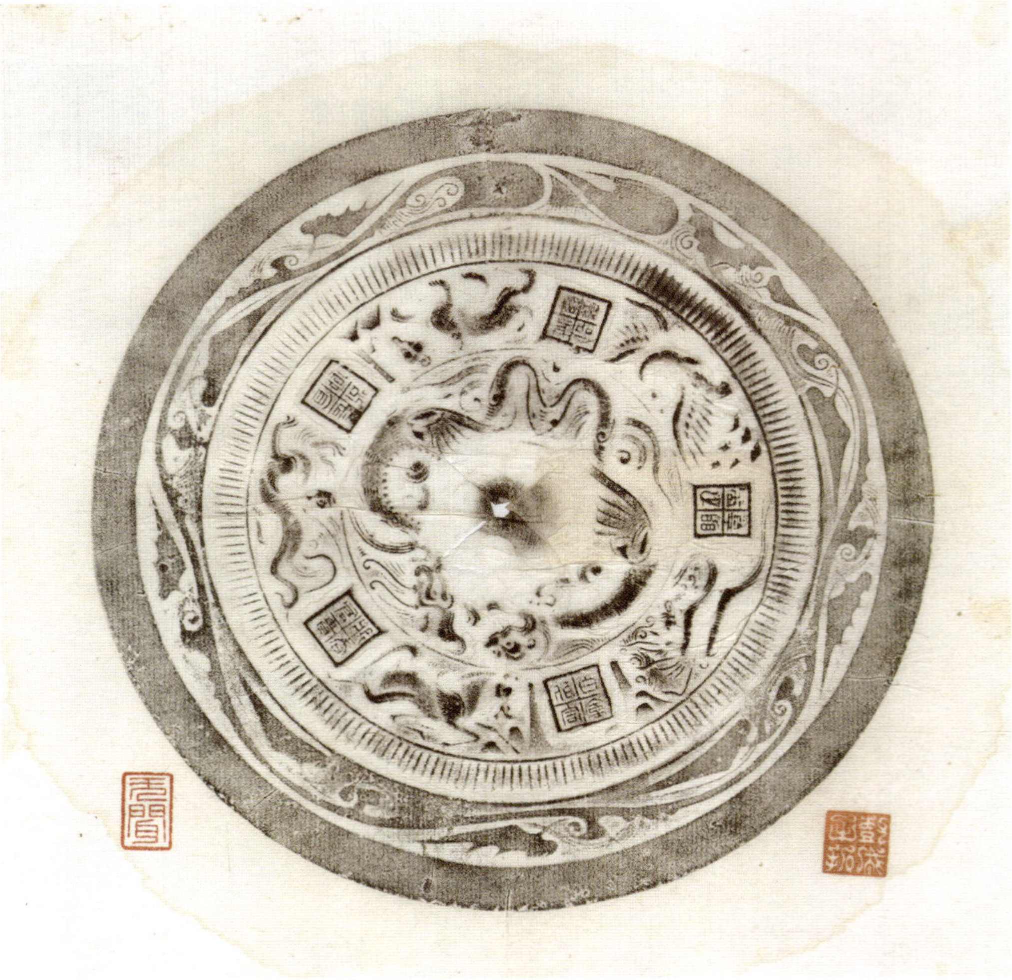

漢方枚神獸鏡

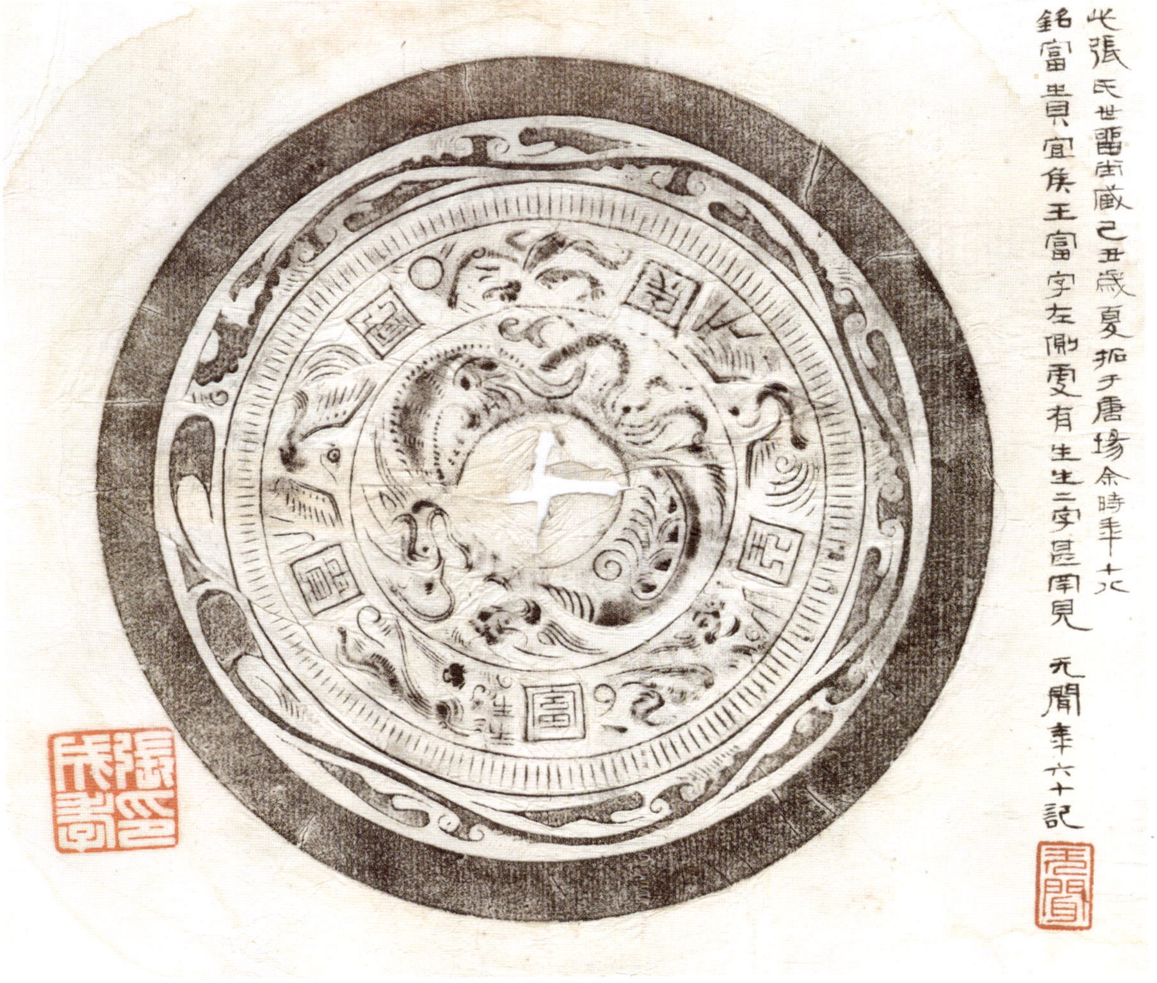

漢富貴宜侯三鏡

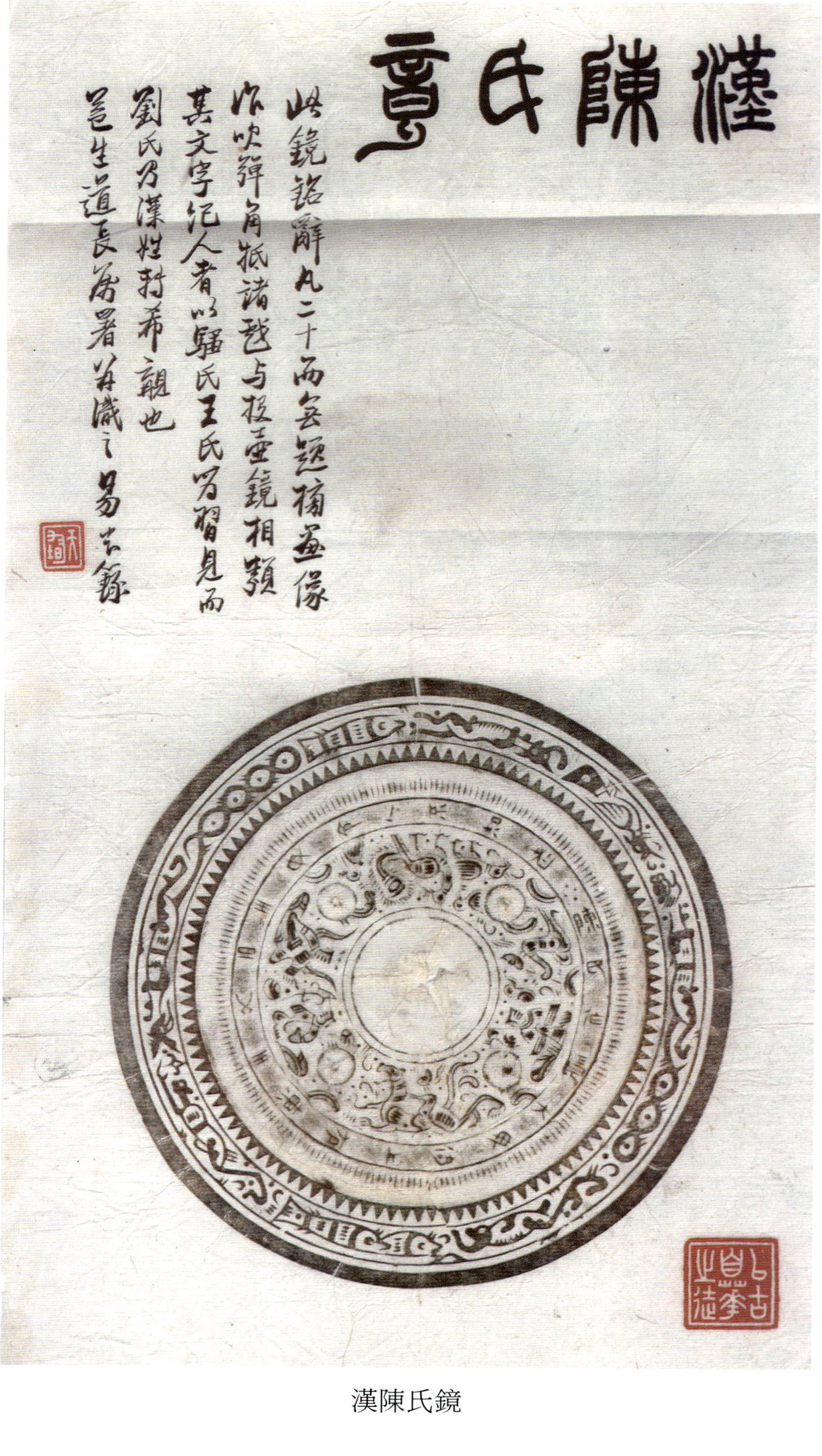
漢陳氏竟
此鏡銘辭凡二十而無題橫畫像
作吹彈角抵諸戲與投壺鏡相類
其文字紀人者以騶氏王氏爲習見而
劉氏乃漢姓封帝親也
篔生道長屬署并識之 易忠籙

漢陳氏鏡

此鏡六字銘辟而弓投壺歌舞諸
畫像与近年成都竹邡先生之盤
像大半漢畫形圍極吻題楊三絕曰
陳氏曰東王父曰西王毋外緣渡作金烏
蟾蜍友龍虎如靈芝盤望以厭勝
器不而投壺此咒初見
蓋公先生清碰均堂易出錄戊子亥

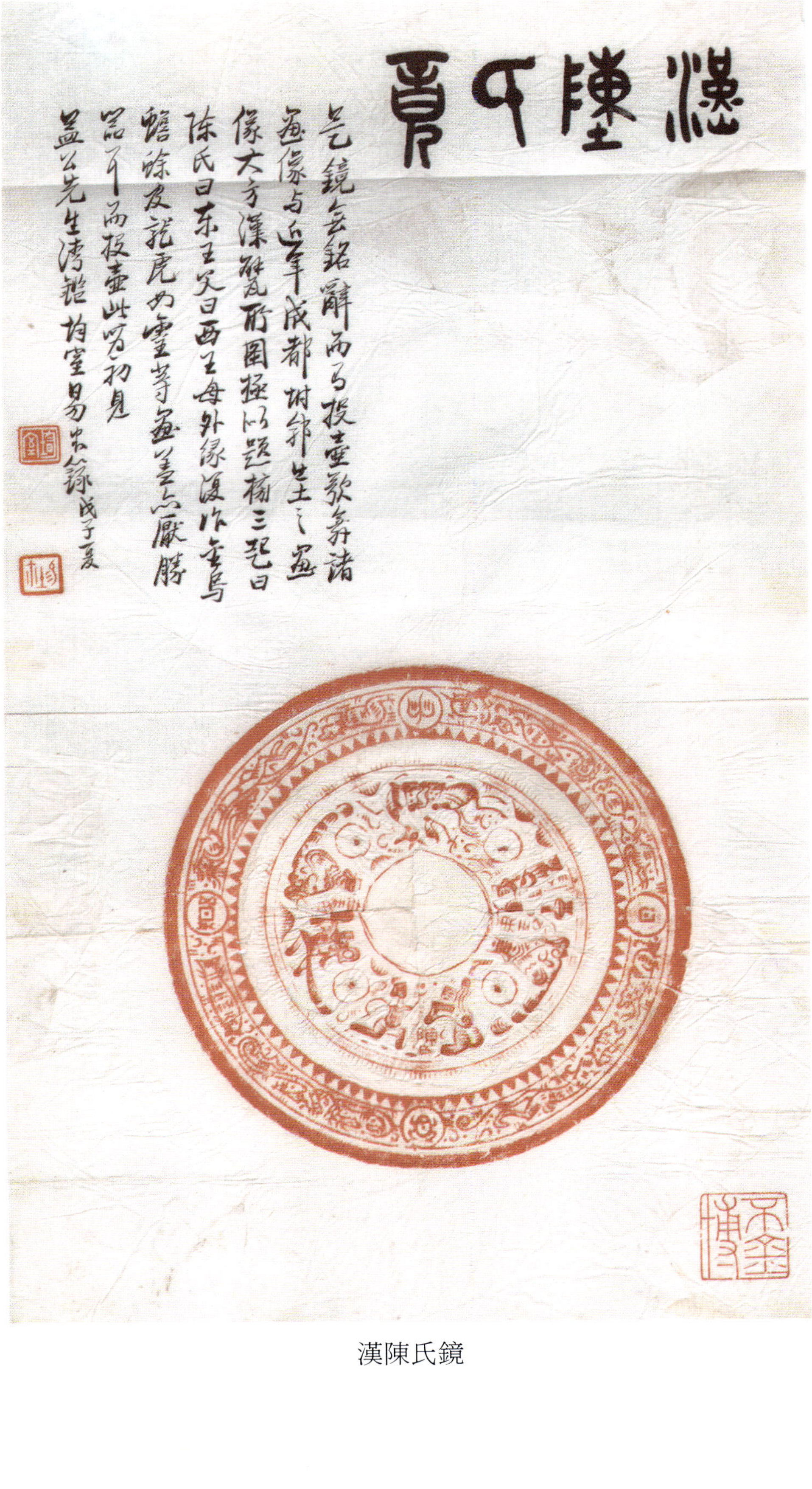

漢陳氏鏡

漢青羊作鏡

漢青羊作鏡

漢青蓋三十五字鏡

漢青蓋三十五字竟

此大泓唐氏虞姚二仲揚止歲甲子予為己綠与
泰山清浪二竟同歸大包張氏神竟五鳳之
寶越四十五載徐錫齡家合目北不柏澤竊拓
肯置覽之憾此隔世五鳳度均能
古人為之懷歟

殷勤門錢學生二弧皇太子屋生

乙酉春中瀟絲馨嶺記于錦里北郭精年

七十有一

又女少兮鳳澤青羊四十五字鑑雖多待告
后世樂兮極七字此不文其三耕

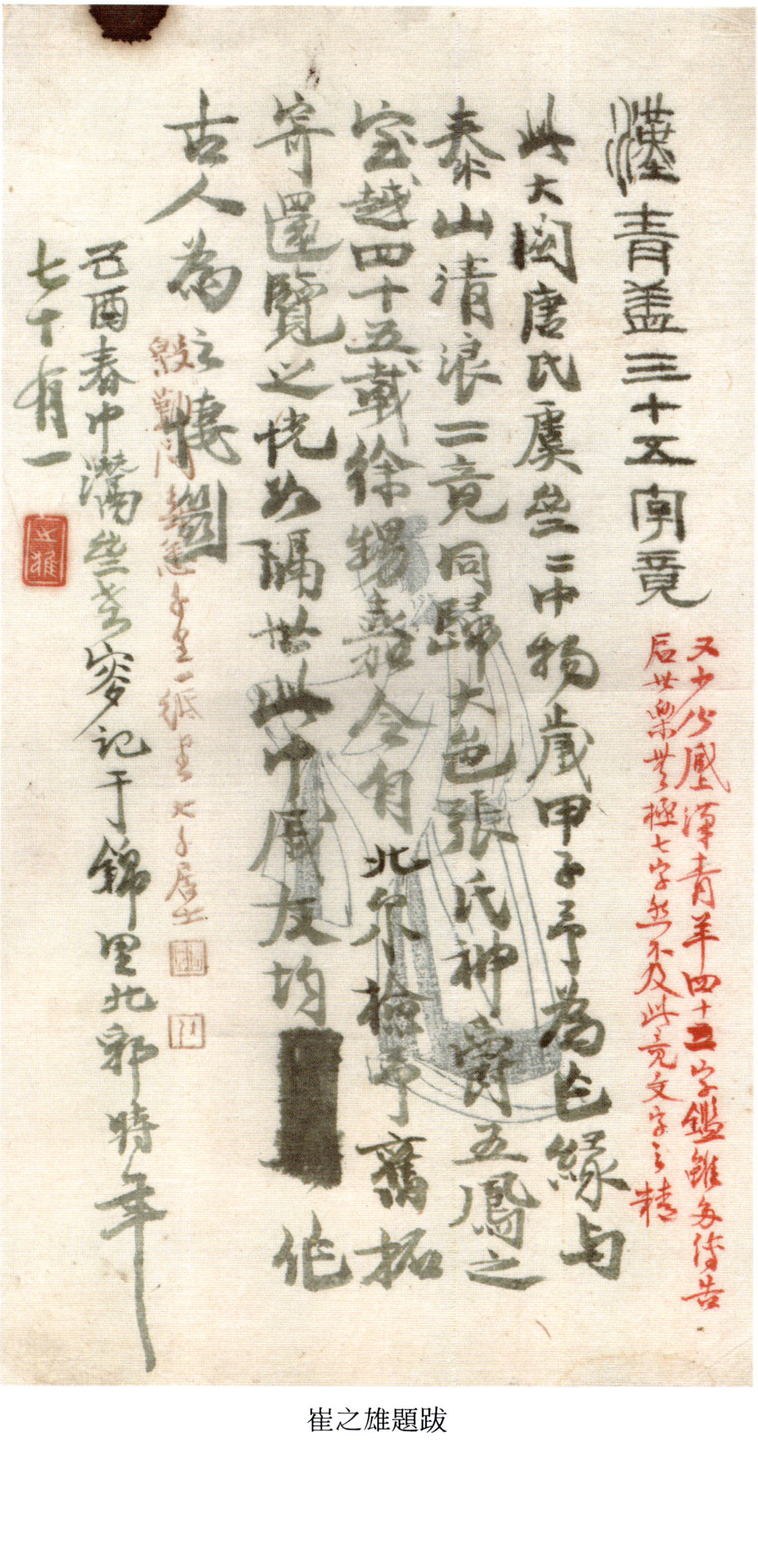

崔之雄題跋

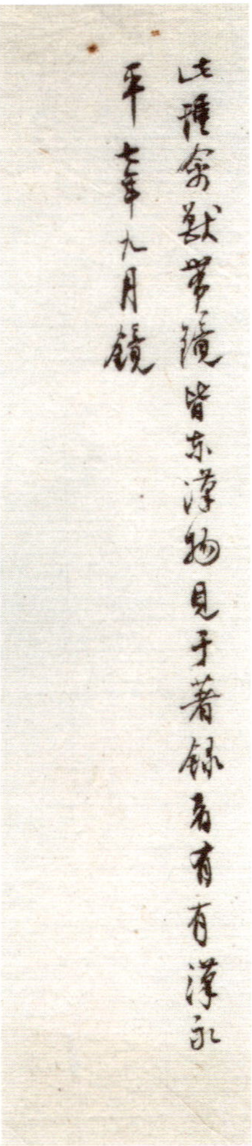
此種禽獸帶鏡皆东漢物見于著錄者有有漢永
平七年九月鏡

漢青蓋作鏡

漢銅盤作鏡

漢尚方作鏡

漢青蓋作鏡

漢青蓋作鏡

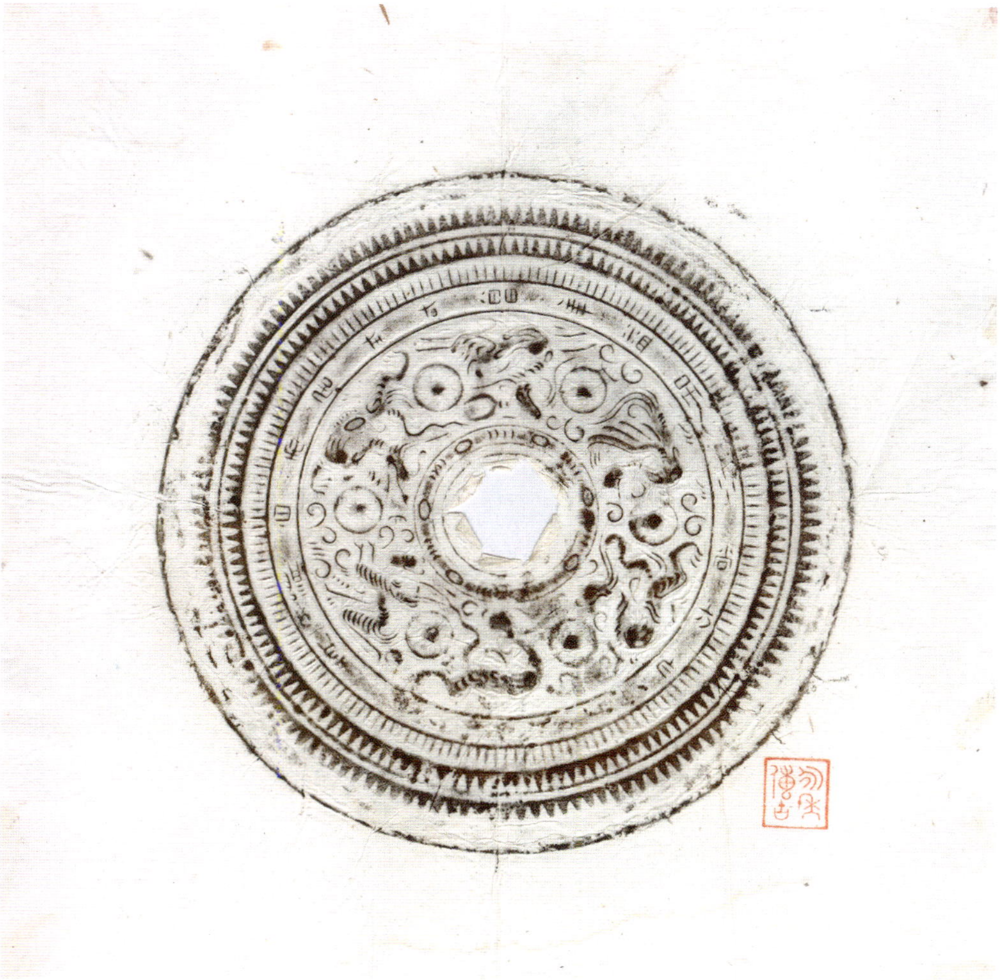

漢尚方作鏡

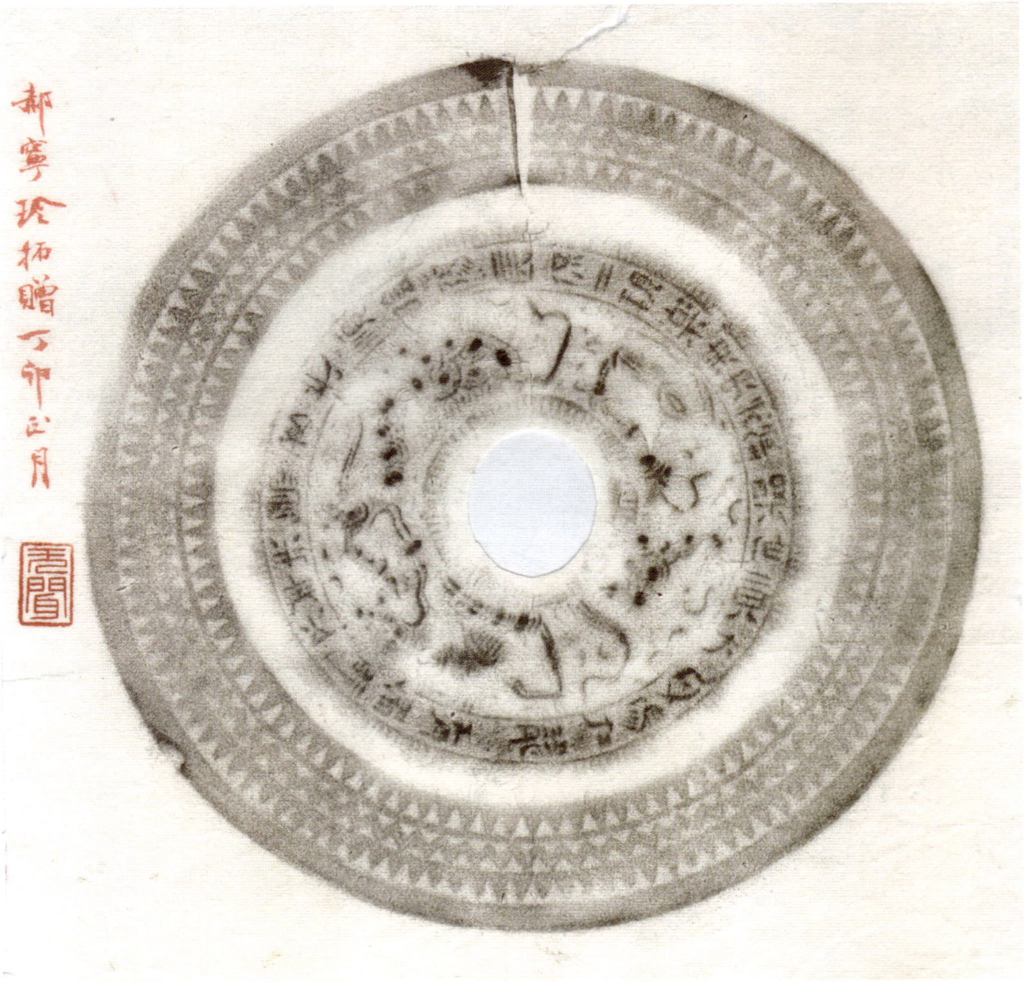

漢銅盤作鏡

漢神人畫像鏡

漢禽獸鏡

漢規矩神獸鏡

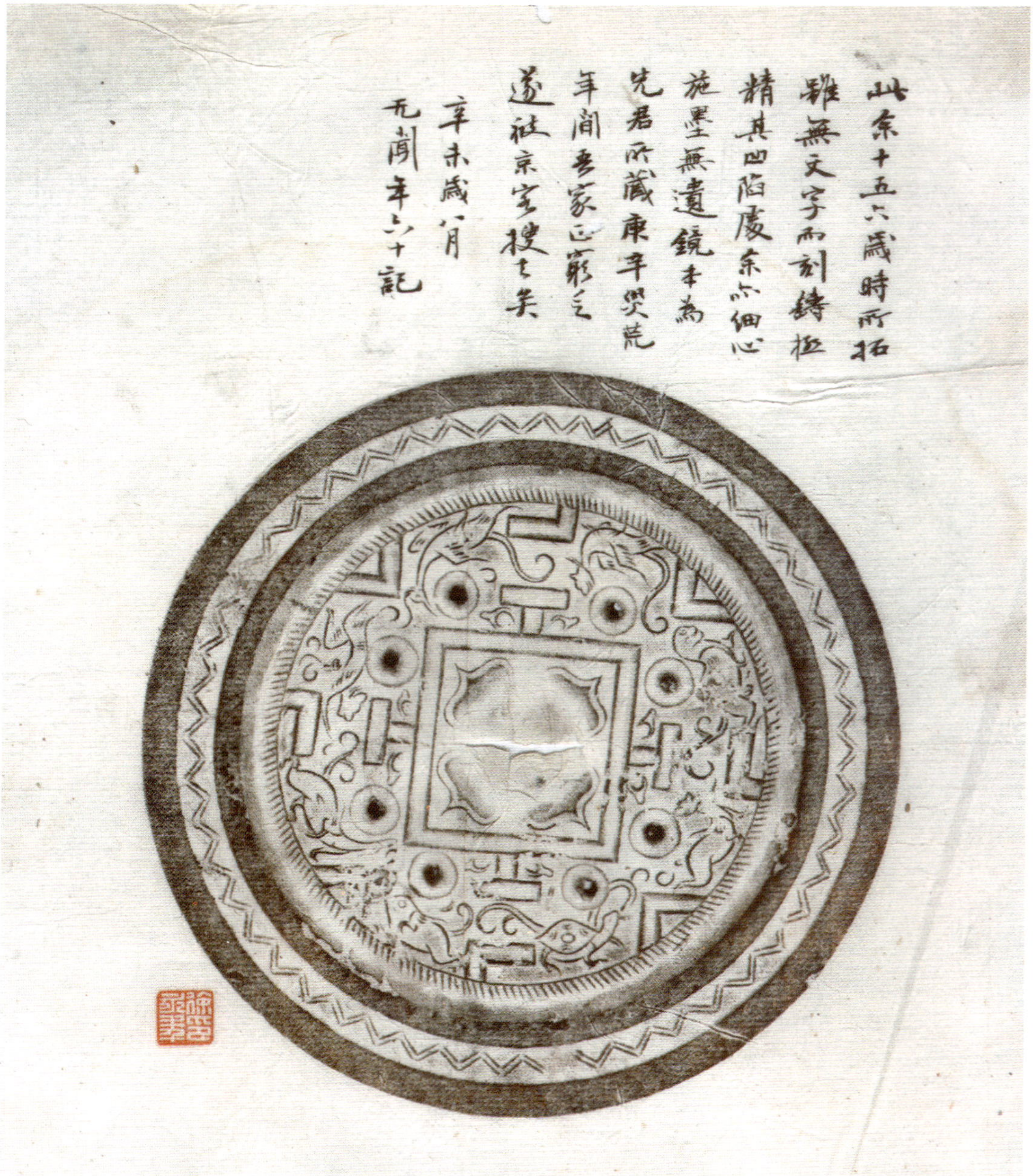
此余十五六歲時所拓
雖無文字而刻鑄極
精其凹陷處余亦細心
施墨無遺鏡本為
先君所藏庚辛兵荒
年間書家正竊之
遂被京客攜去矣
辛未歲八月
无聞年六十記

漢規矩神獸鏡

漢規矩神獸鏡

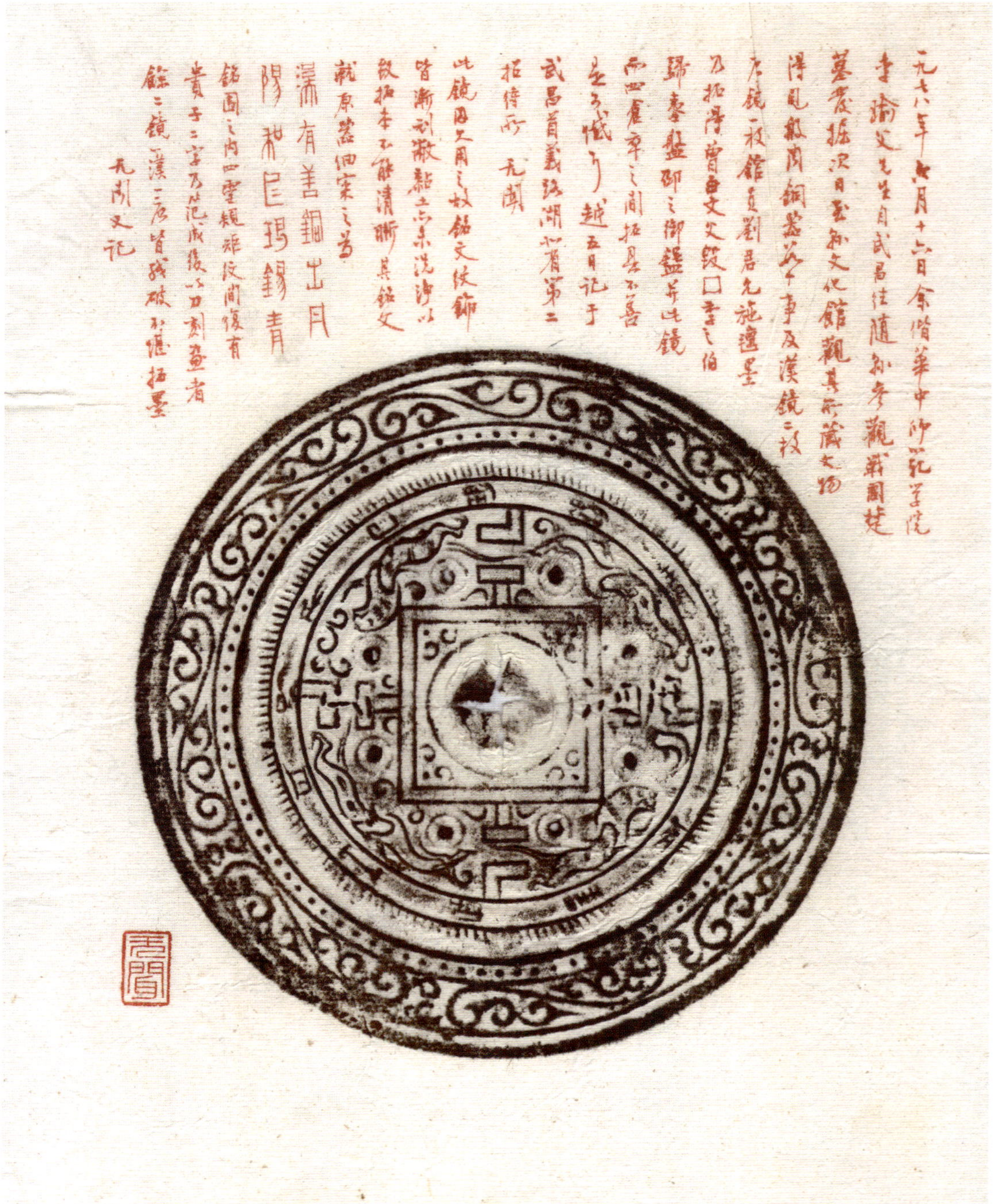
一九七八年七月十六日余偕華中師範學院
李瑜文先生自武昌往隨縣參觀戰國楚
墓發掘次日至縣文化館觀其所藏文物
得見戰國銅器若干事及漢鏡二枚
唐鏡一枚館員劉君允施氊墨
乃拓得曾西文文鼓口李之伯
歸秦盤邵之御鑑并此鏡
而四層第之間拓甚不善
是可憾耳 越五日記于
武昌首義路湖北省第二
招待所 无聞
此鏡因年久之故銘文紋飾
皆漸剝蝕黏土亦未洗淨以
致拓本不能清晰其銘文
就原器細審之為
漢有善銅出丹
陽和以銀錫青
銘圈之內四豎規矩紋間復有
貴子二字乃范成後以刀刻畫者
餘二鏡一漢一唐皆殘破不堪拓墨
无聞又記

漢規矩神獸鏡

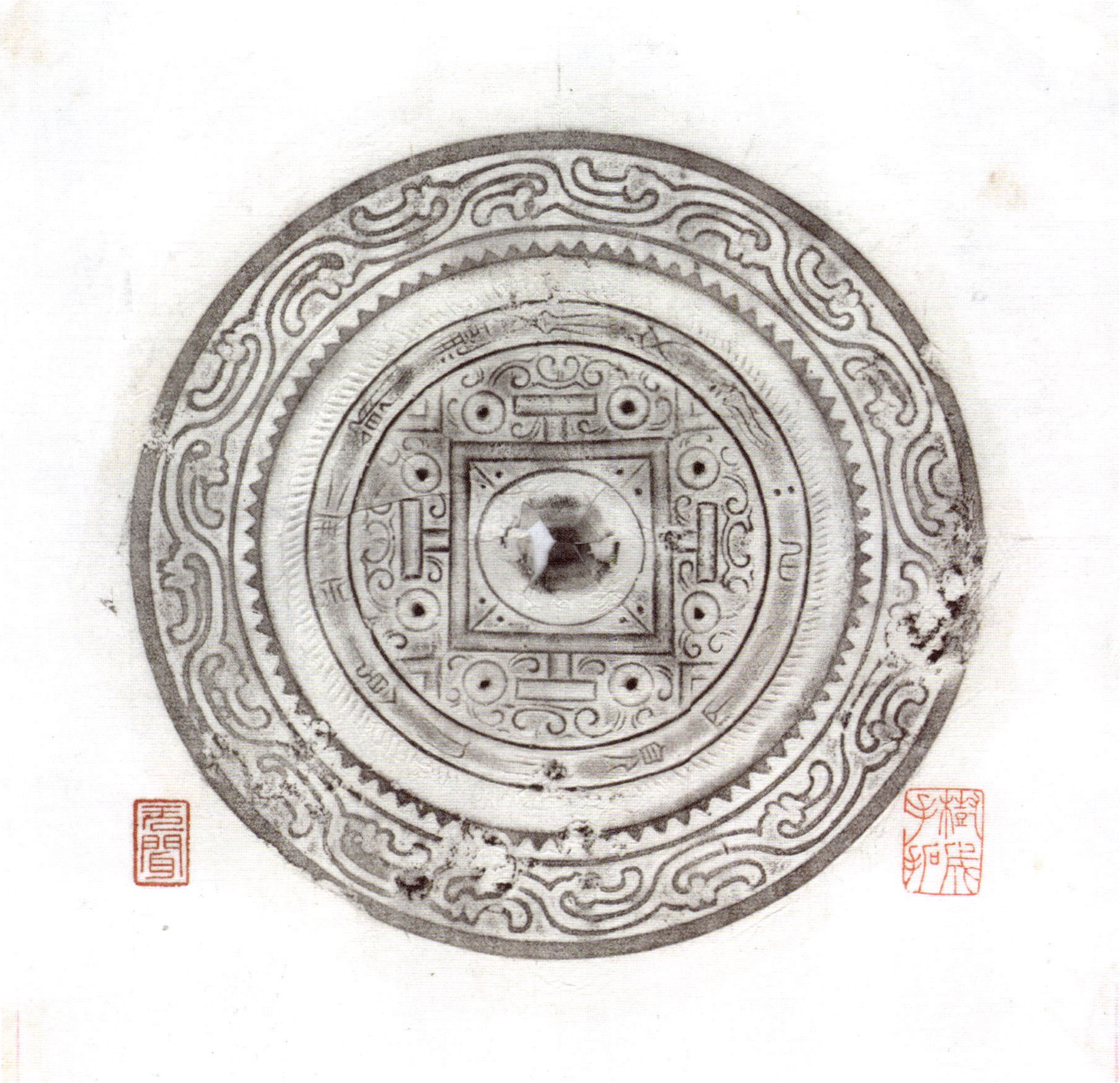

漢規矩鏡

漢規矩神獸鏡

漢規矩神獸鏡

漢湅（凍）三周鏡

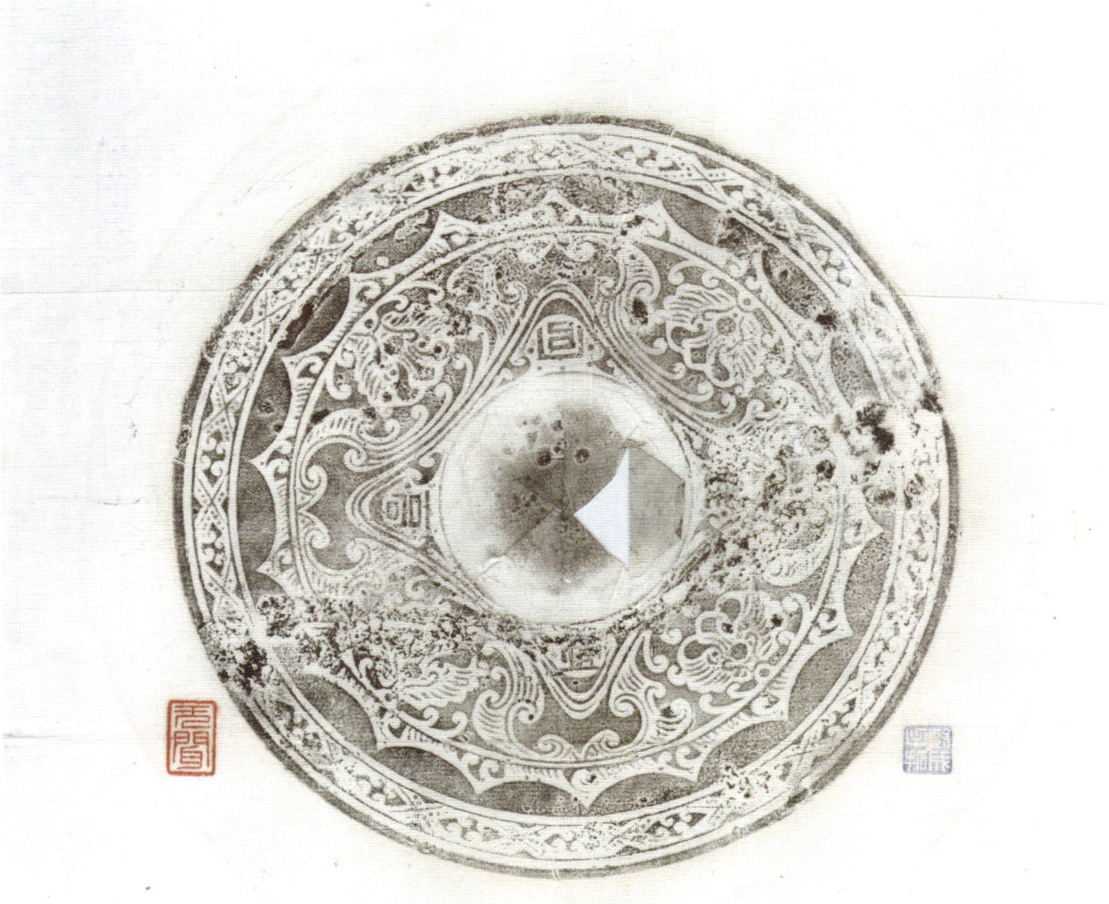

漢長宜高官鏡

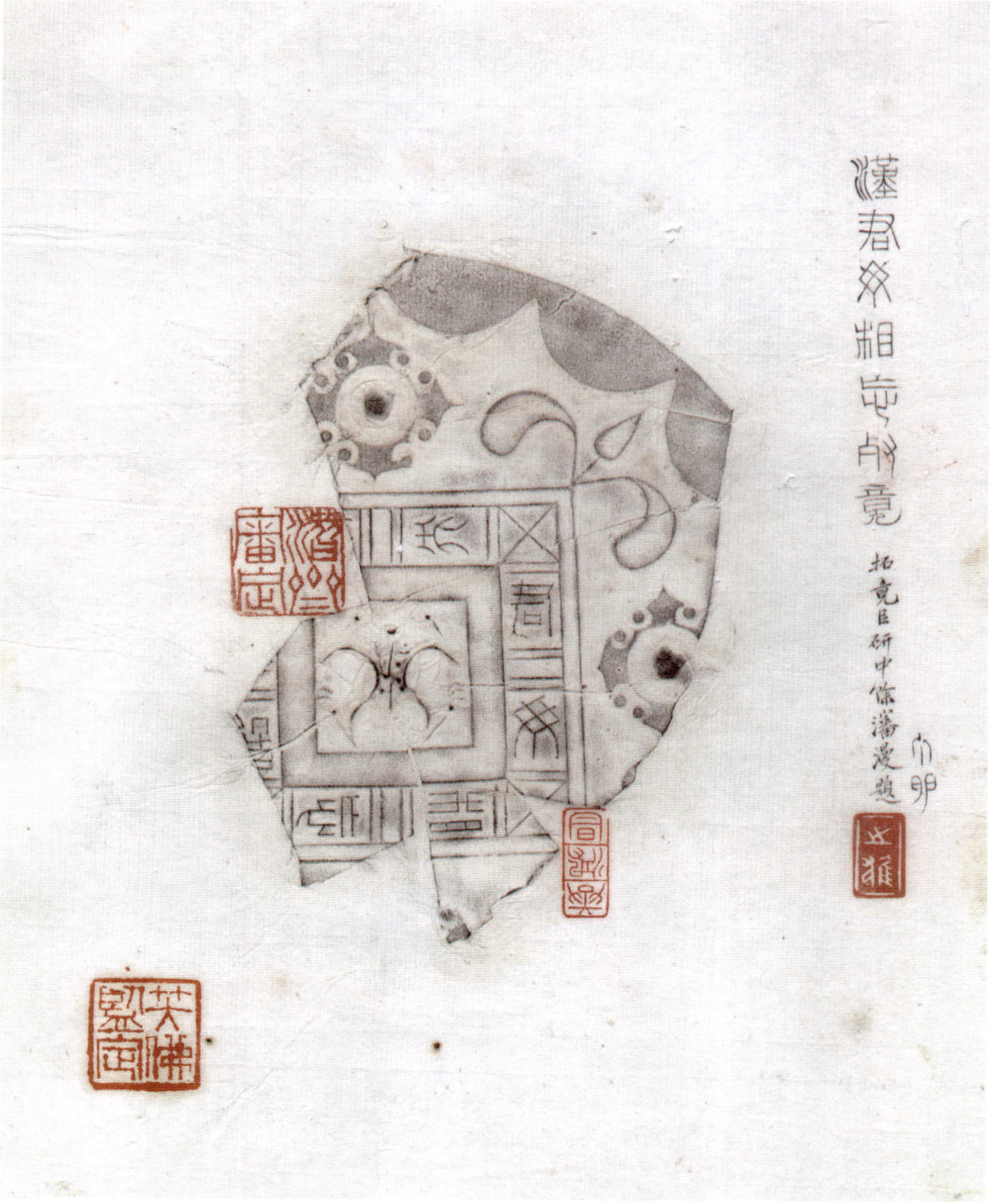

漢君毋相忘殘鏡

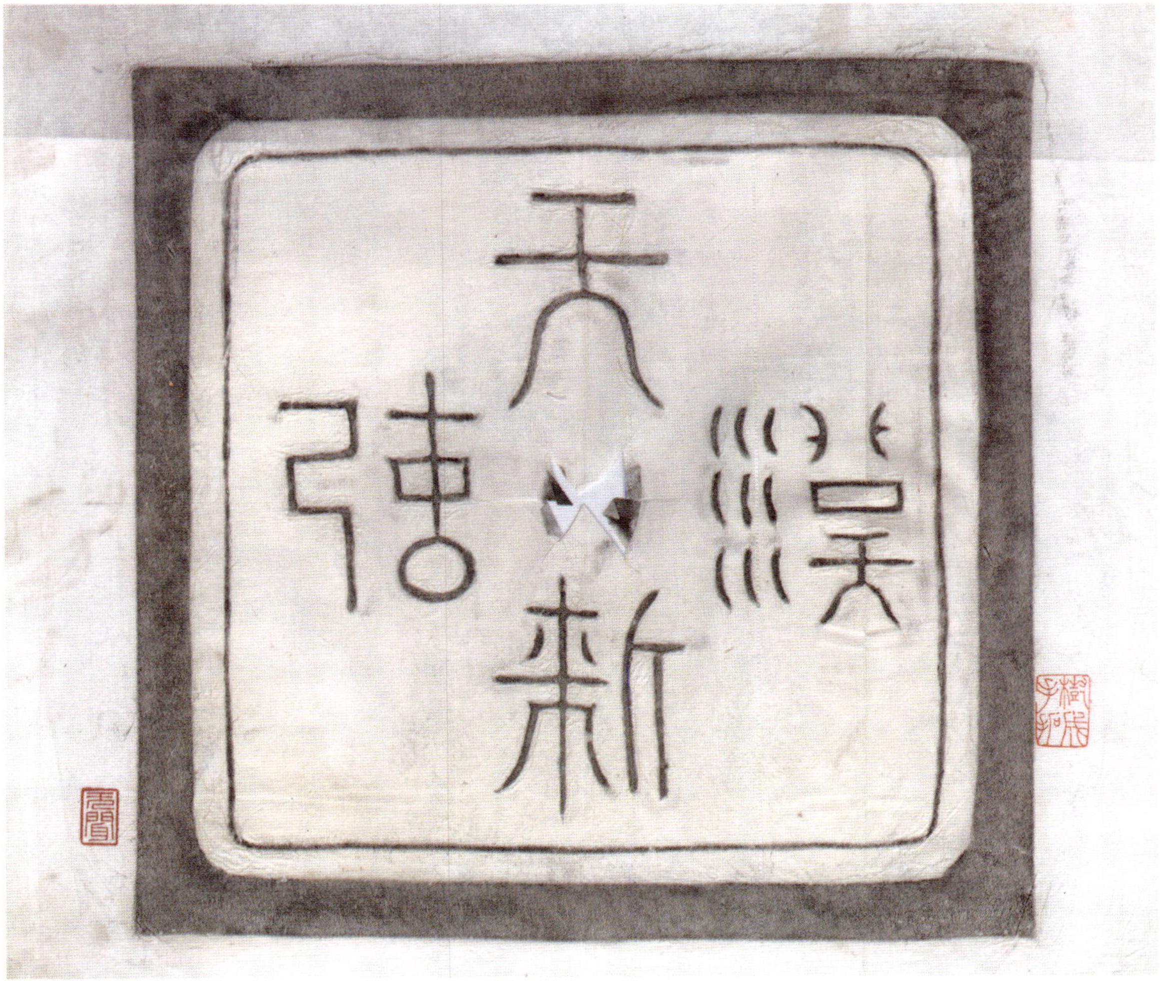

天勑漢强鏡

隋神獸鏡

隋肖兹萬形鏡

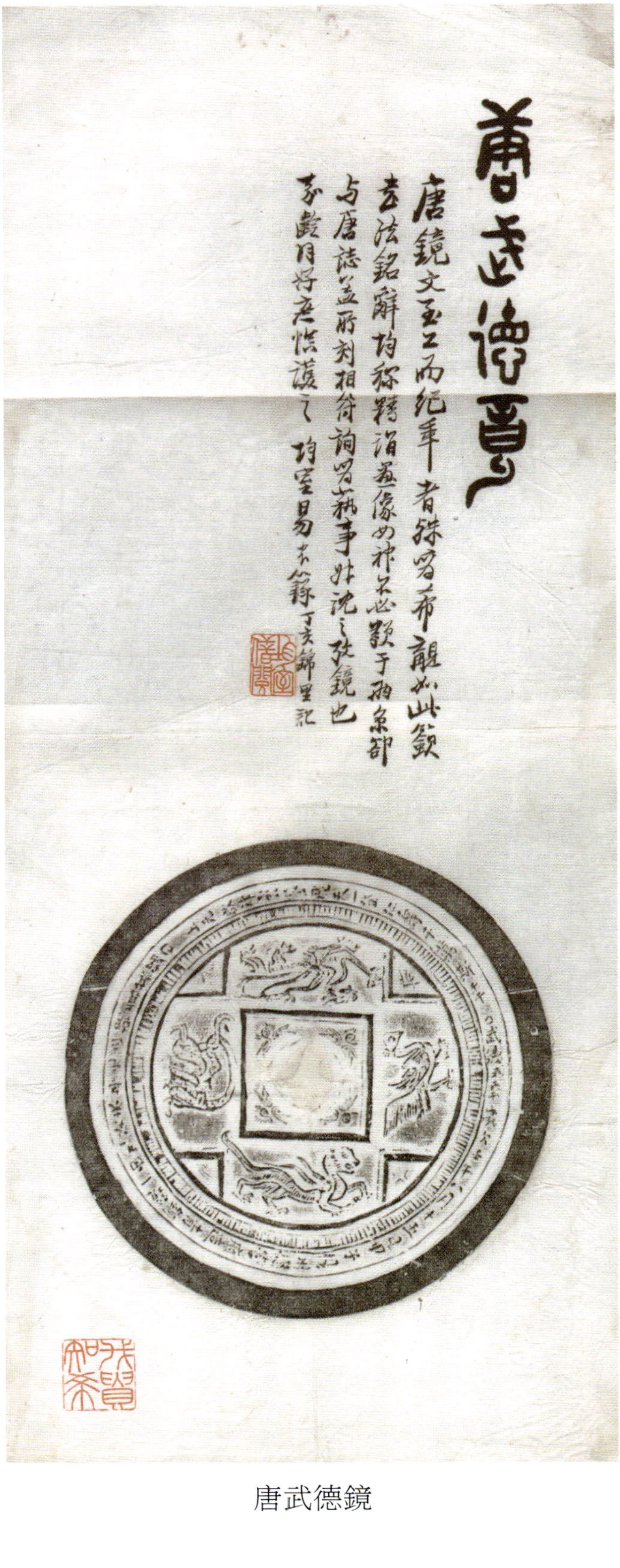

唐武德鏡

唐仙山並照鏡

唐畫像鏡

准提咒鏡

莊惠濠梁鏡

此天水名工手製為
鼓吹頌室飛吉室之
一窩諂里易示錄假
拓作之此有道者不能
公也言武孰徐之歲律
中林鐘院堂

葢之者曰子非余安知
之之又曰子非余安知
拓之之樂不惜于莊惠之觀魚乎
拓之之樂不惜于摩挲与祕筐
于題署院竟歲為
蓋云山人戴笑示錄

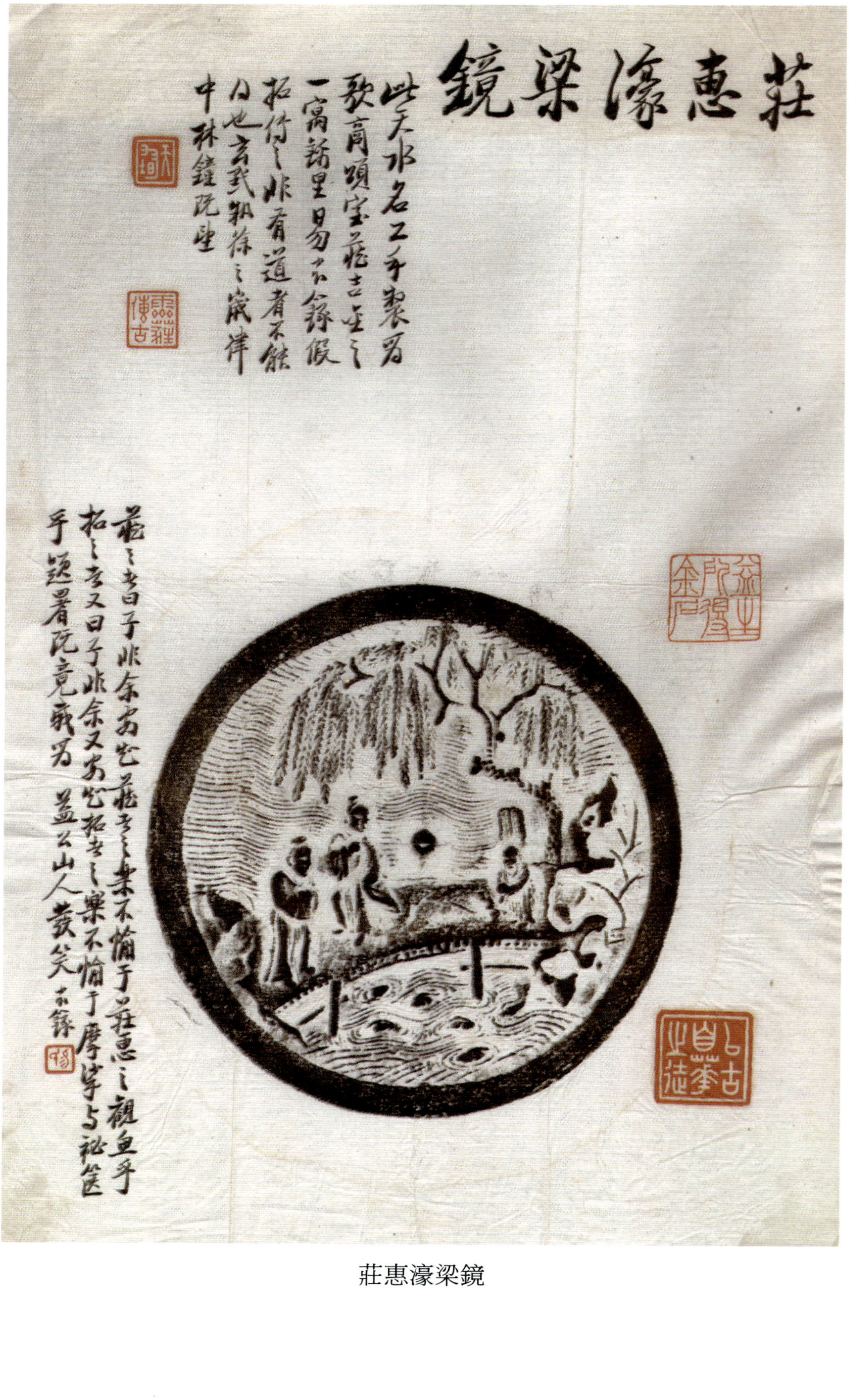

莊惠濠梁鏡

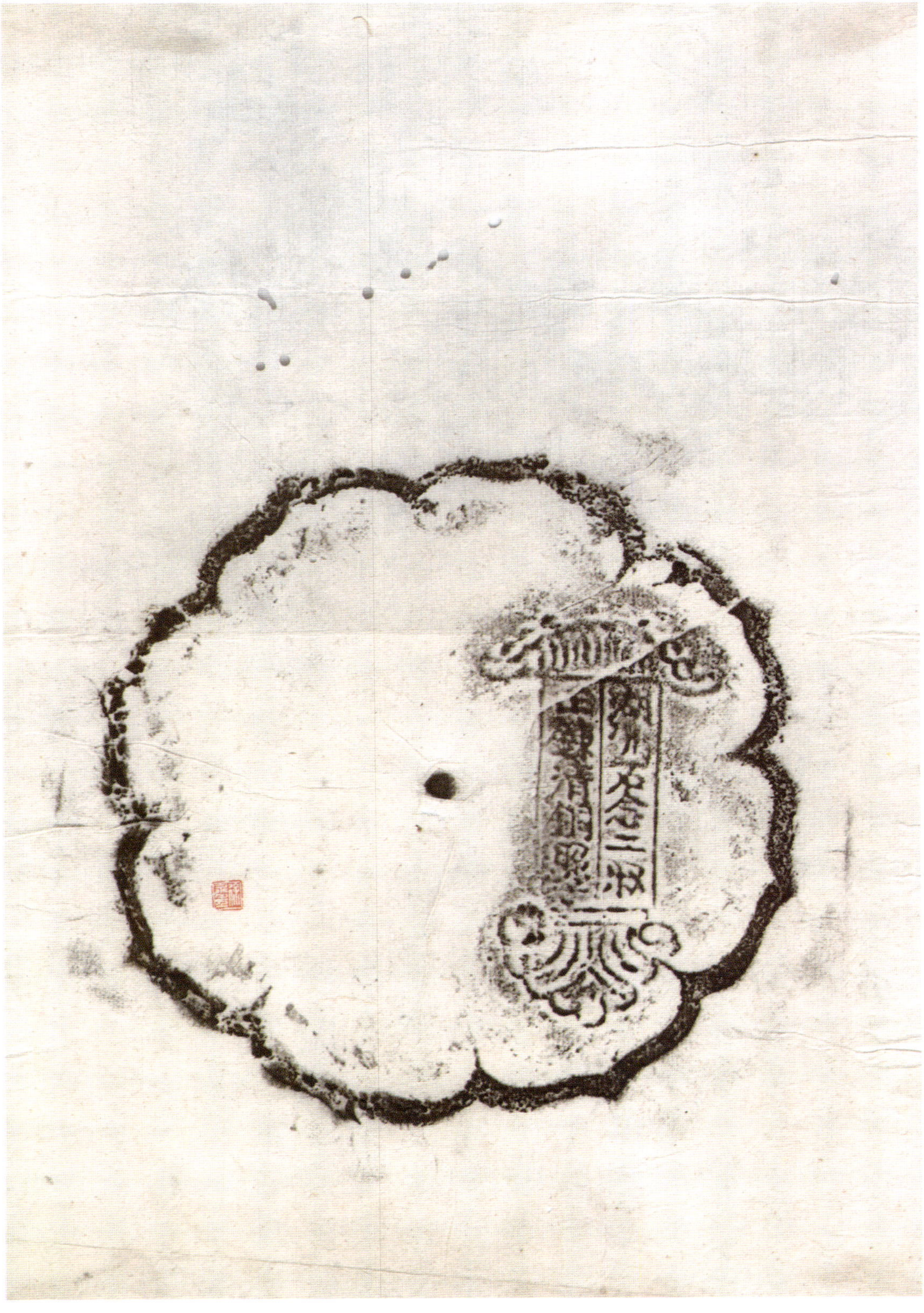

宋湖州石念二叔造鏡

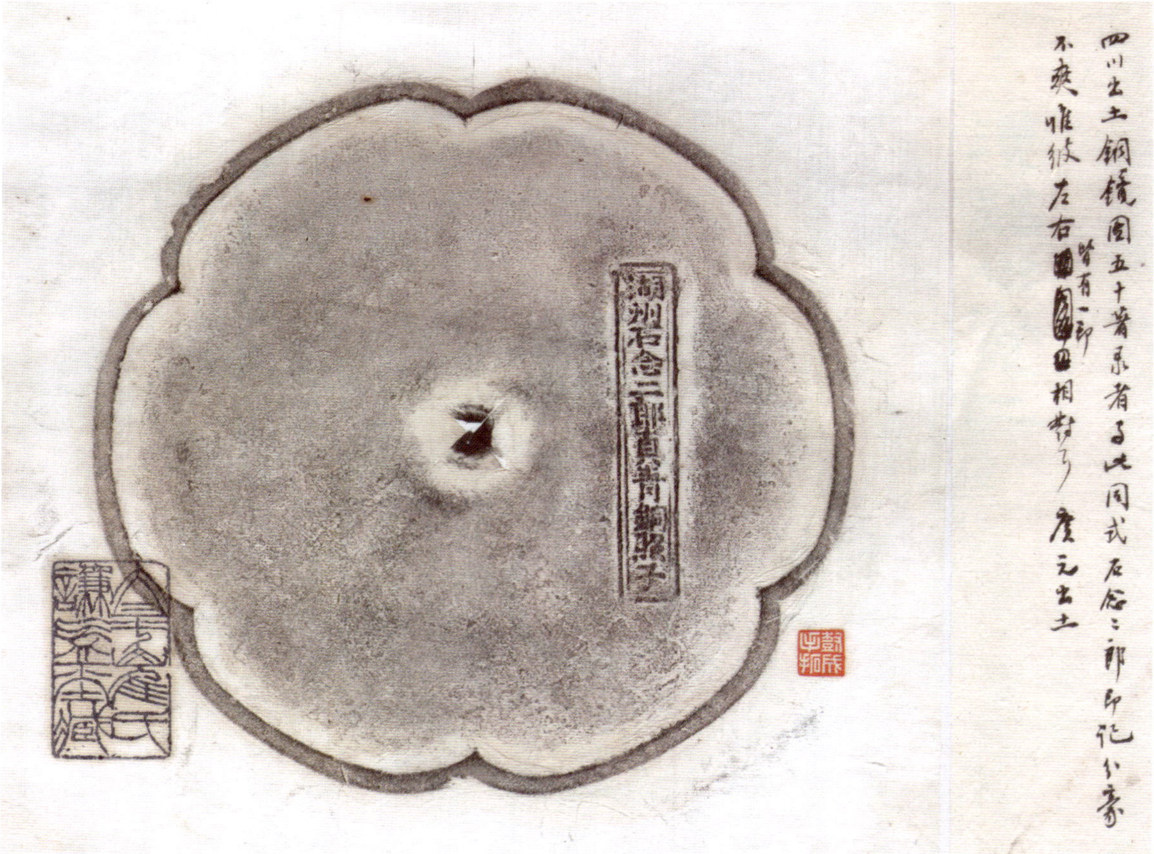

宋湖州石念二郎造鏡

宋湖州石十三郎造鏡

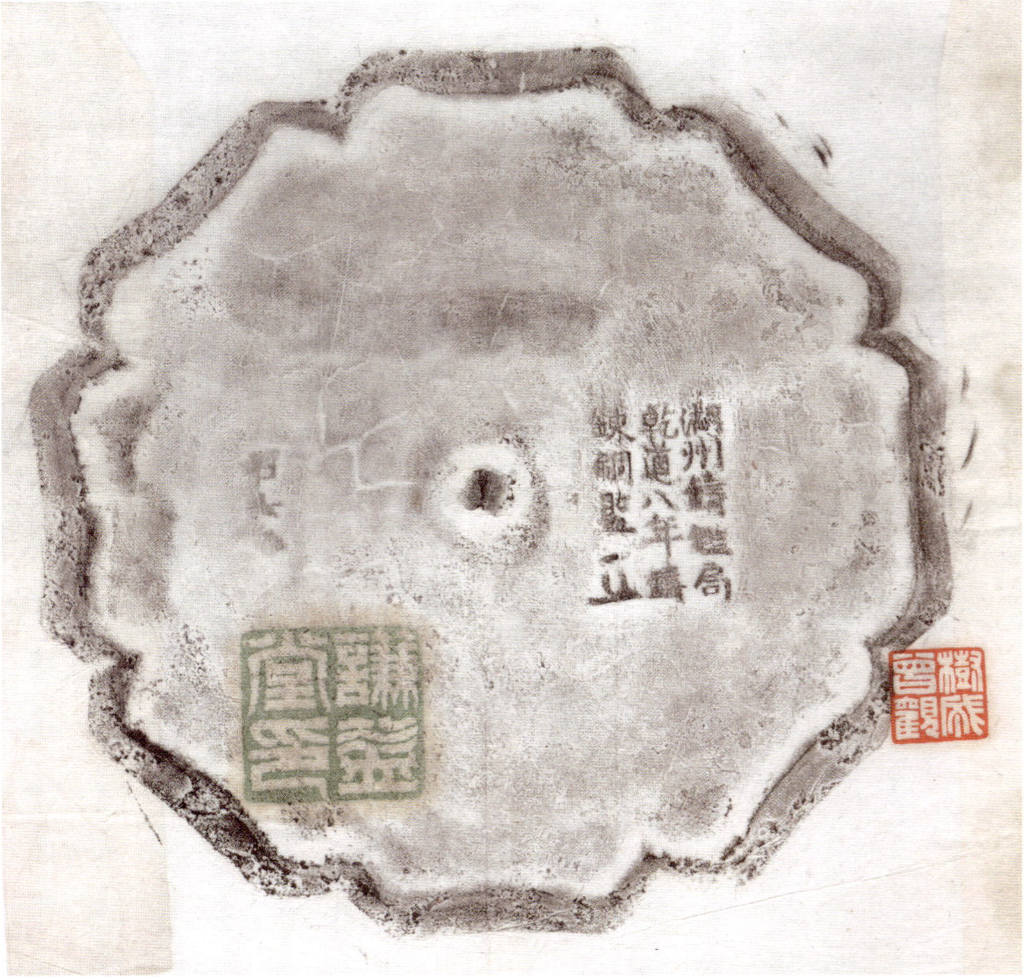

宋乾道八年湖州造鏡

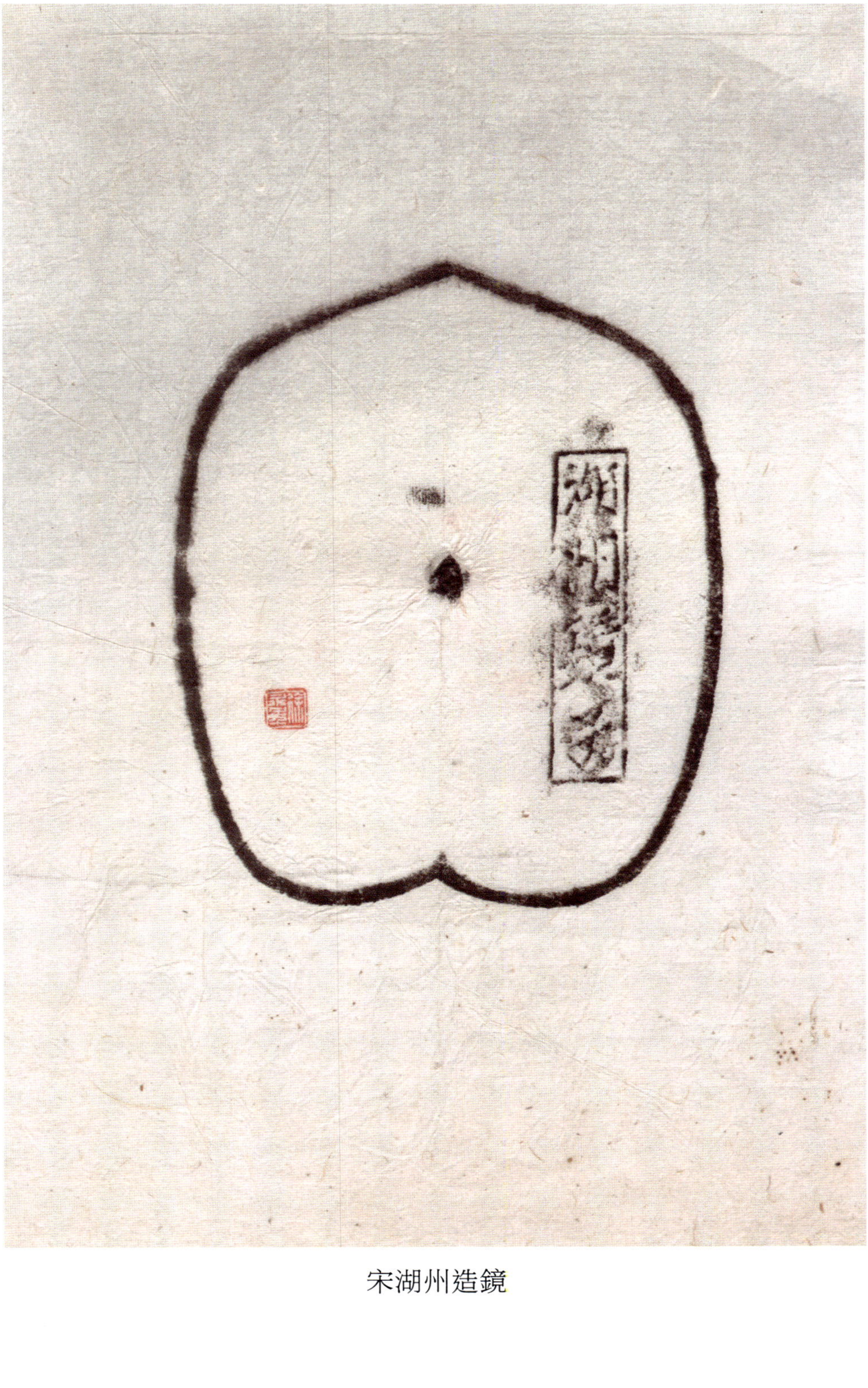

宋湖州造鏡

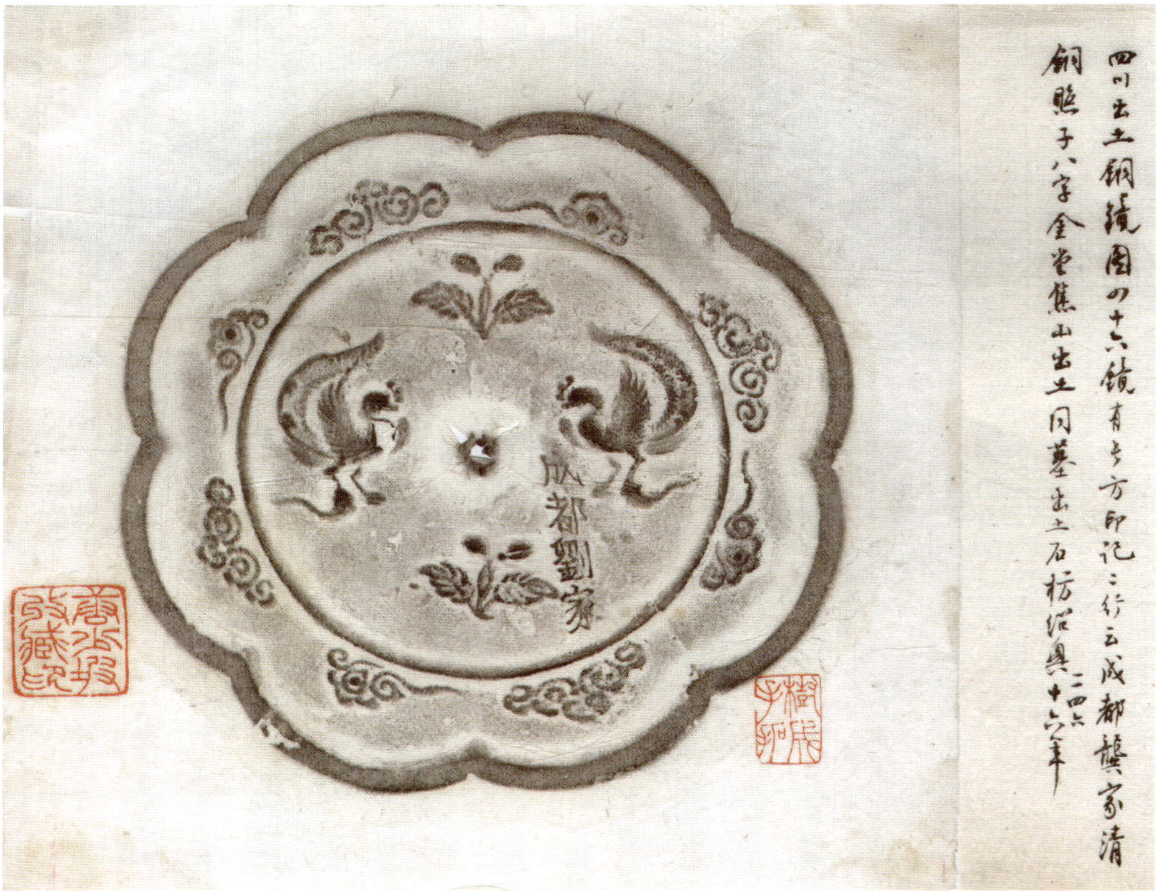
成都劉家
四川出土銅鏡圖四十六鏡有長方印記二行云成都龔家清
銅照子八字 金堂焦山出土同墓出土石枋紹興十六年
一一四六

宋成都劉家造鏡

此鏡文飾為漢世所習見銘文云
內清質以昭明光象夫日月心
忽揚而願忠故雄寒而不泄然銘文
不全者尚多如此鏡僅二句第二句且
壽家字間之而乃攷銘者人續之
以為而字寶誤當輝字廈有圓圍
真書曹字蓋鑄鏡者之姓也六名
以下迄于元好間有就漢世舊范以作
鏡者此即一例也
著雍淪歎且月晦無聞拓記

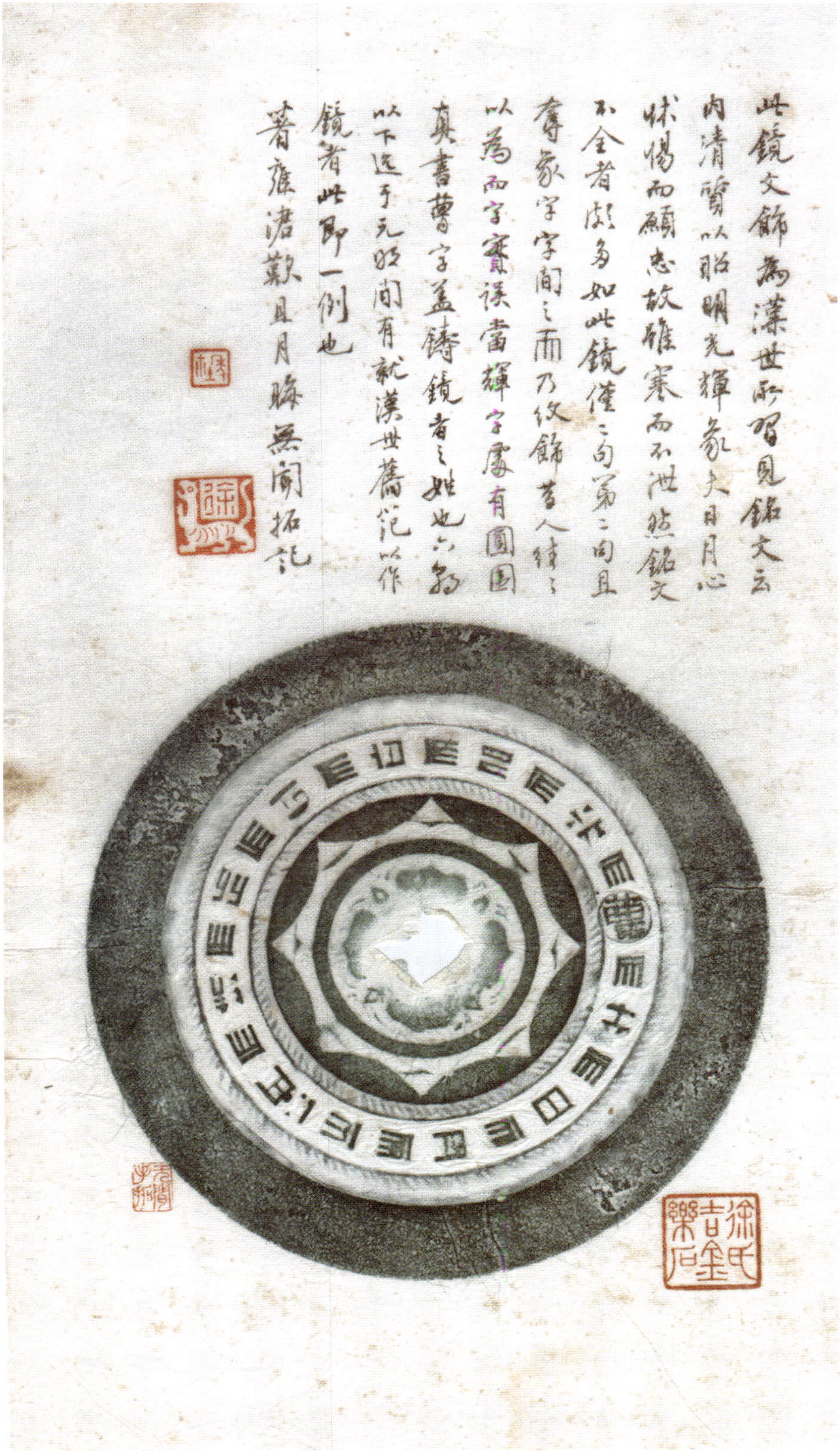

宋曹家造鏡

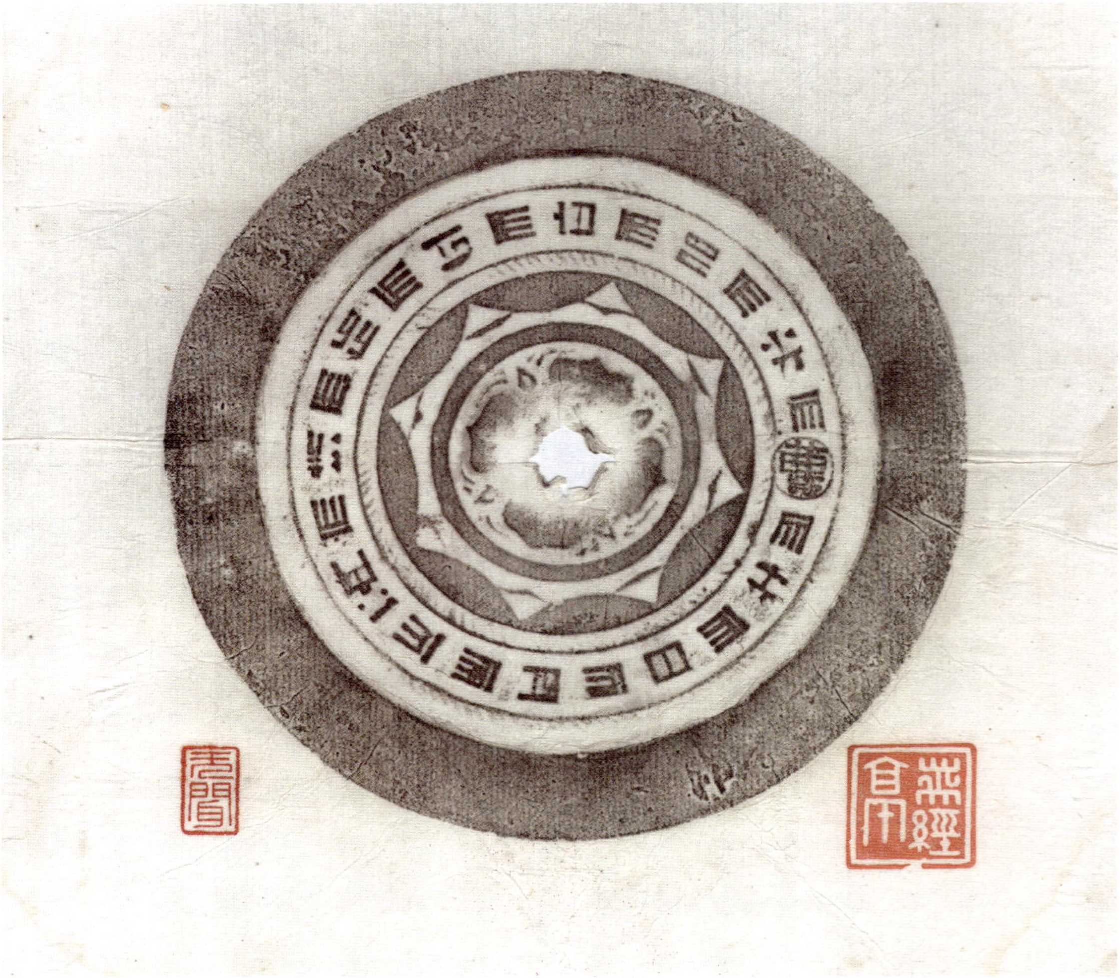

宋曹家造鏡

宋觀音渡海鏡

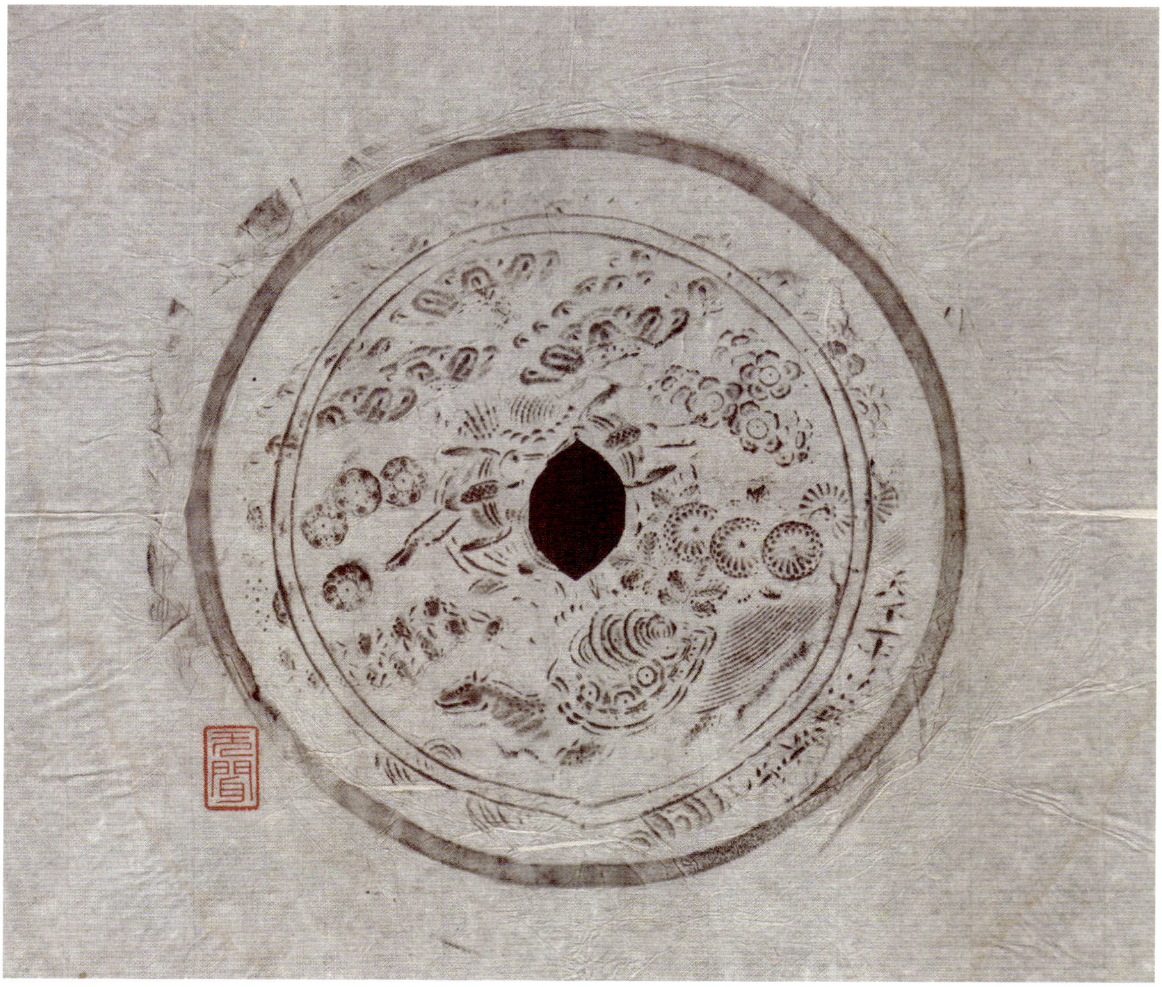

宋神龜鏡

宋團花鏡

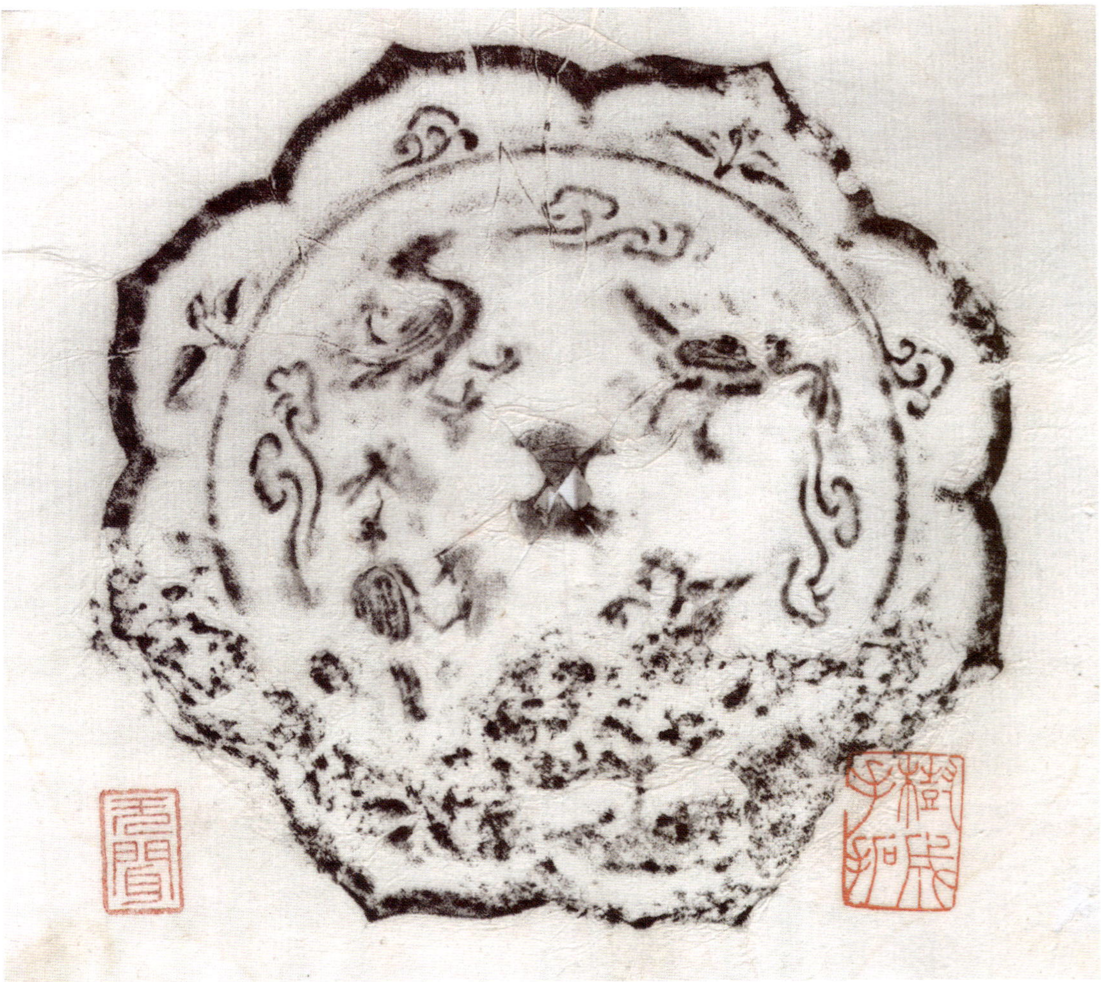

宋仙禽雲紋鏡

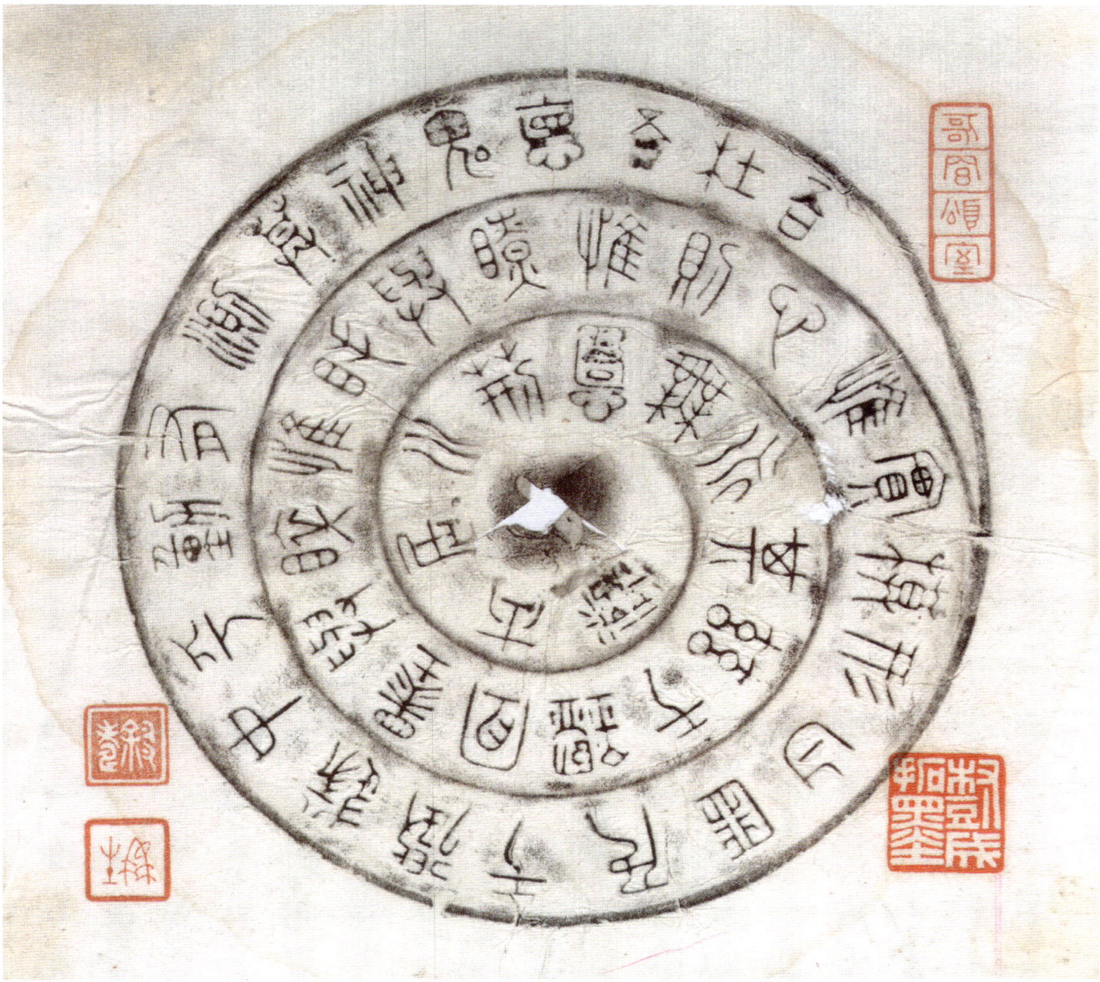

宋荆川居士鏡

宋薛家造鏡

石氏薛氏宋代湖州鑄鏡名工薛之見于鏡者有薛懷泉
薛仰渠 薛仰峯等

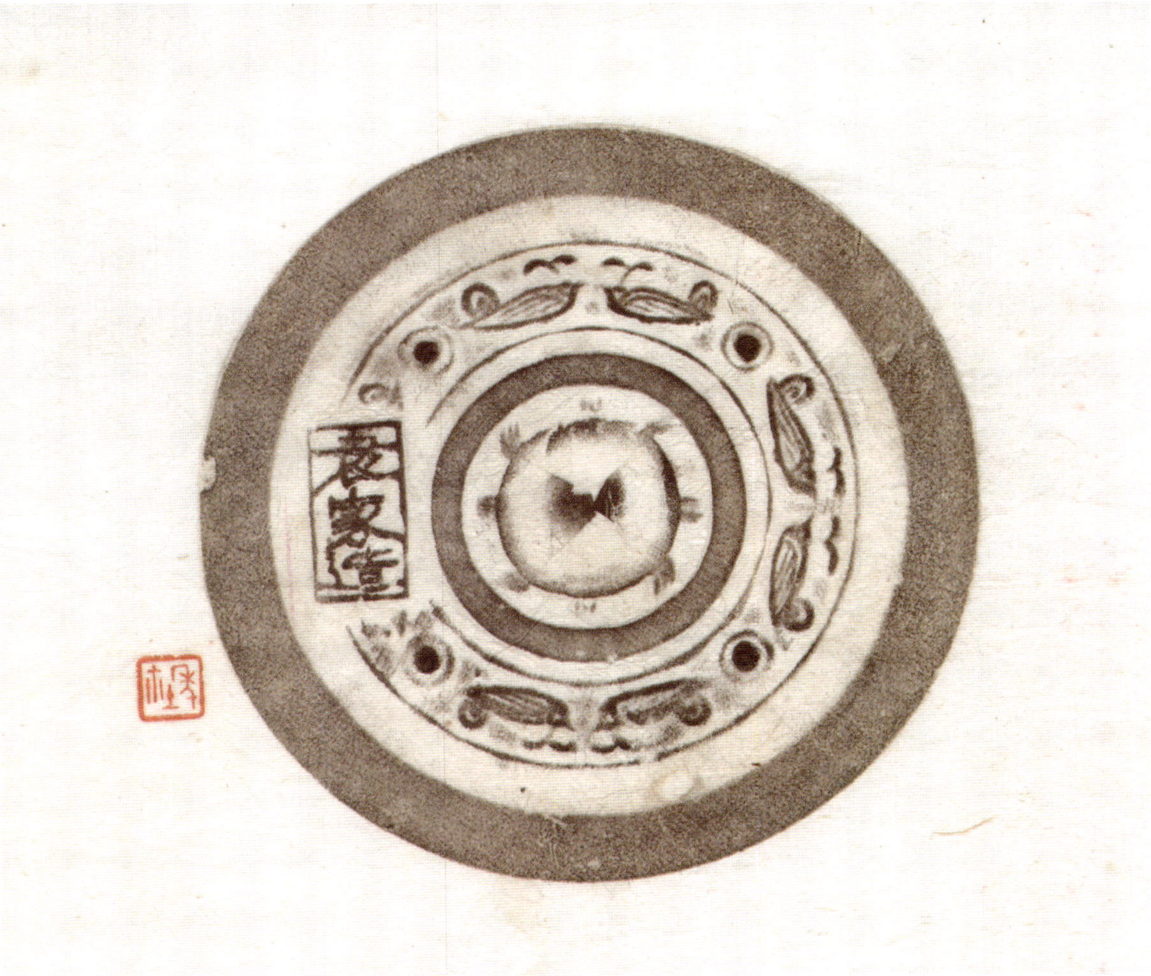

宋袁家造鏡

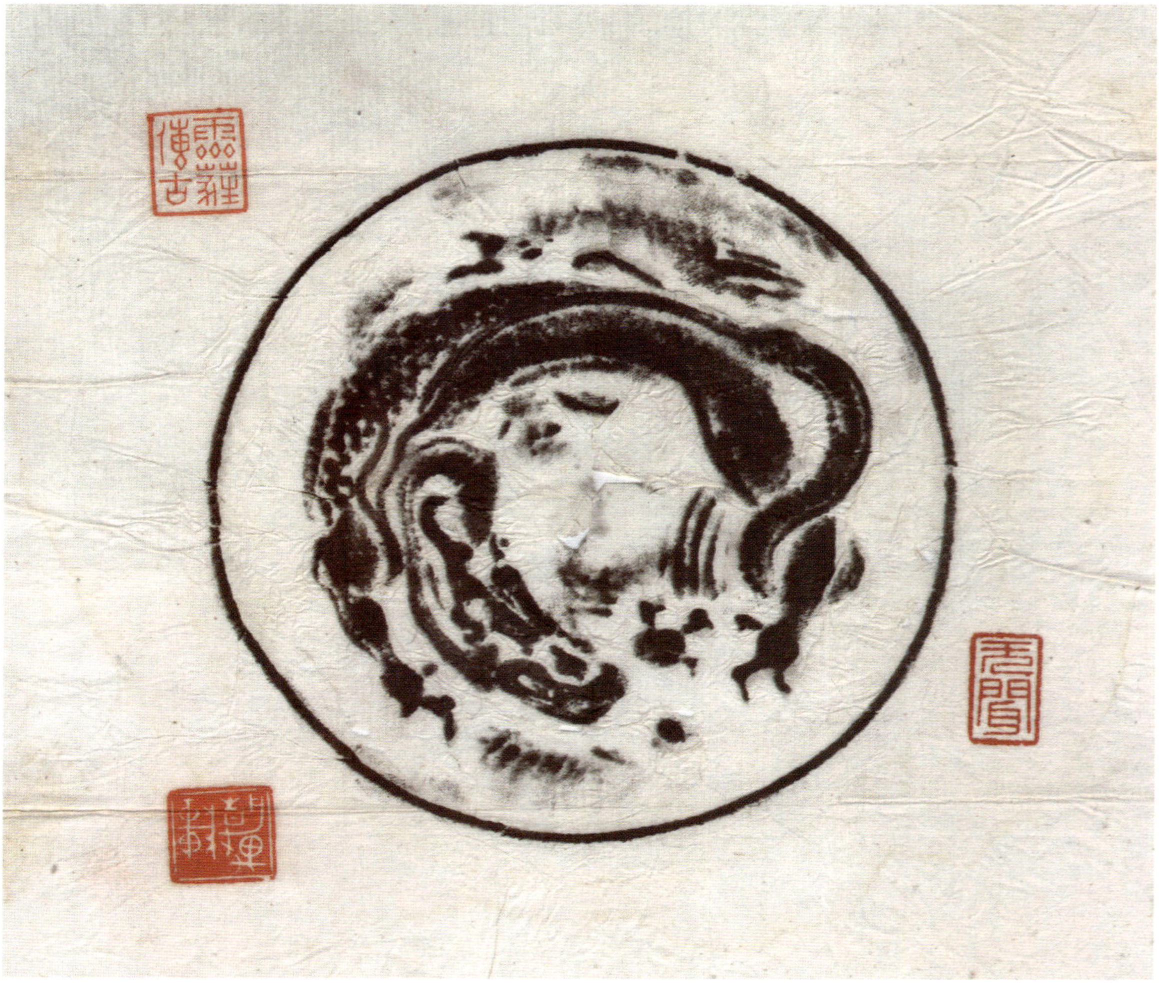

宋蟠龍鏡

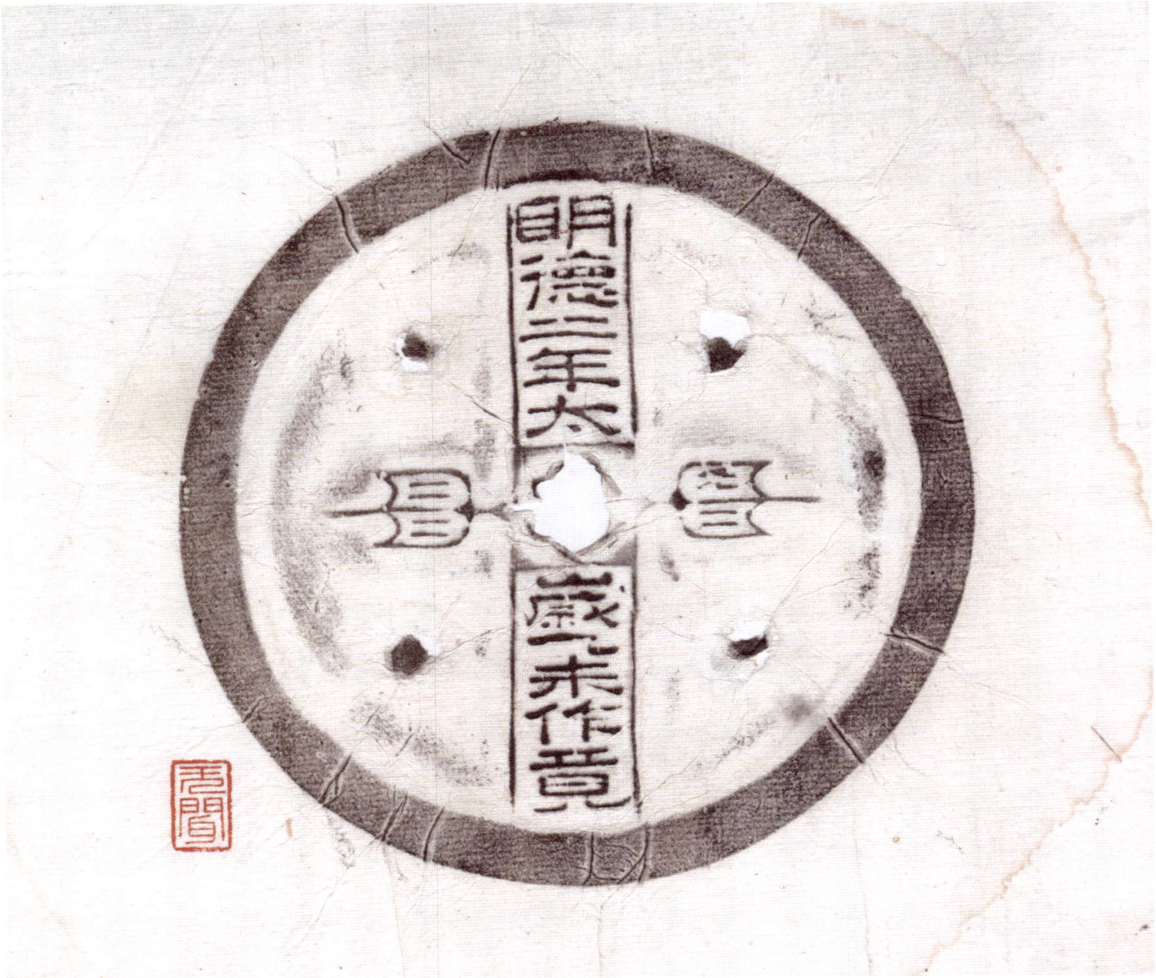

明德二年鏡

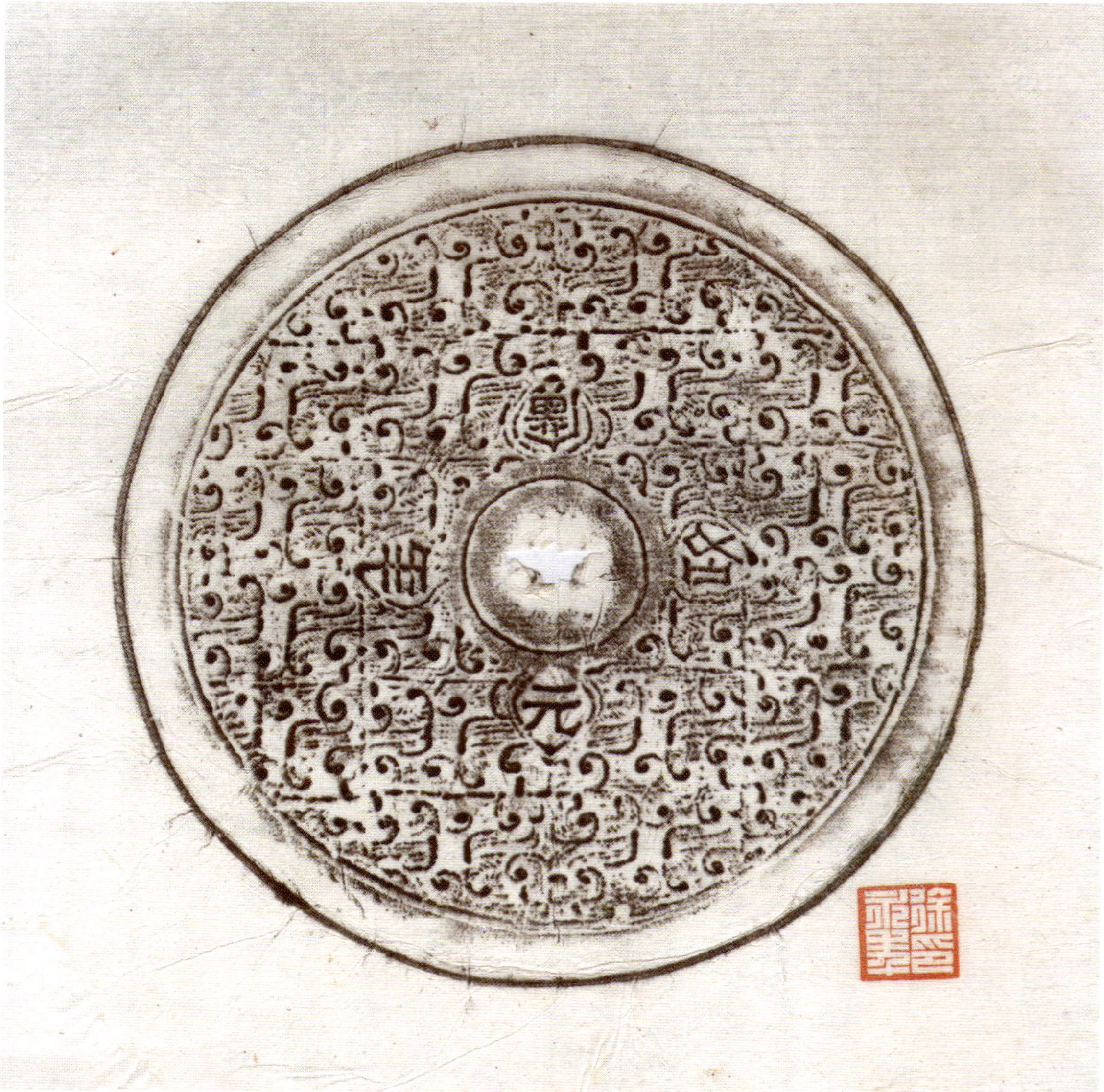

廣政元年鏡

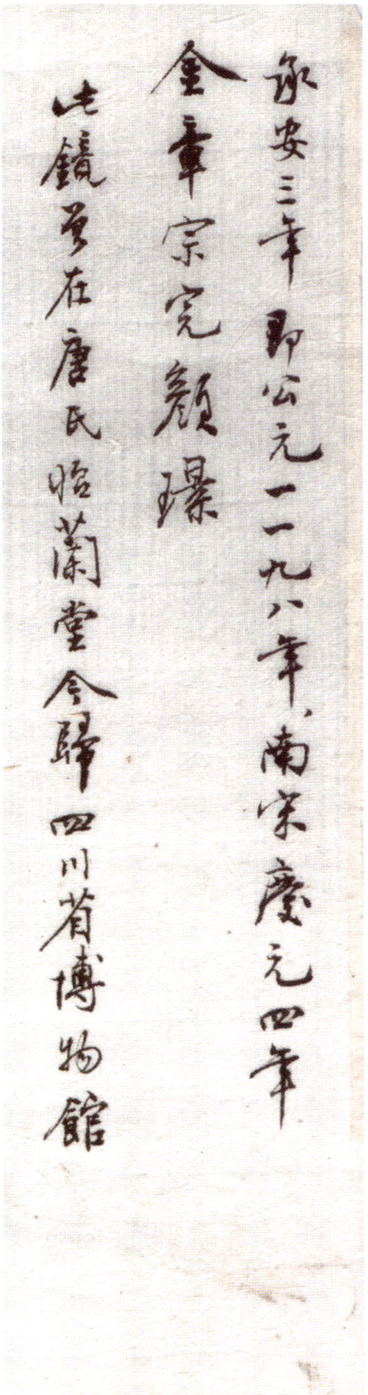
承安三年即公元一一九八年，南宋慶元四年
金章宗完顏璟
此鏡曾在唐氏臨蘭堂今歸四川省博物館

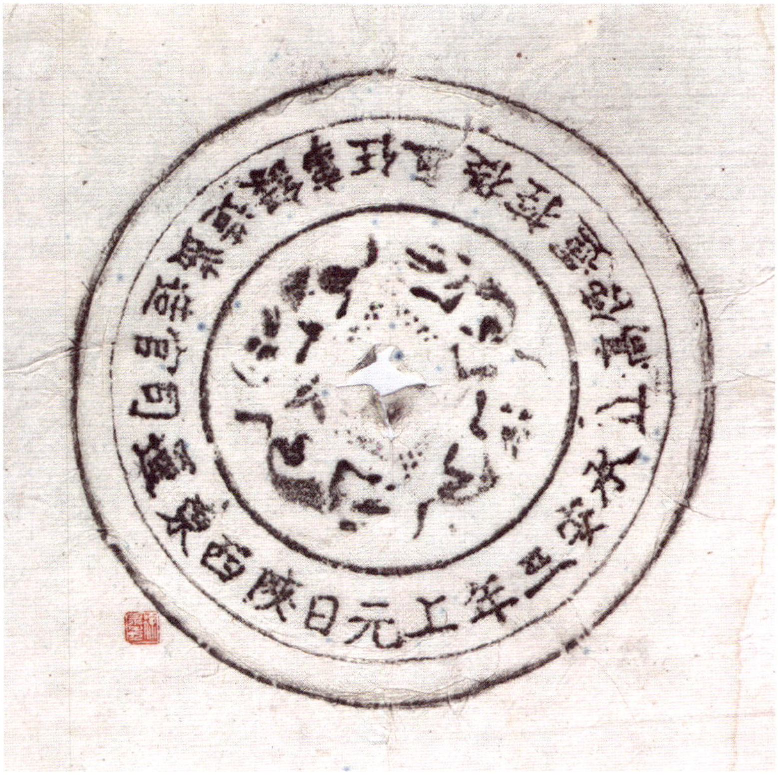
承安三年鏡

明洪武蟠龍鏡

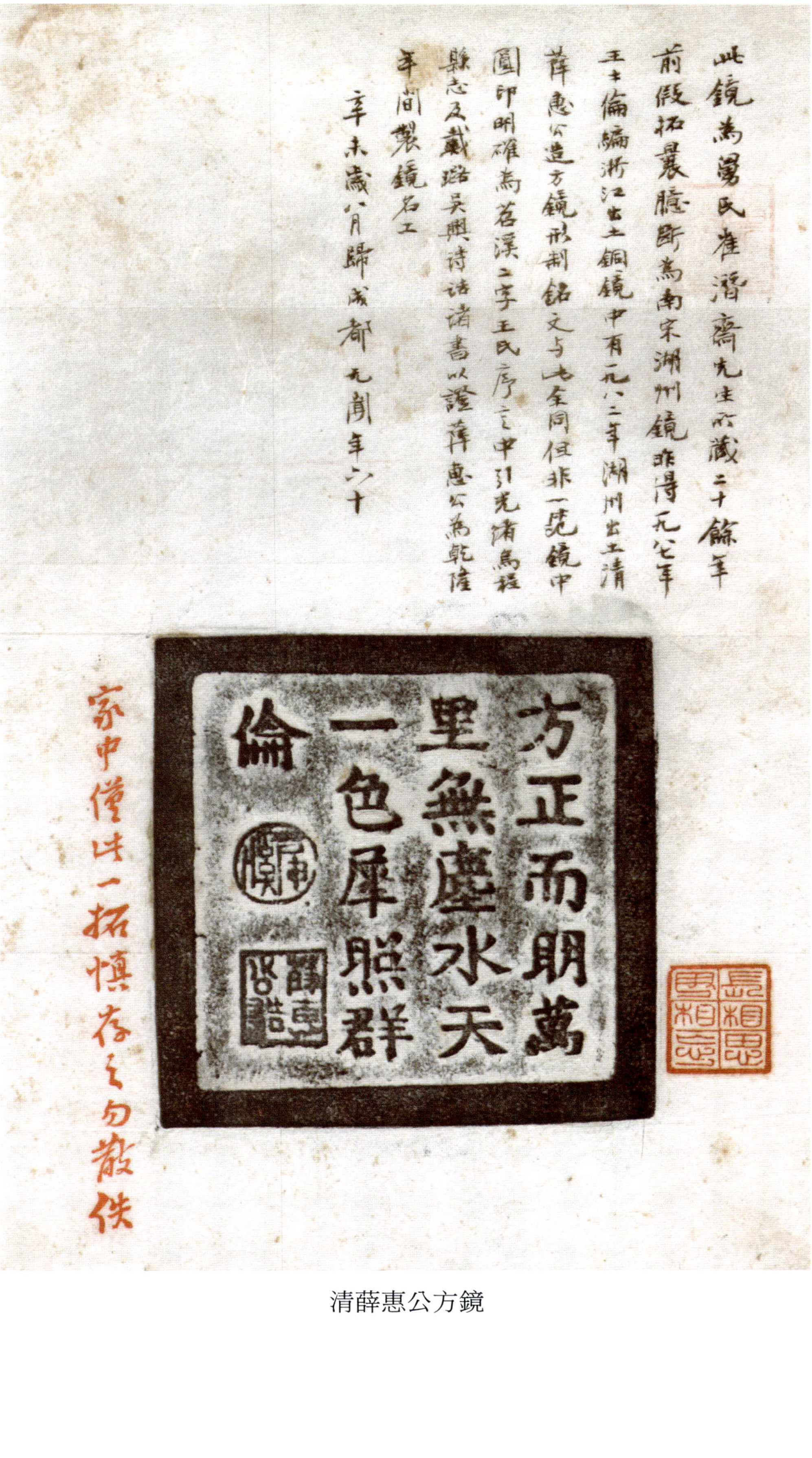
此鏡為易氏雀滑齋先生所藏二十餘年
前假拓裝臆斷為南宋湖州鏡非得元八七年
王士倫編浙江出土銅鏡中有元八二年湖州出土清
薛惠公造方鏡形制銘文与此全同但非一范鏡中
圖印明確為苕溪二字王氏序文中引光緒烏程
縣志及戴璐吳興詩話諸書以證薛惠公為乾隆
年間製鏡名工
辛未歲八月歸成都 元聞年六十
方正而明萬
里無塵水天
一色犀照群
倫
家中僅此一拓慎存之勿散佚

清薛惠公方鏡

磚拓及碑刻

元康元年磚

元康元年磚硯

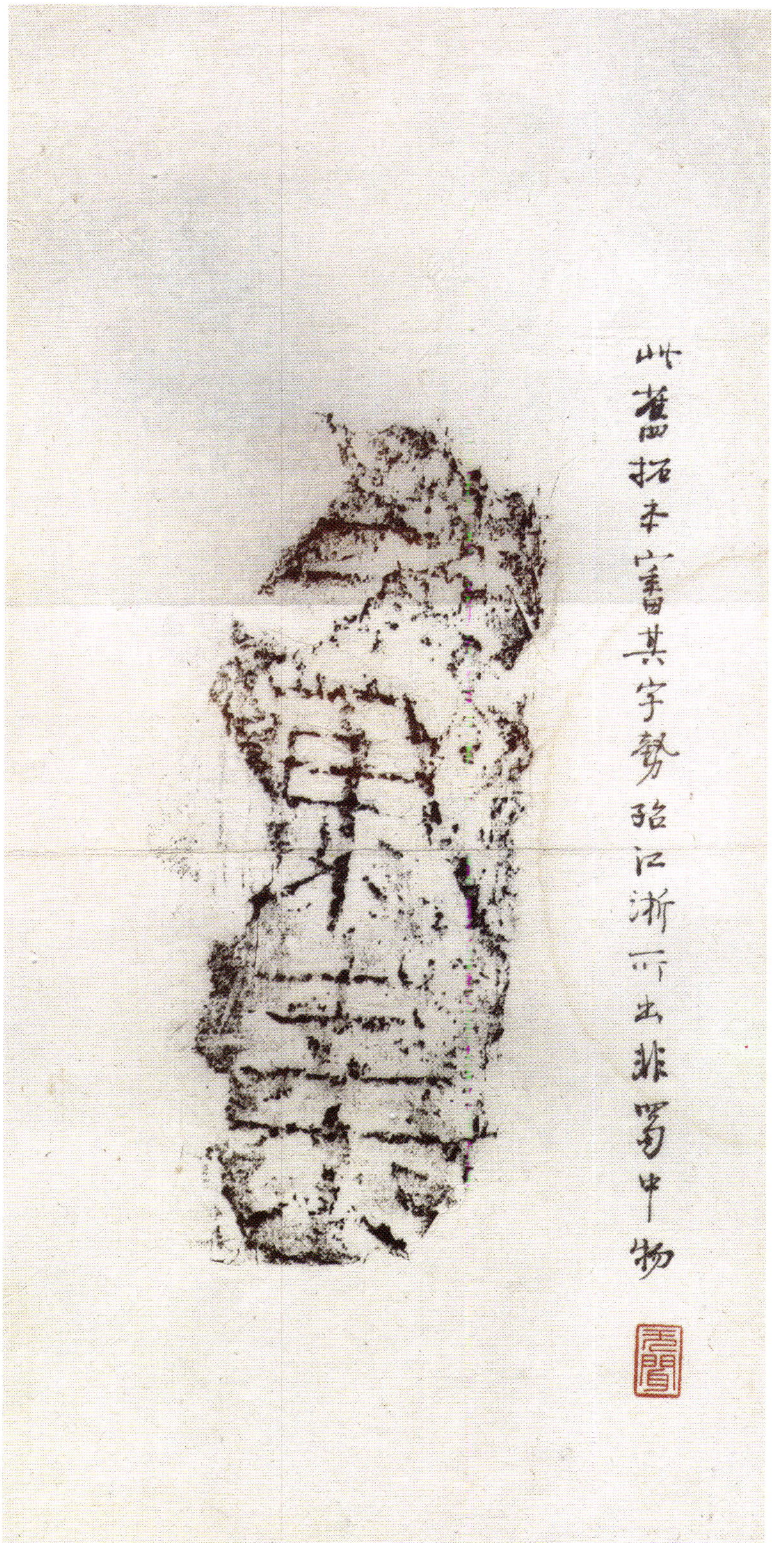
此舊拓本審其字勢殆江浙所出非蜀中物

元康二年磚

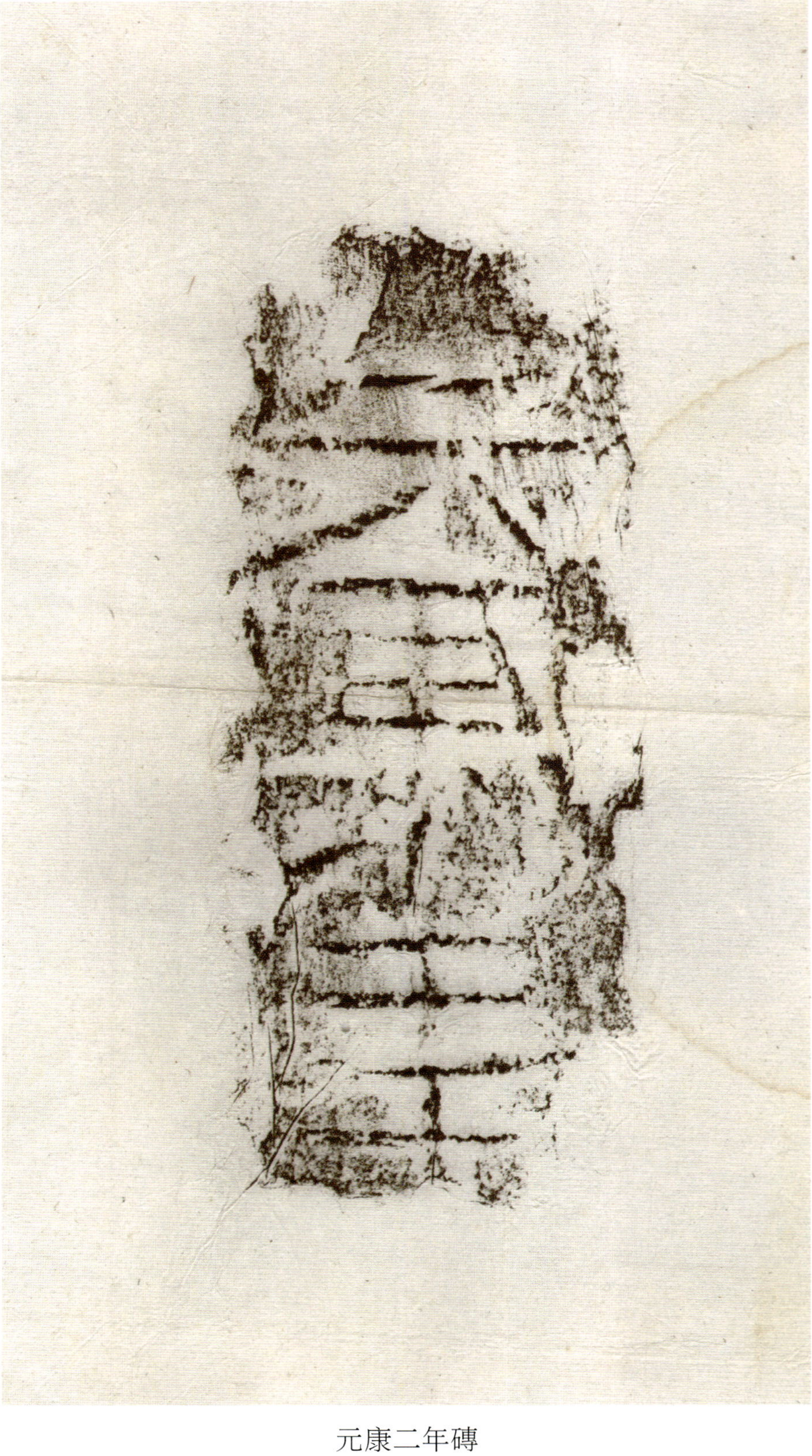

元康二年磚

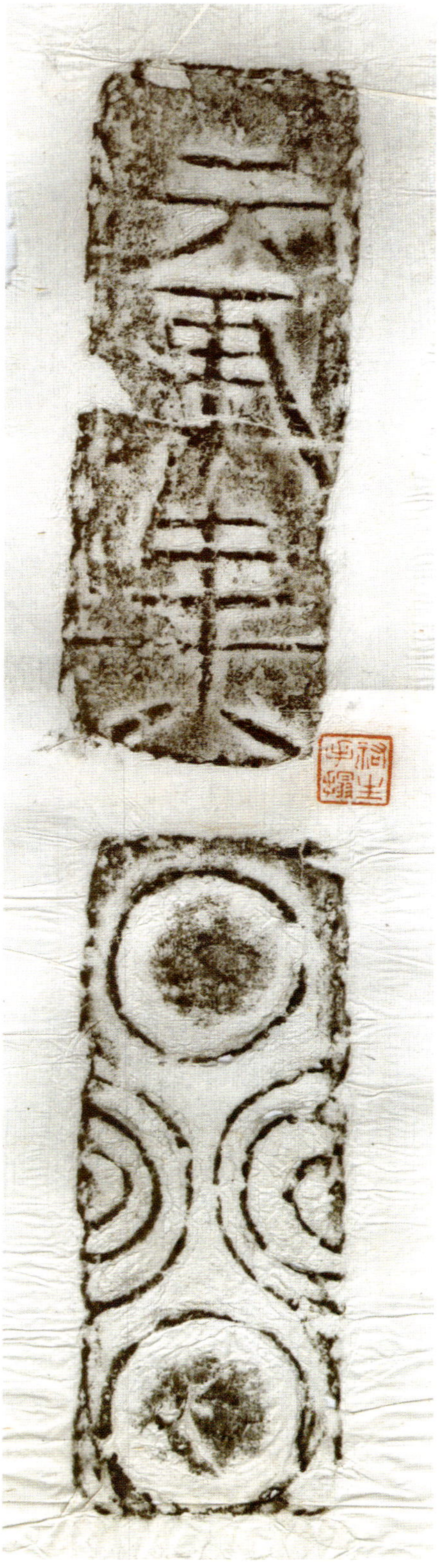

元康二年磚

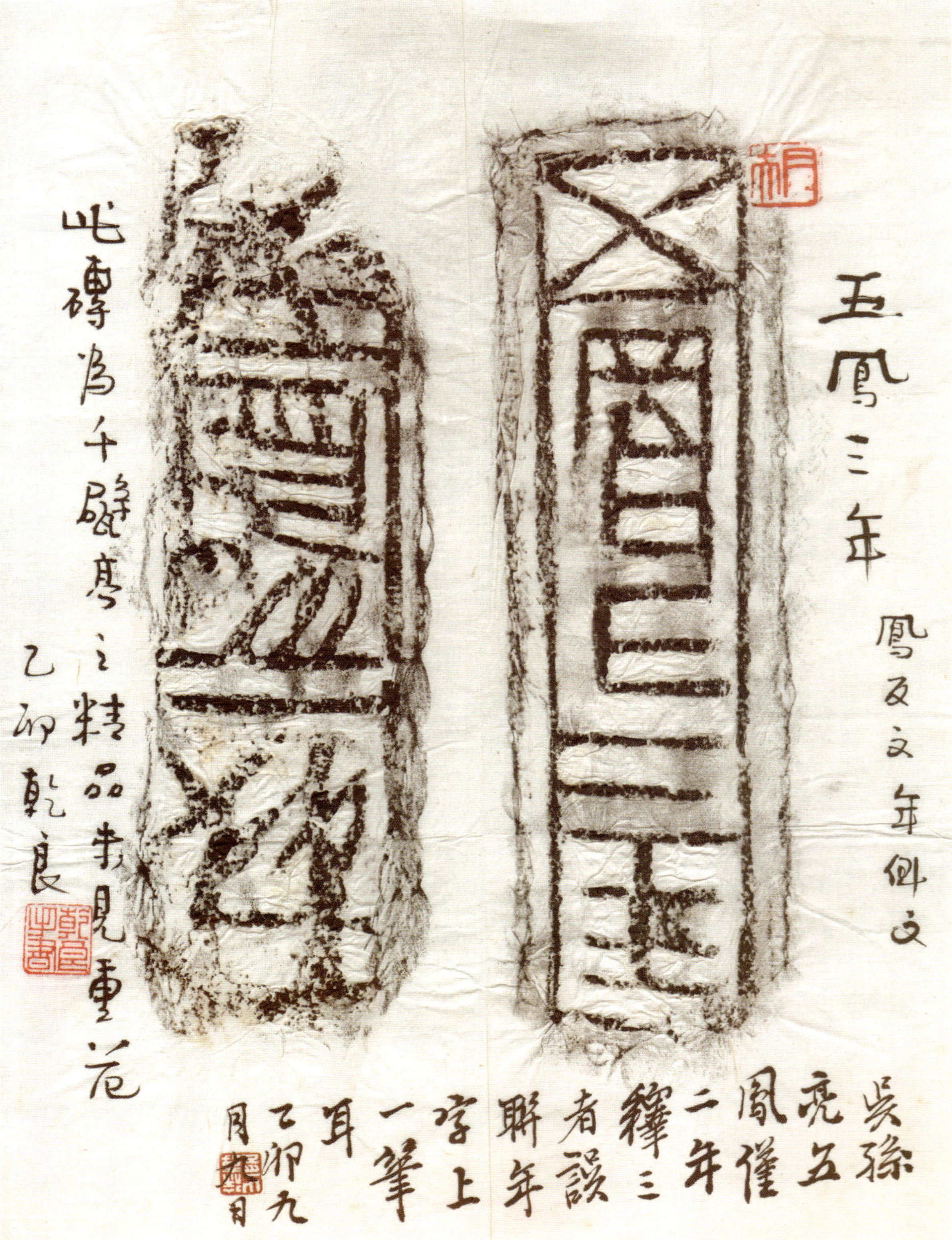
五鳳三年
鳳反文年倒文
此磚為千甓亭之精品未見重范
乙卯乾良
吳孫亮五鳳僅二年釋三者誤聯年字上一筆耳
乙卯九月

五鳳二年磚

五鳳二年磚

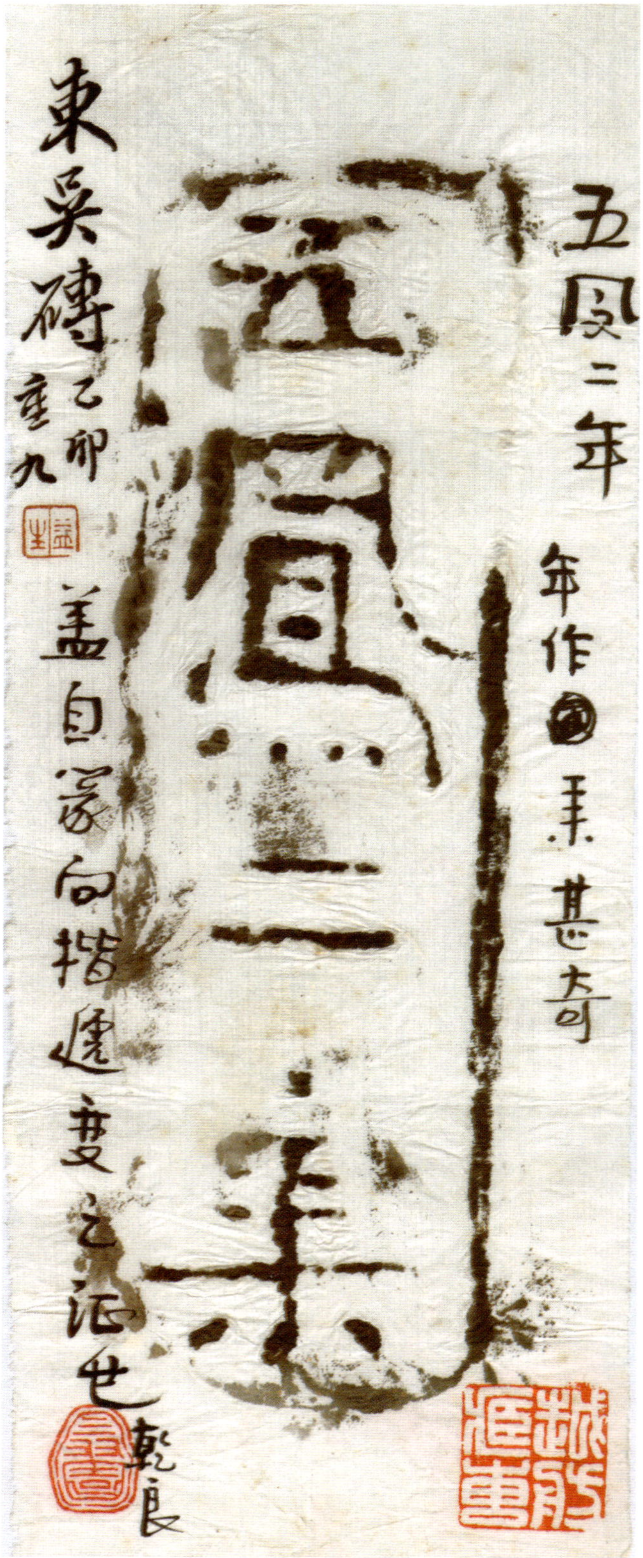

五鳳二年磚

五鳳二年磚硯

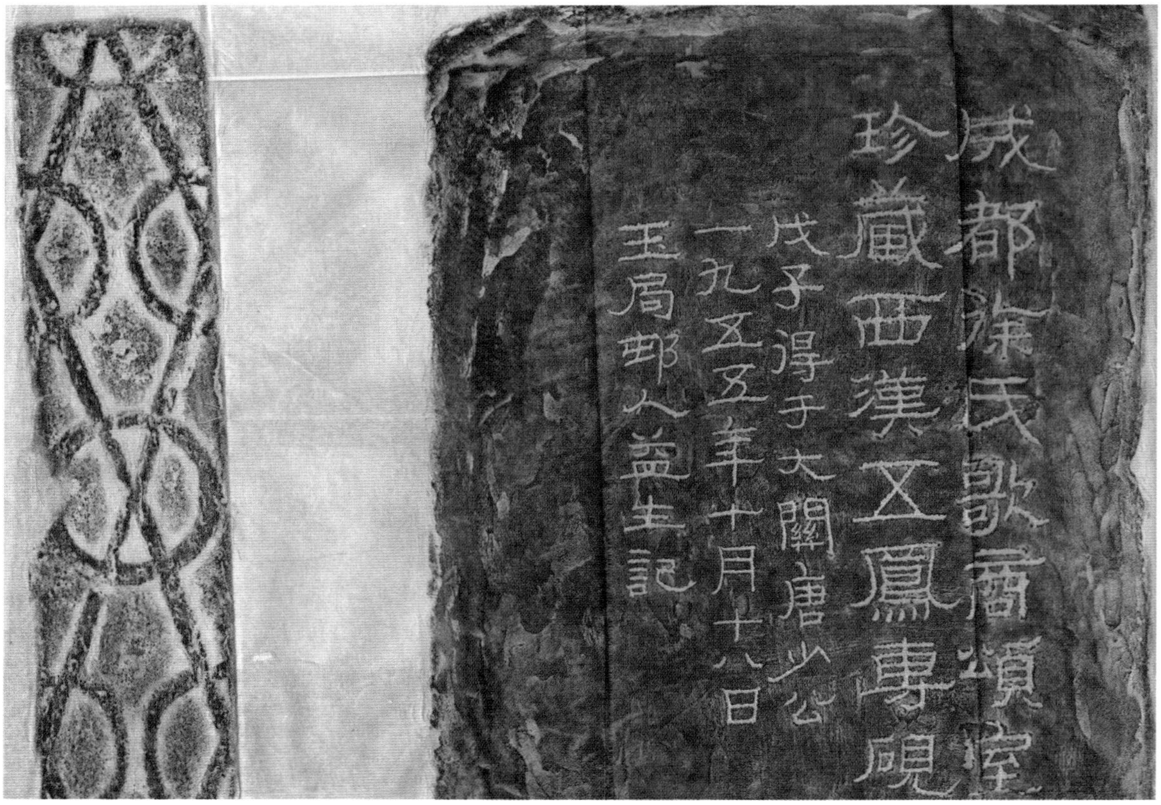
成都徐氏歌齋頌室
珍藏西漢五鳳專硯
戊子得于大關唐少公
一九五五年十月十八日
王局郫人益生記

五鳳二年磚硯銘

甘露二年

甘露紀元有五此專多斷為漢 乾良

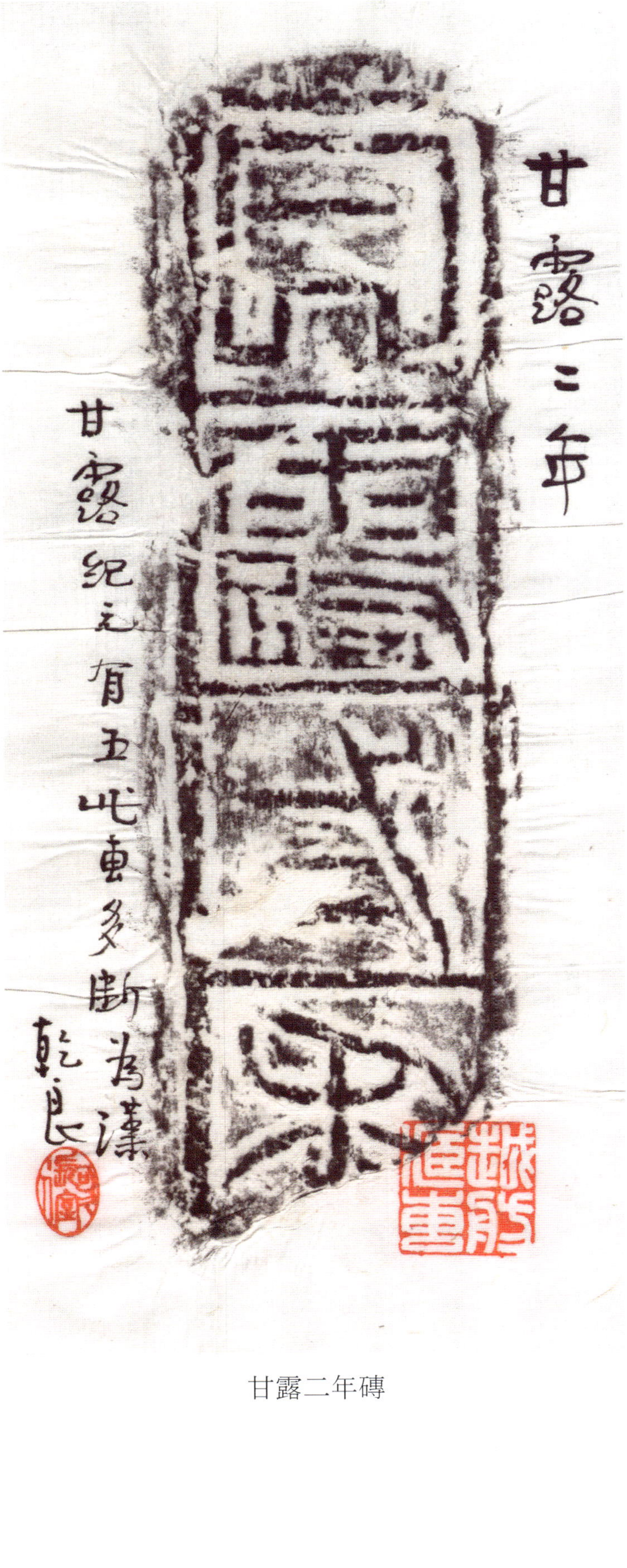

甘露二年磚

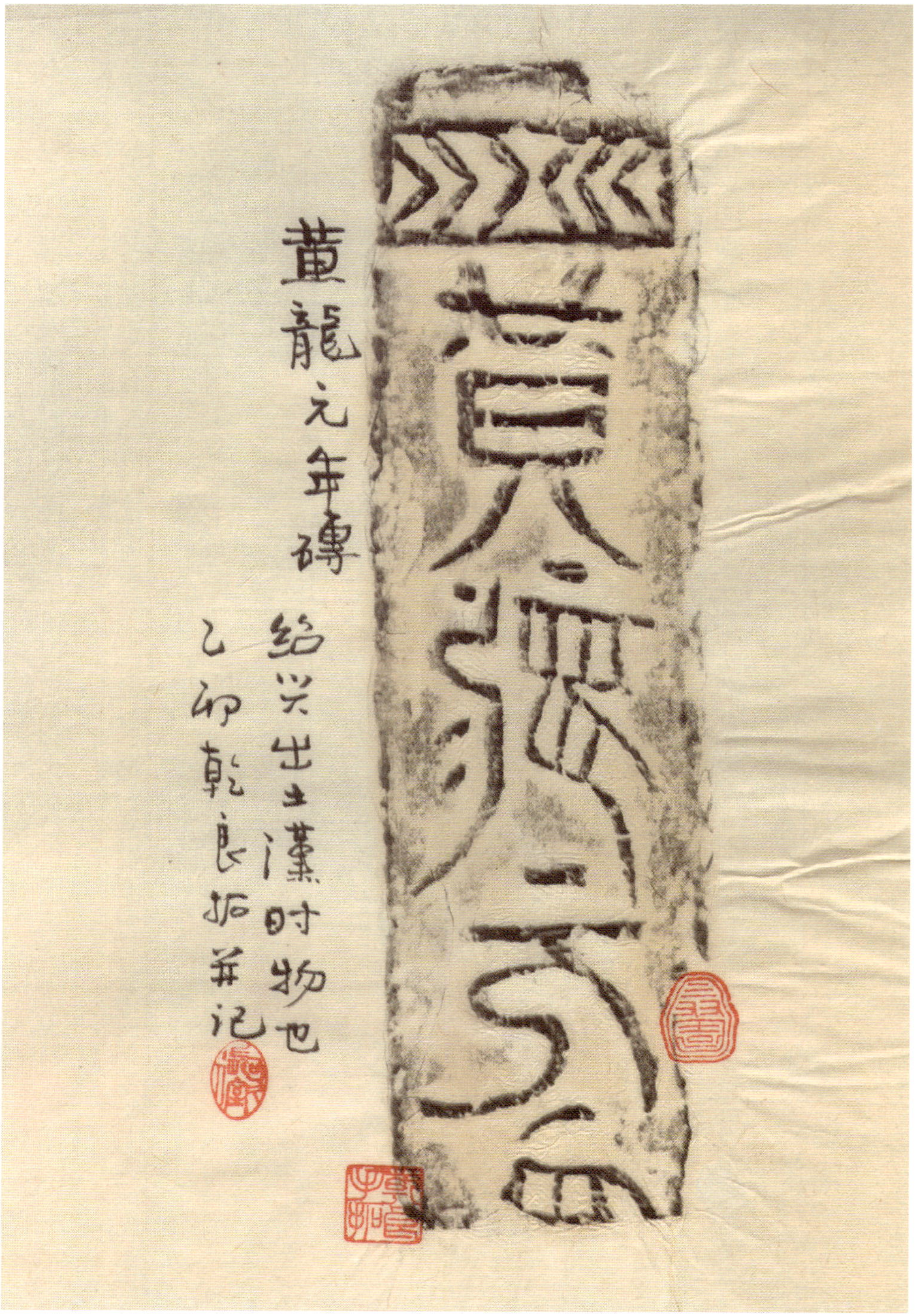

黄龍元年磚

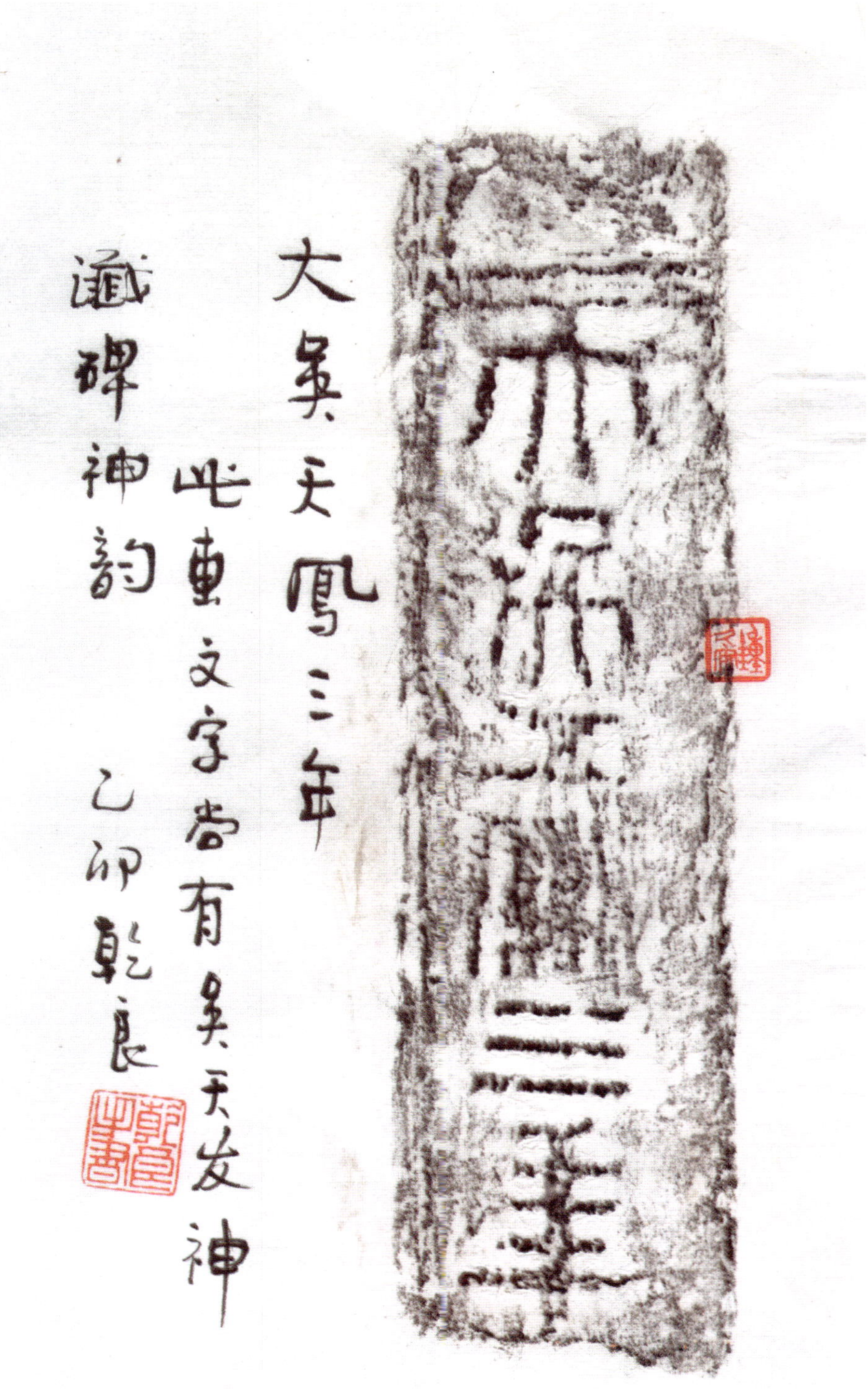
大吳天鳳三年
此專文字尚有吳天发神讖碑神韵
乙卯乾良

天鳳三年磚（當爲“大吳五鳳三年”，姑從原名）

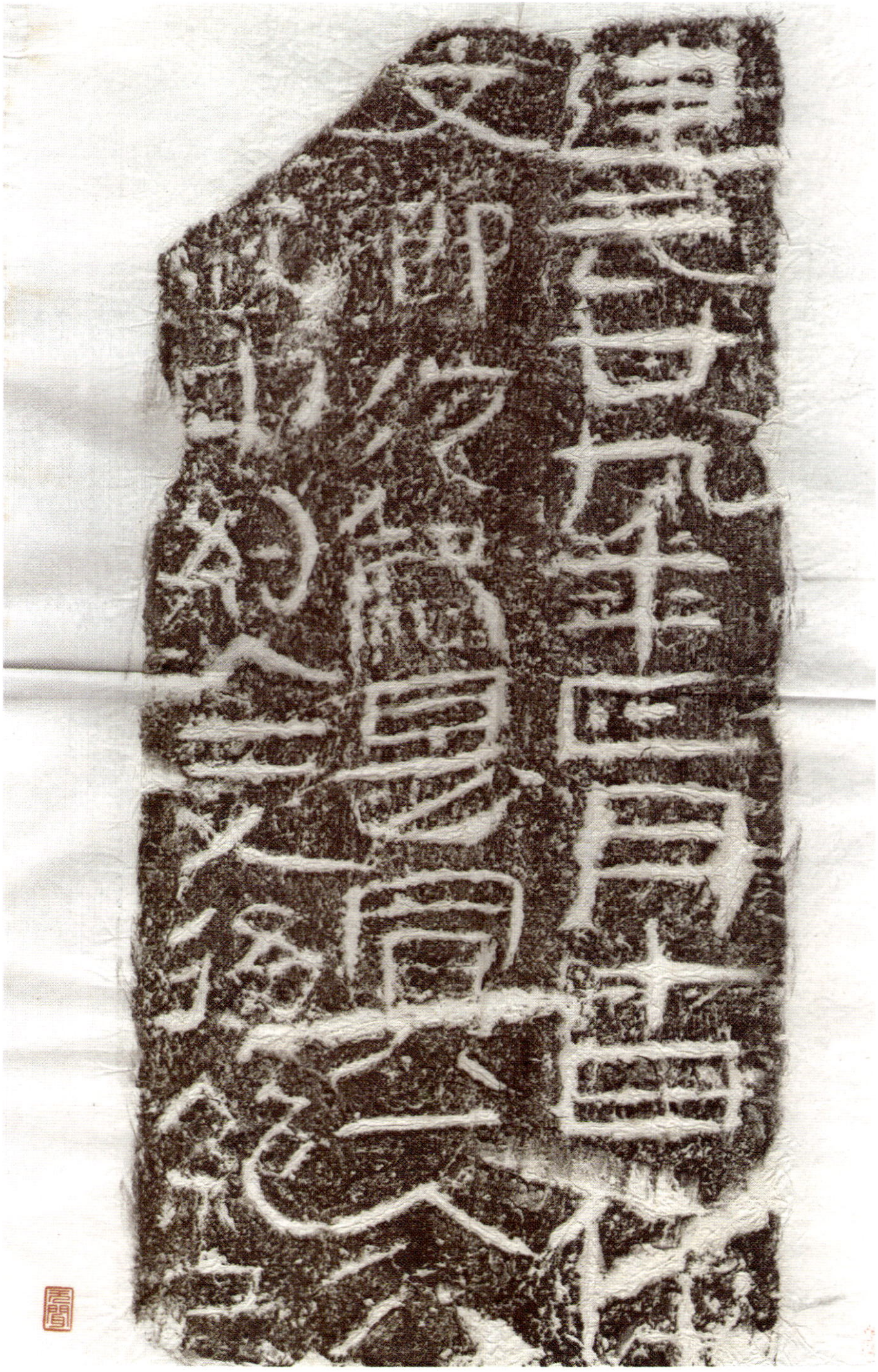

建武二十九年磚

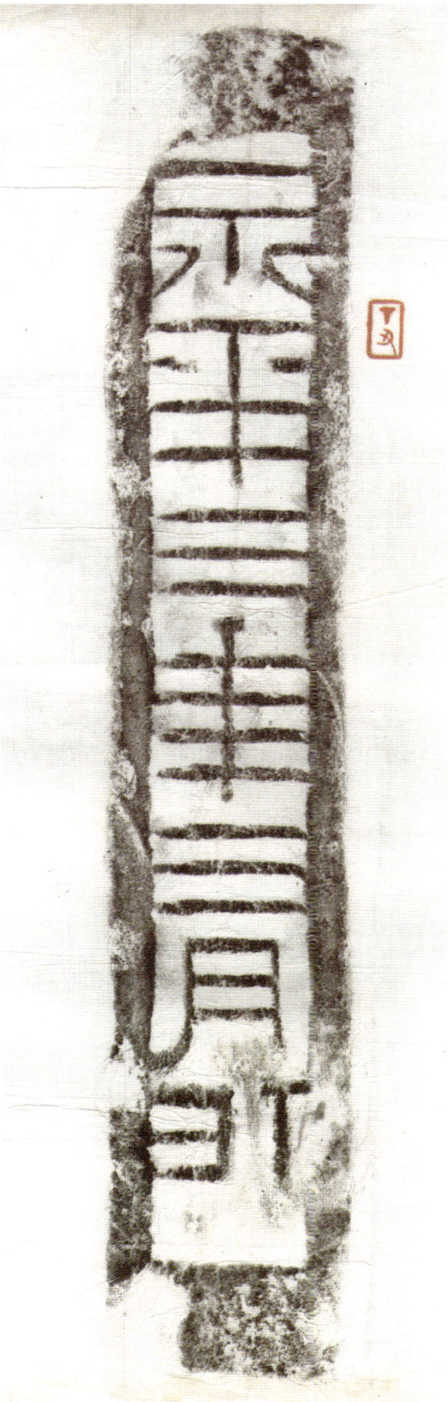

永平三年磚

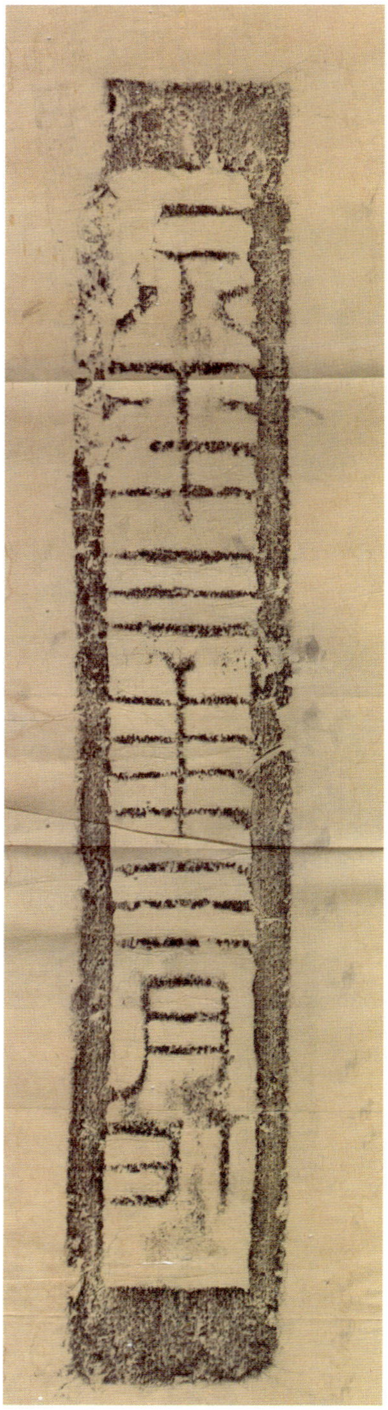

永平三年磚

永平八年磚

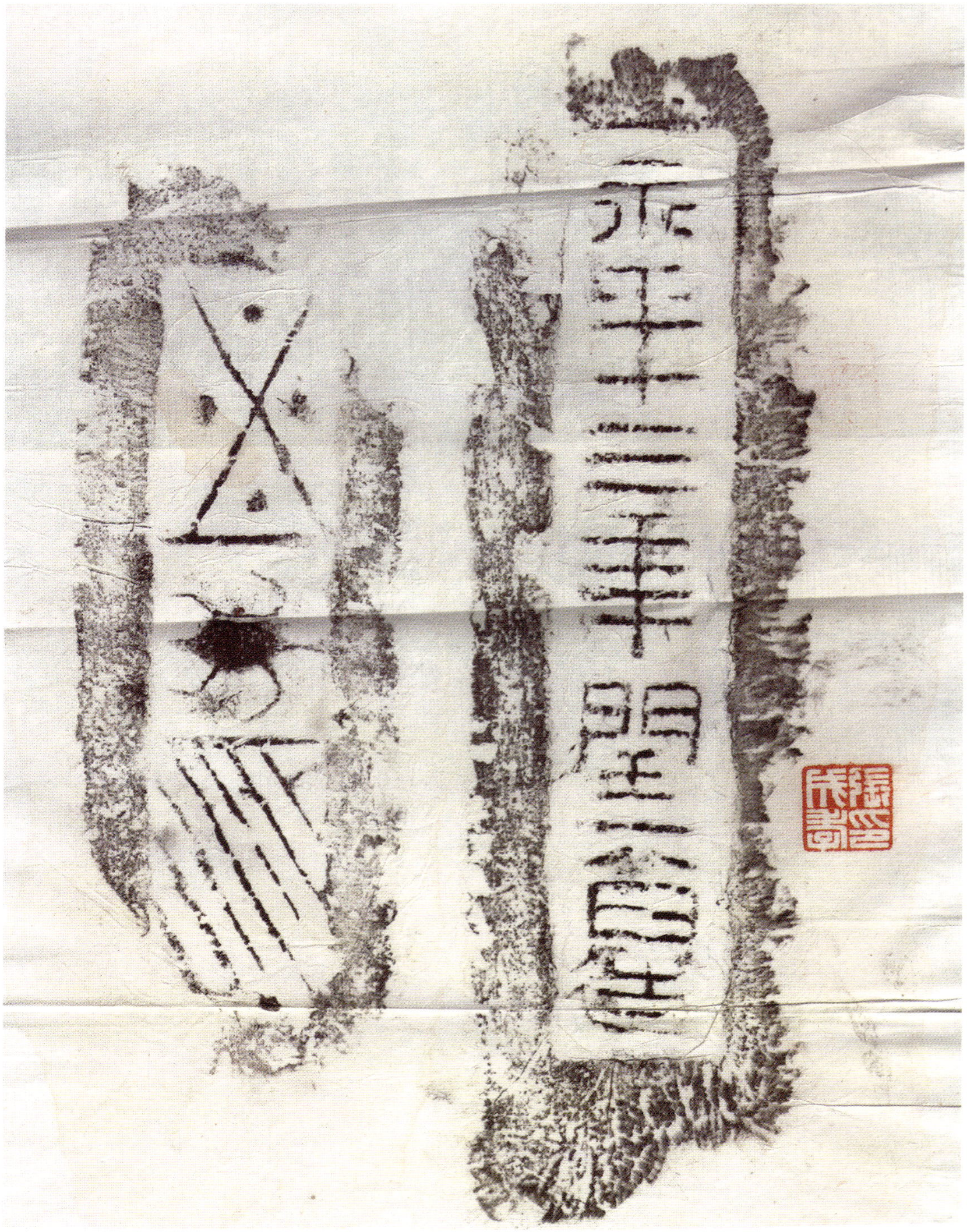

永平十三年磚

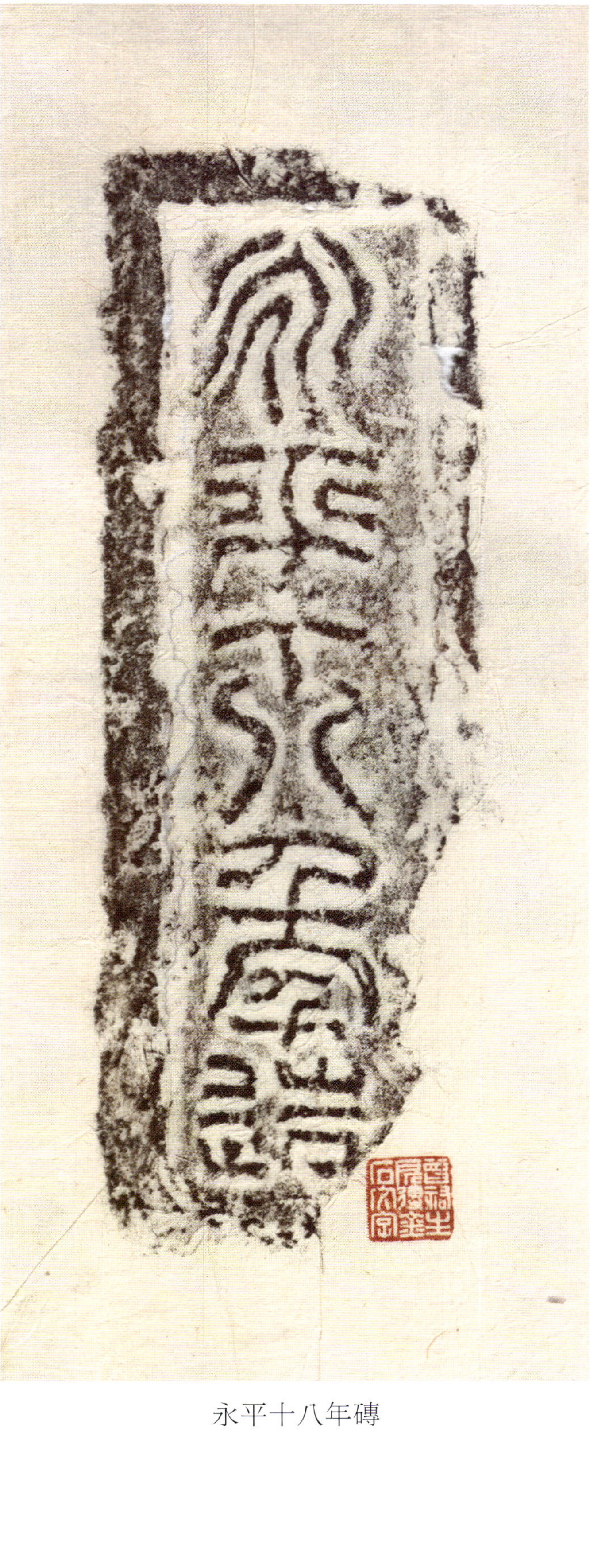

永平十八年磚

建初元年磚

建初元年磚

建初五年磚

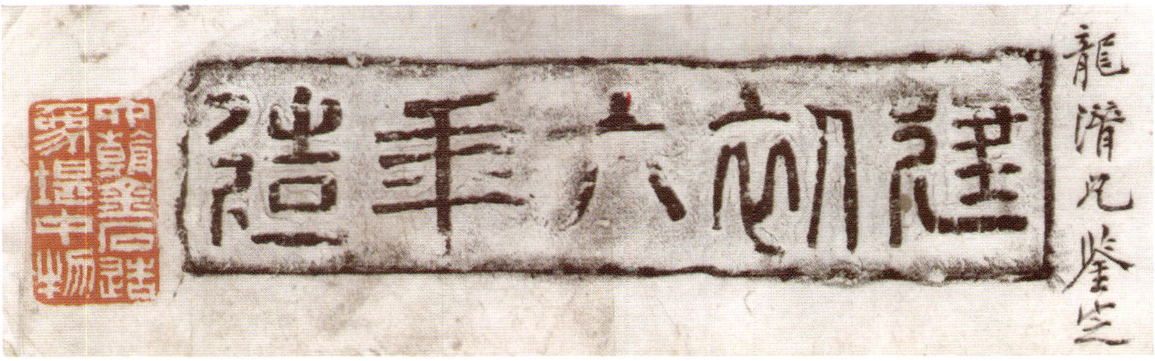

建初六年磚

永元三年磚

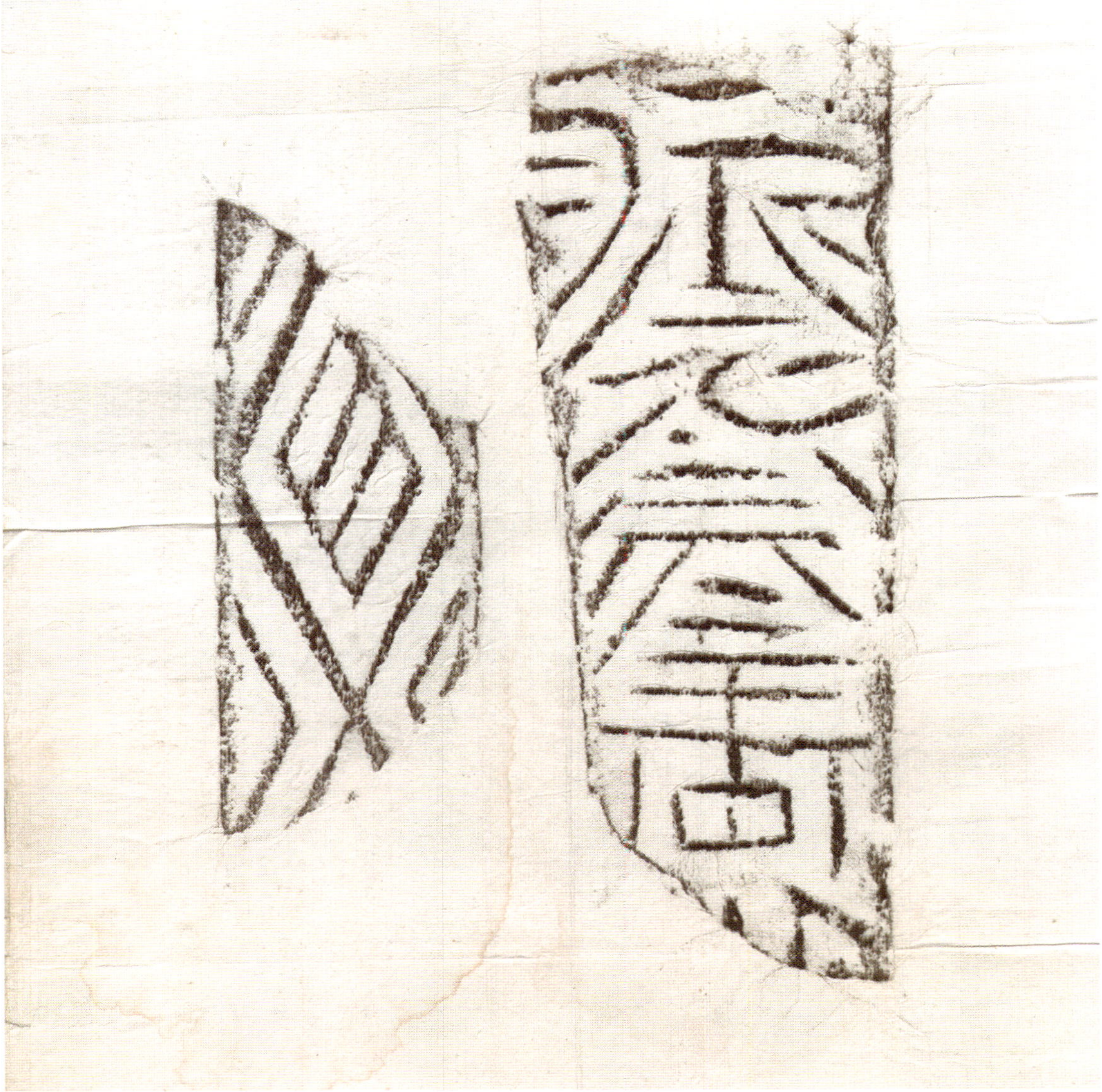

永元三年磚

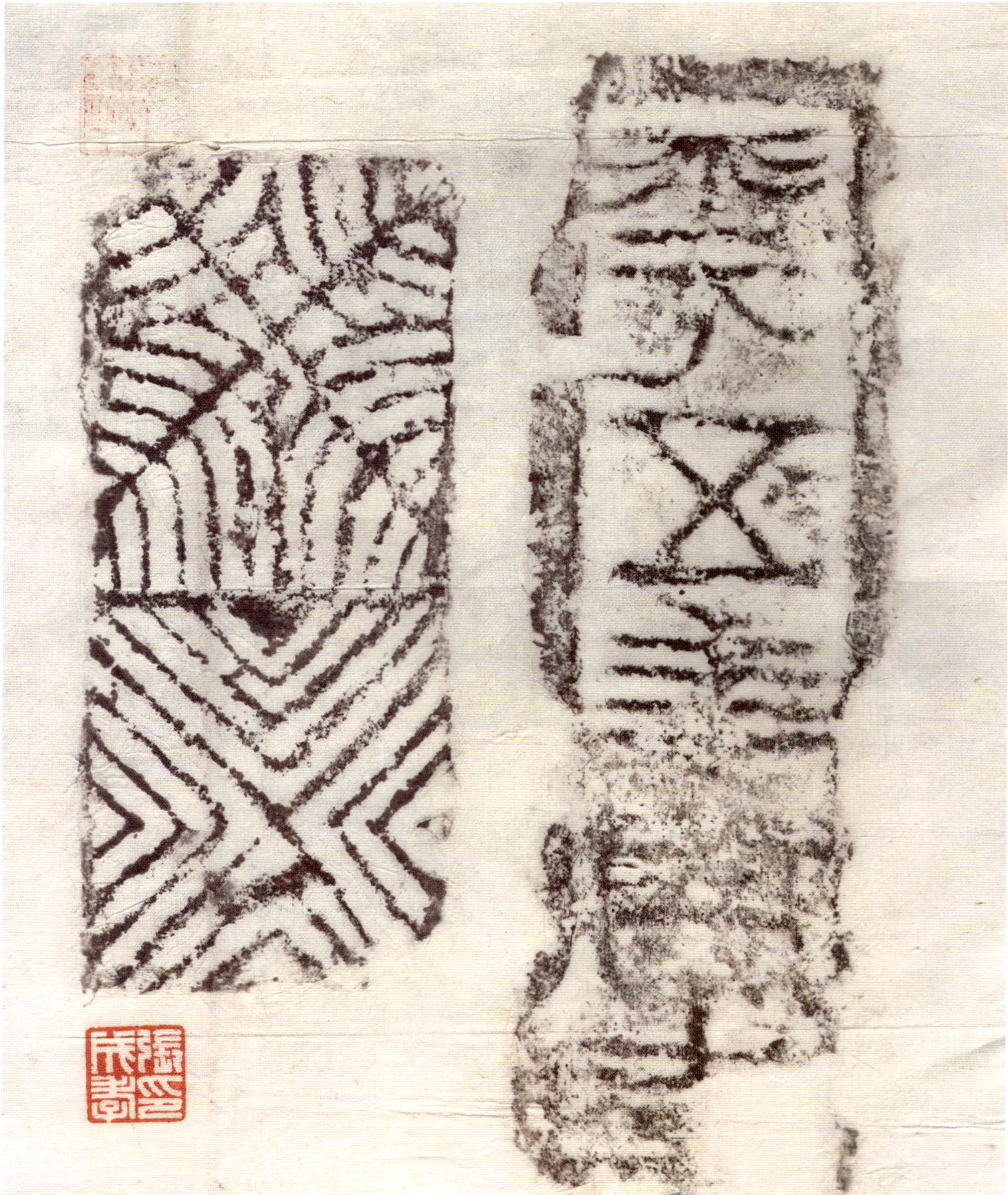

永元五年磚

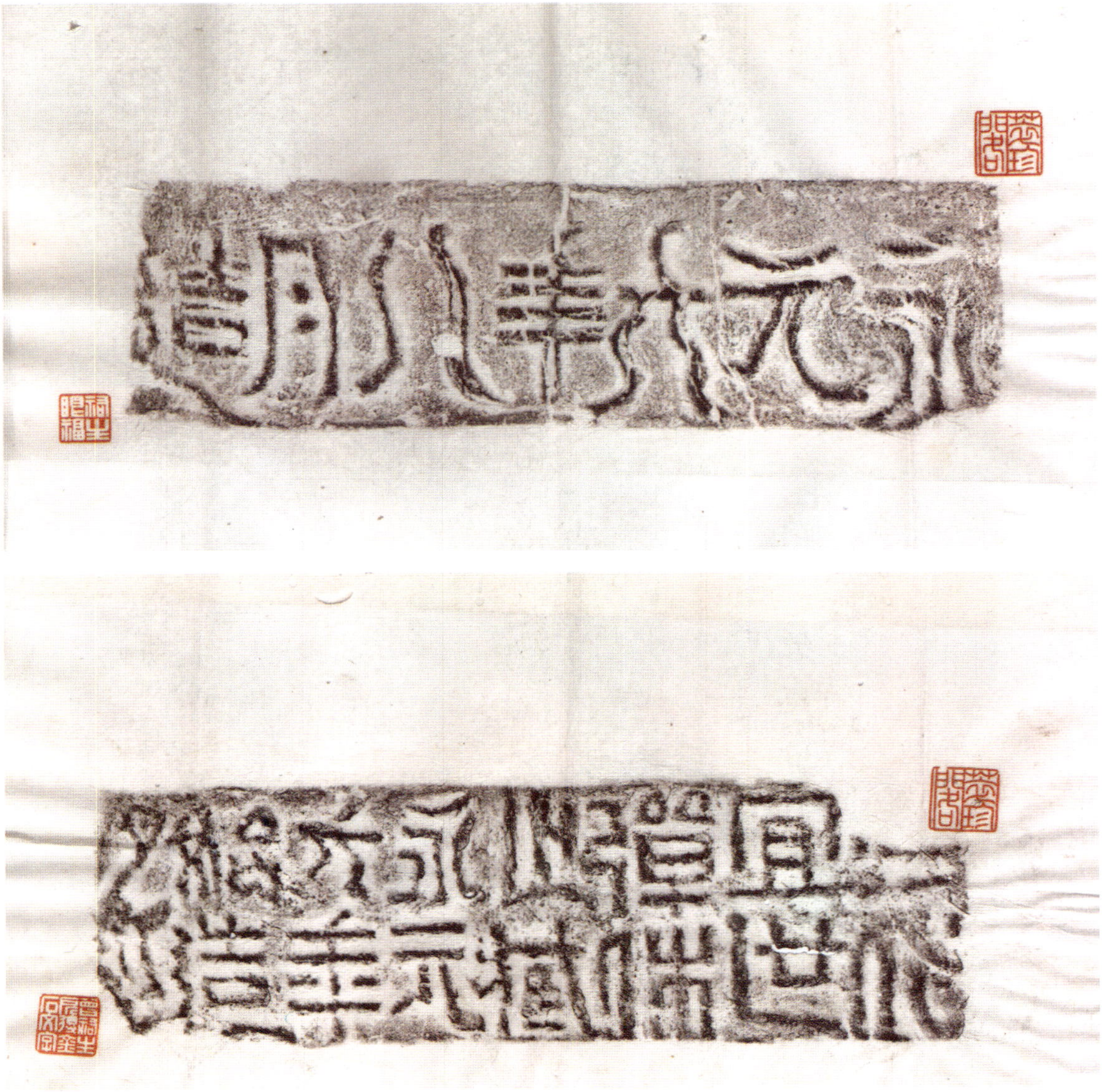

永元六年磚

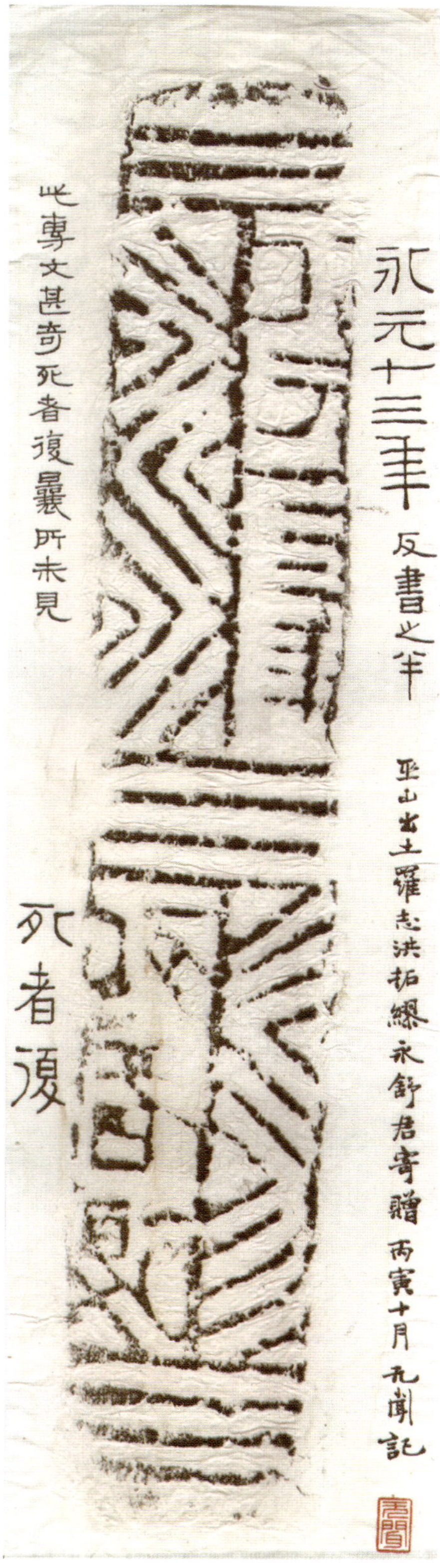
永元十三年 反書之年
巫山出土羅志洪拓繆永舒君寄贈 丙寅十月 无聞記
此專文甚奇死者復曩所未見
死者復

永元十三年磚

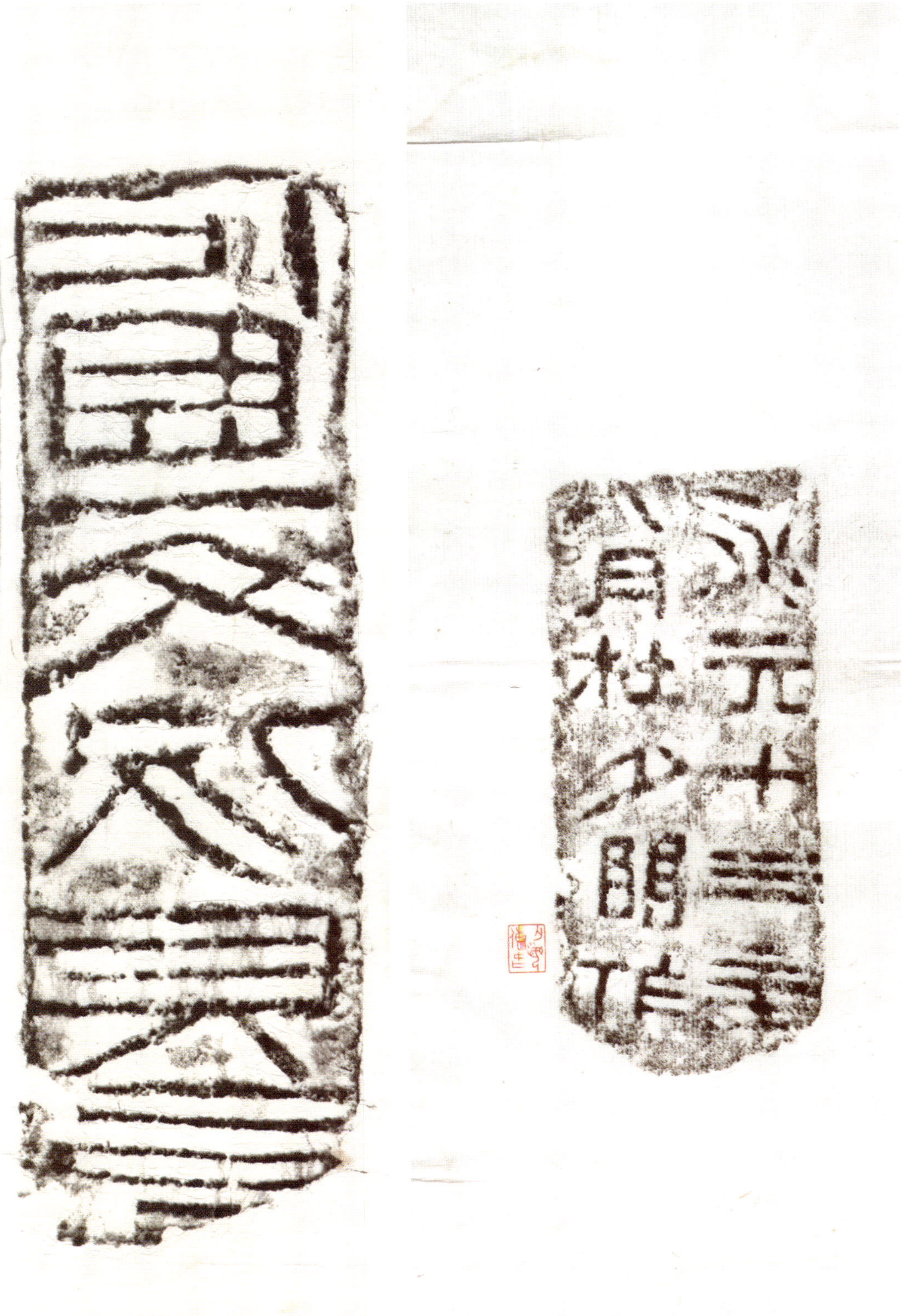

永元十三年磚

延平元年磚

延平元年磚

延平元年磚

永初六年磚

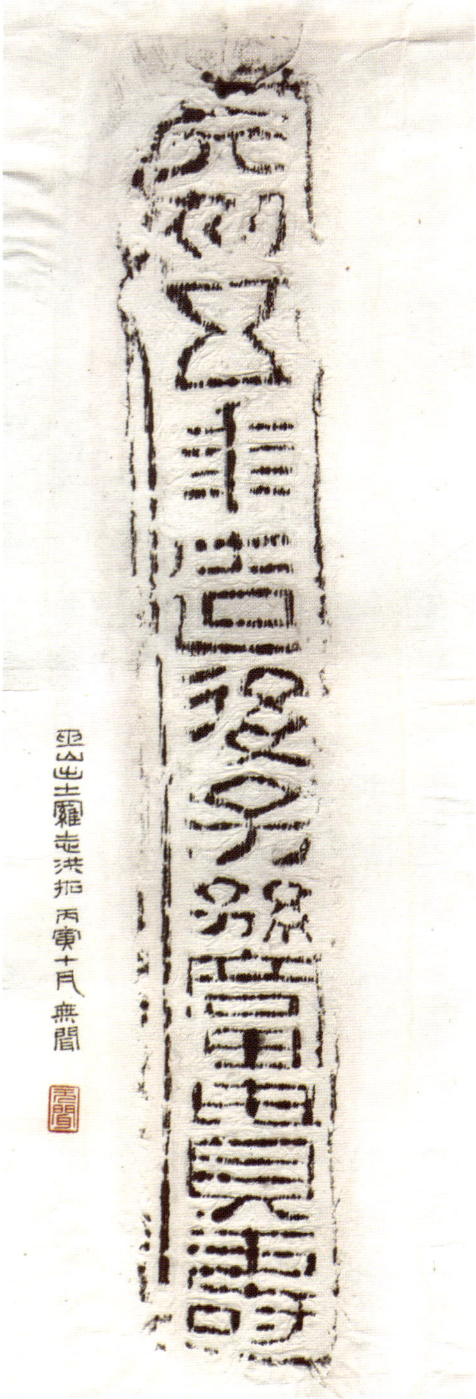
巫山出土羅志洪拓 丙寅十月 無聞

元初五年磚

延光元年磚硯

延光四年磚

永建元年磚

永建四年磚

永建五年磚

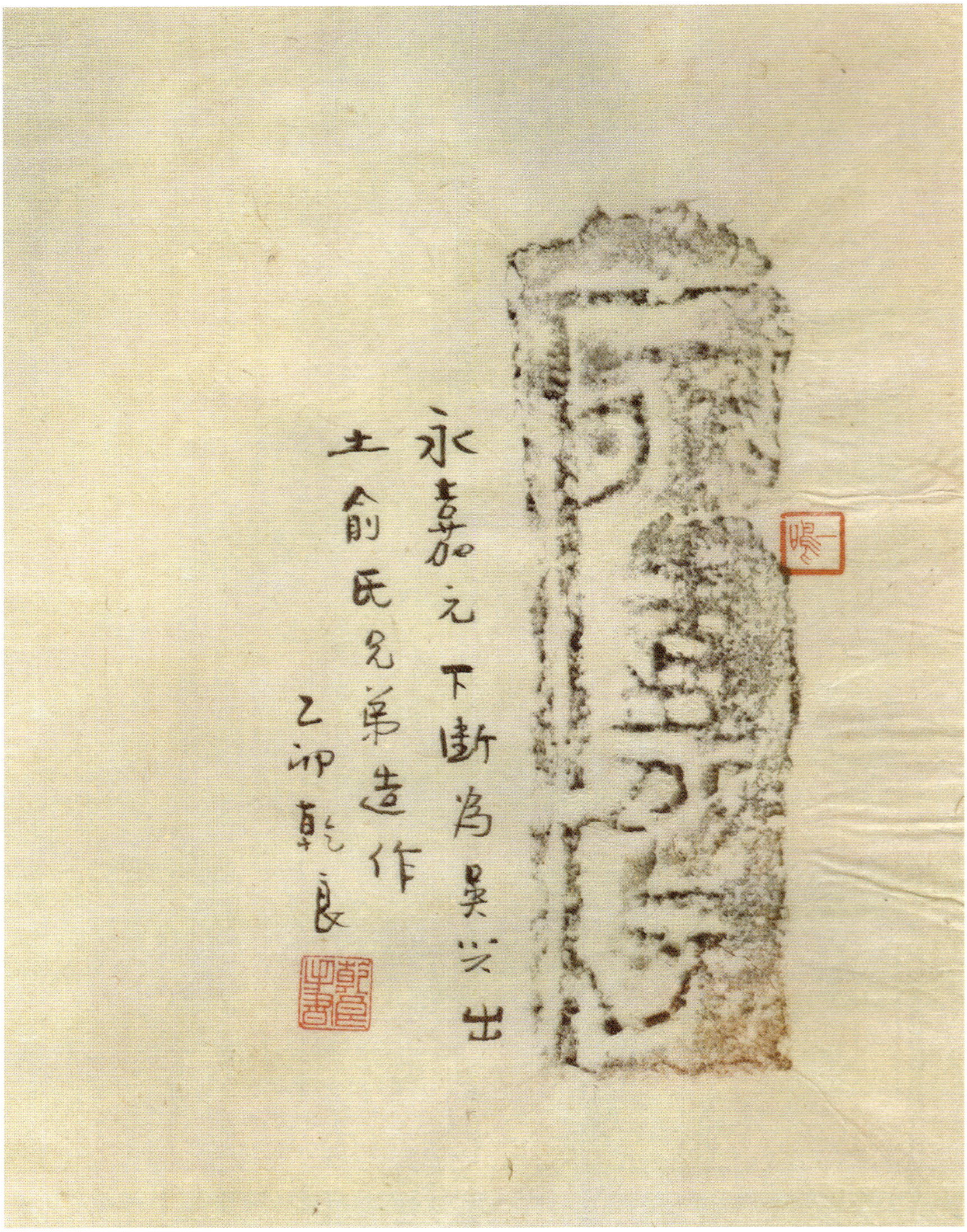
永嘉元下斷為吳興出
土俞氏兄弟造作
乙卯乾良

永嘉元年磚

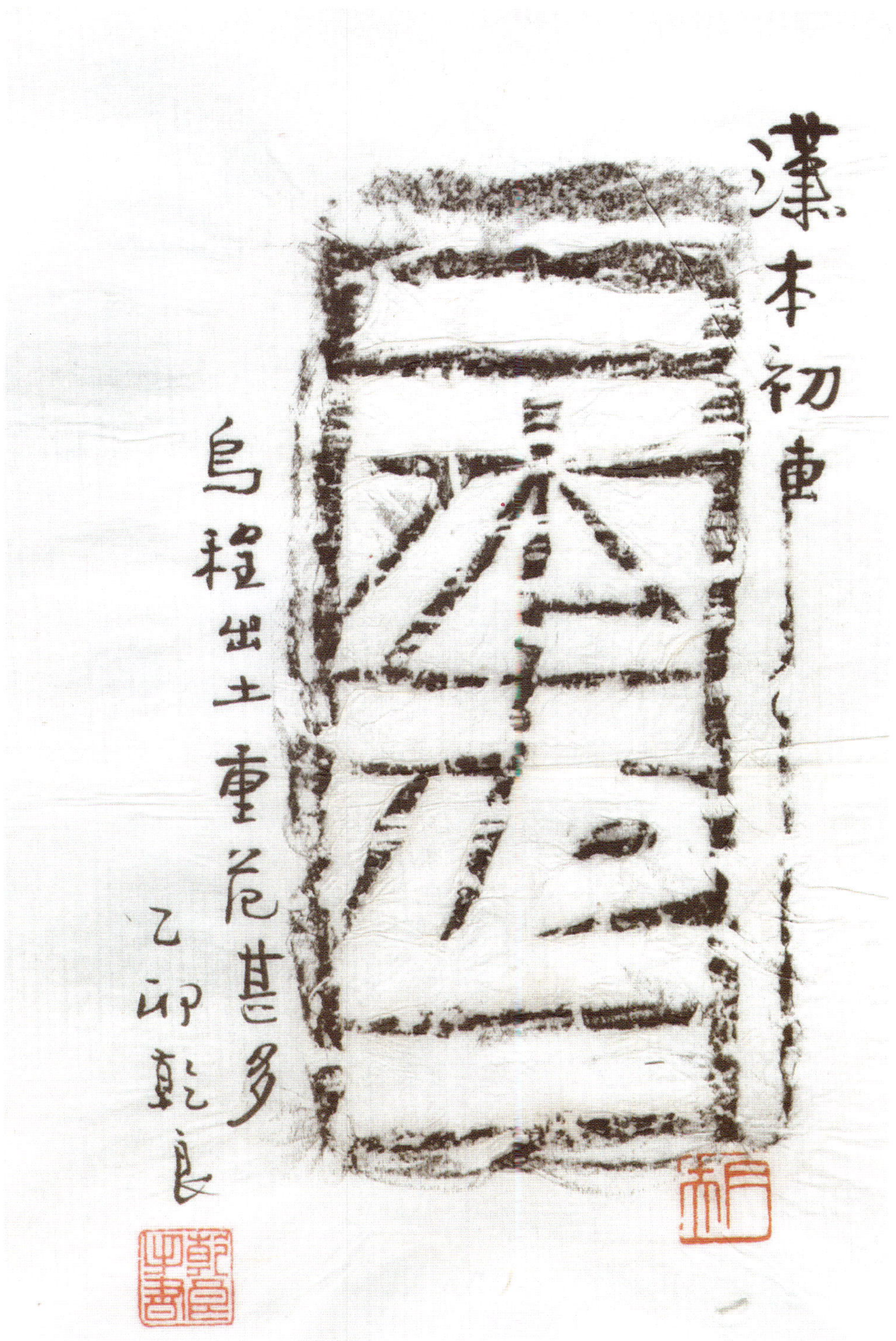

本初磚

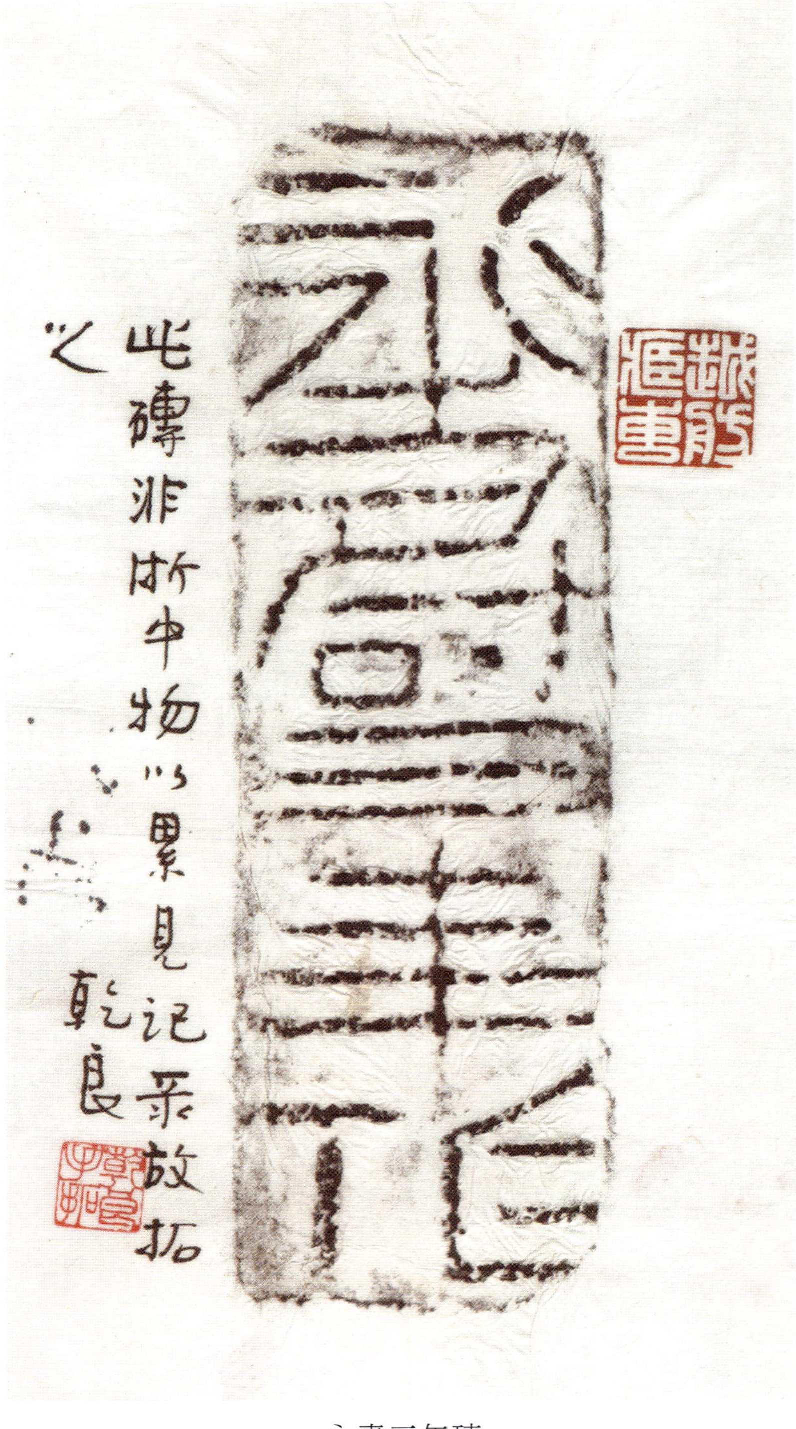

永壽三年磚

永壽三年磚

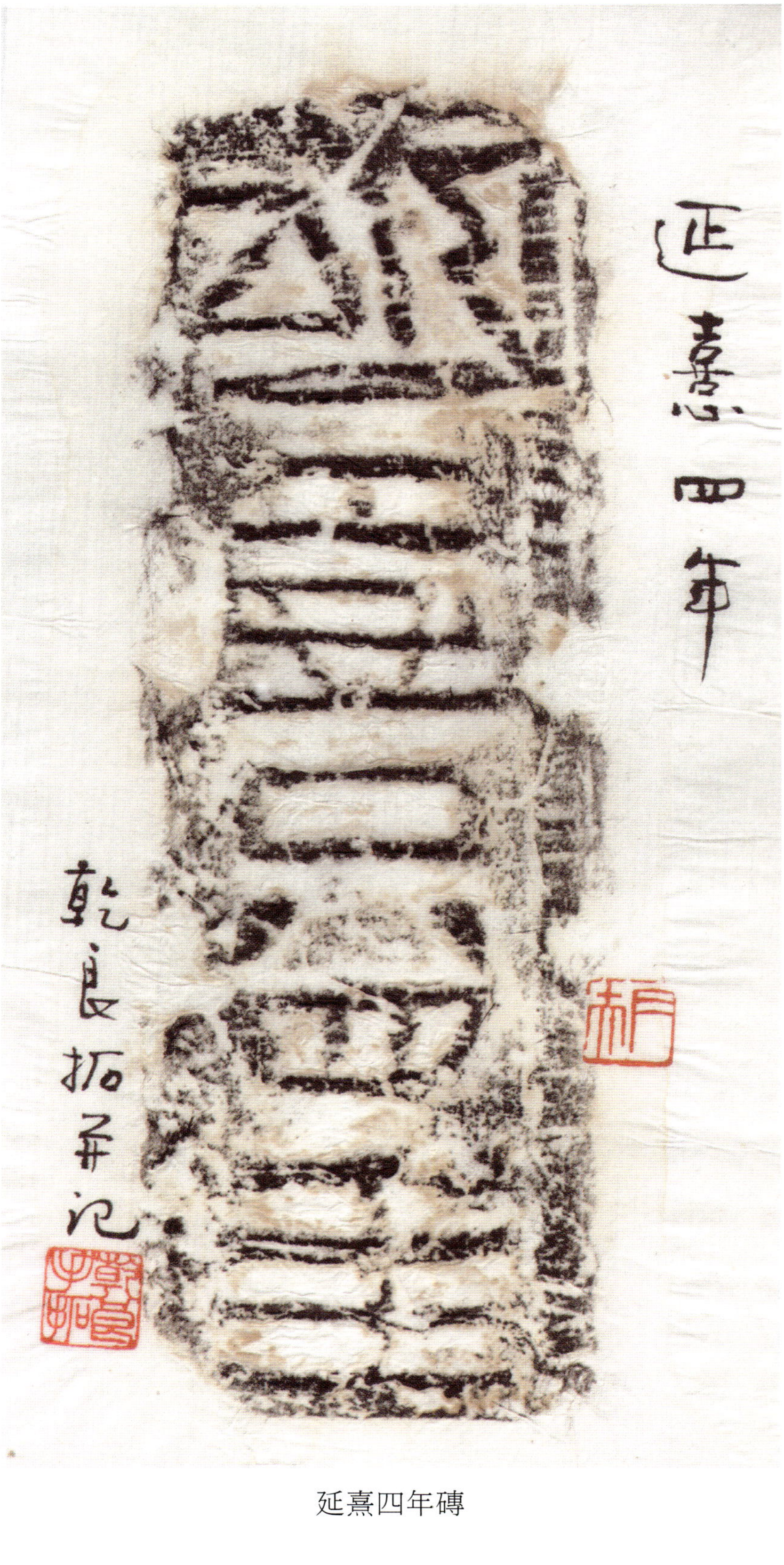

延熹四年磚

建寧元年磚

光和六年保子宜孫磚

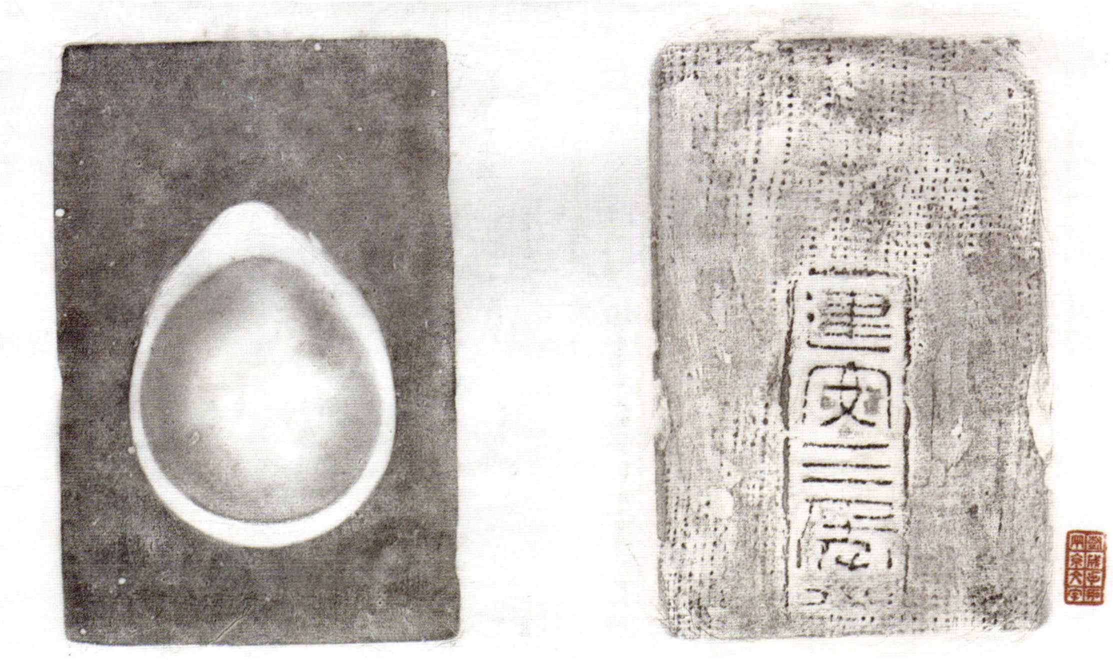

建安三年磚硯

漢建寧殘瓦硯

益生先生同好屬題　癸未中燎鴻弓蒙

楷是漢家一片土　宵間來封短長

吟分明練裹他年淚那雙當時風

雨深語生兄命題　癸未春室闥

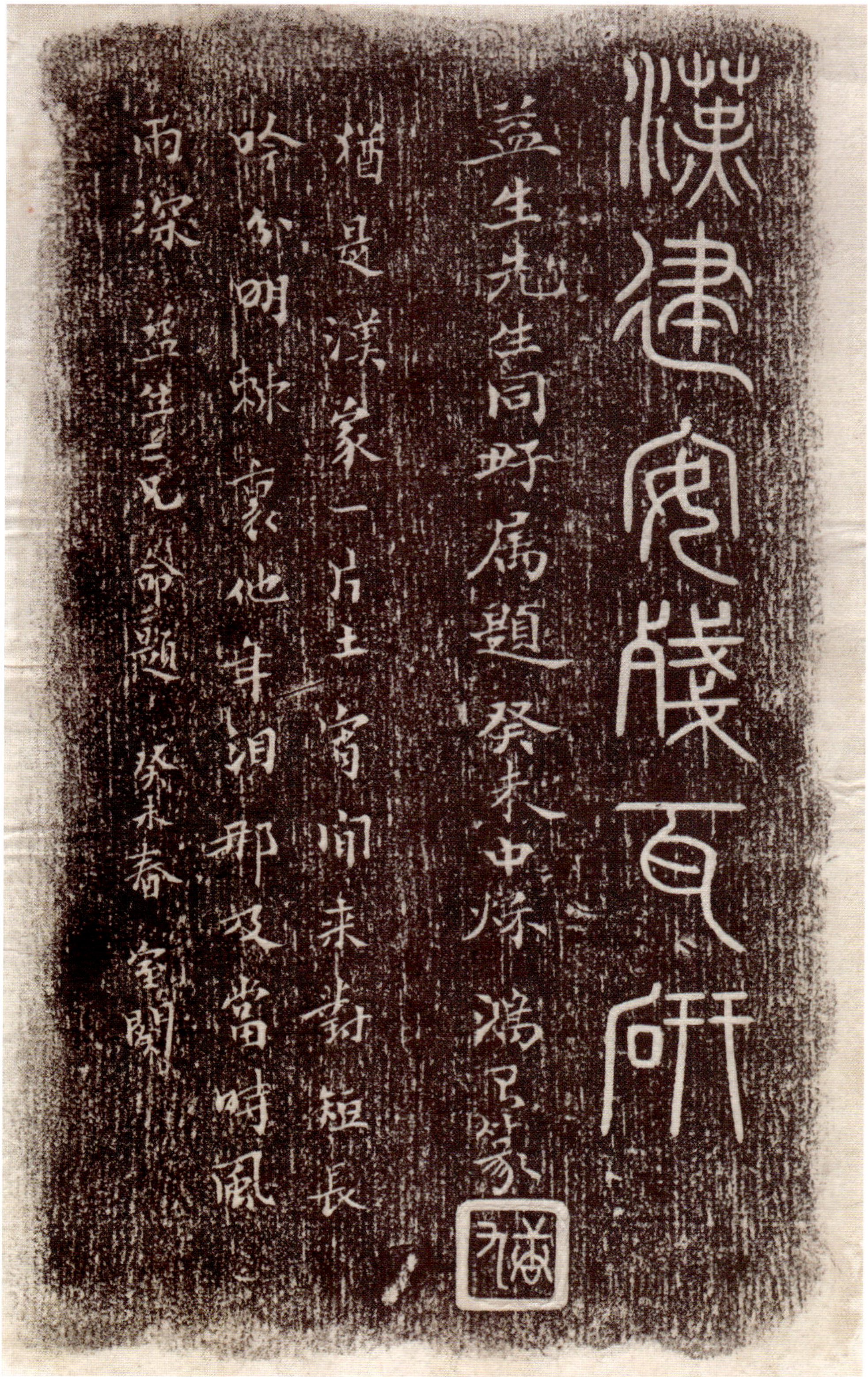

建安殘瓦硯

赤鸟四吴亜也

乾良

赤乌四年砖

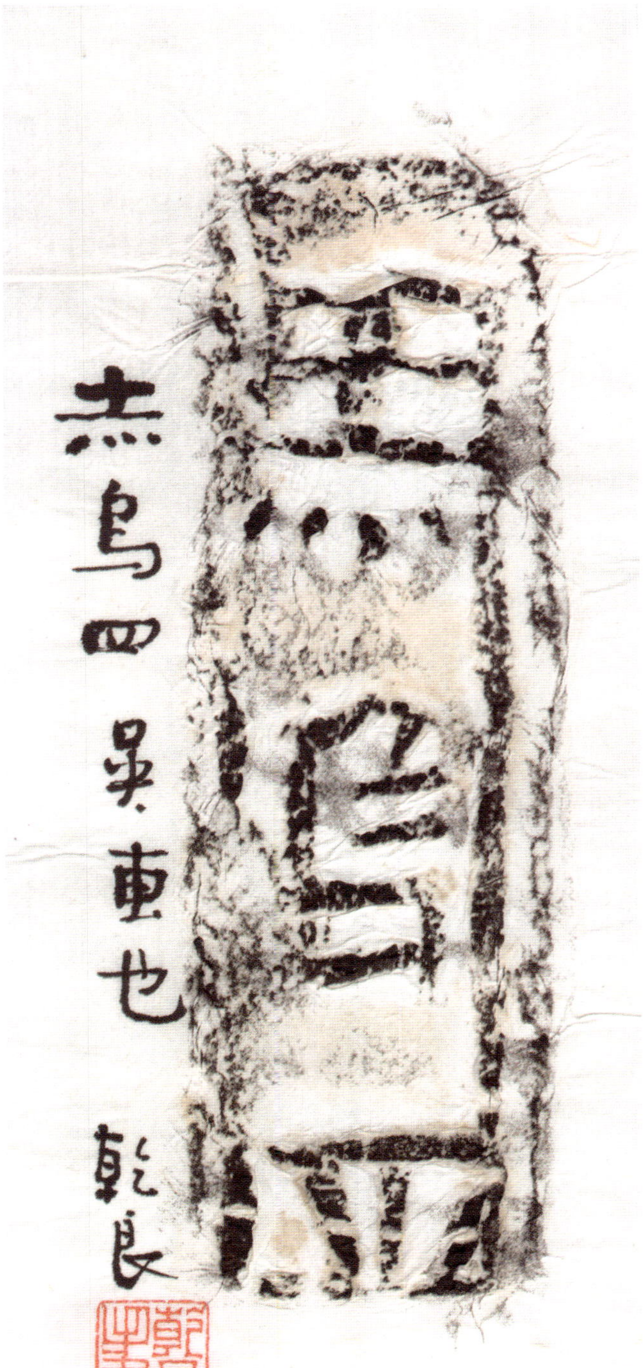

赤烏十年磚硯

太康三年磚

太康四年磚

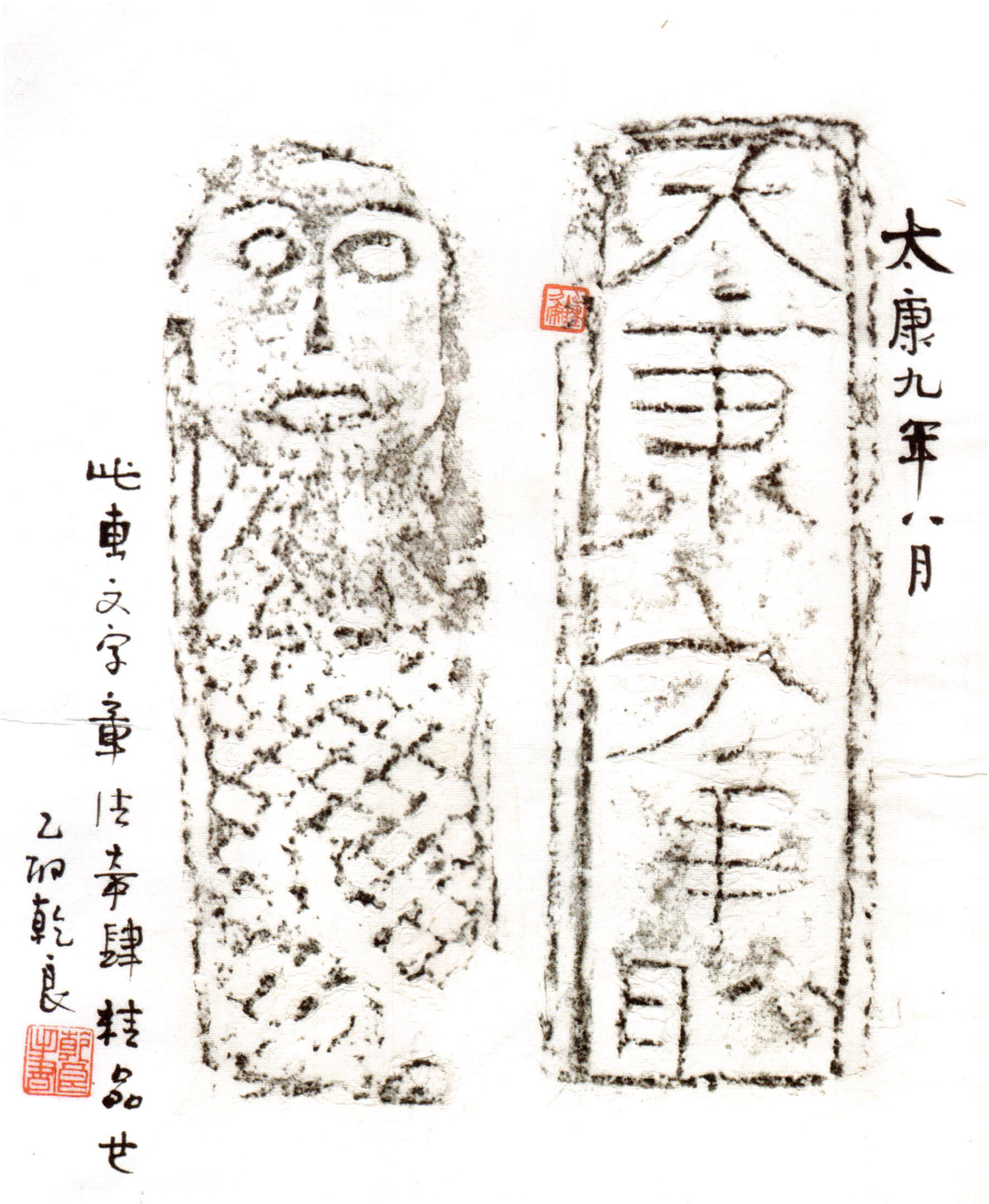

太康九年磚

太康九年磚

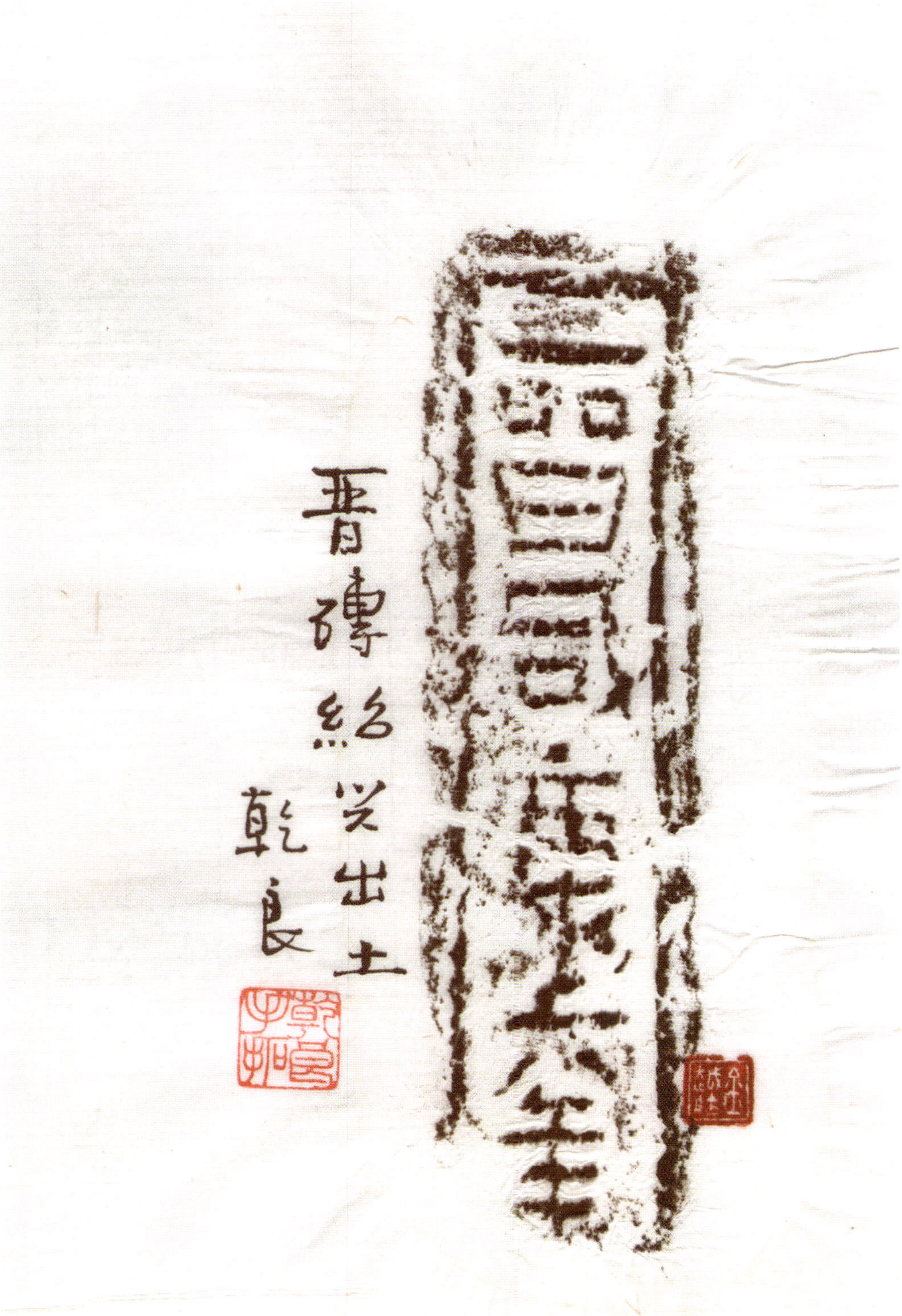

晉咸康六年磚

晋太元四年磚硯

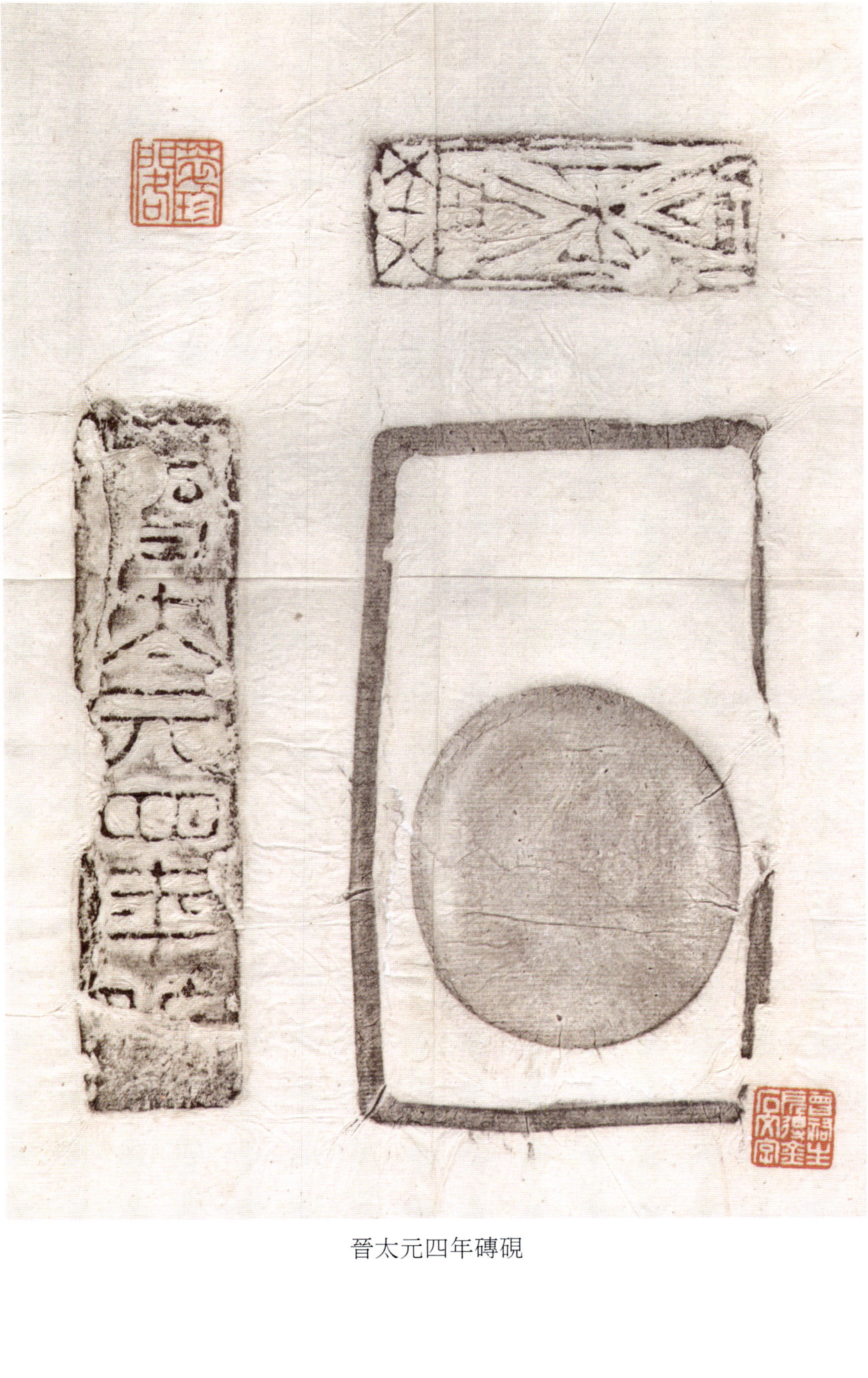

晉太元四年磚硯

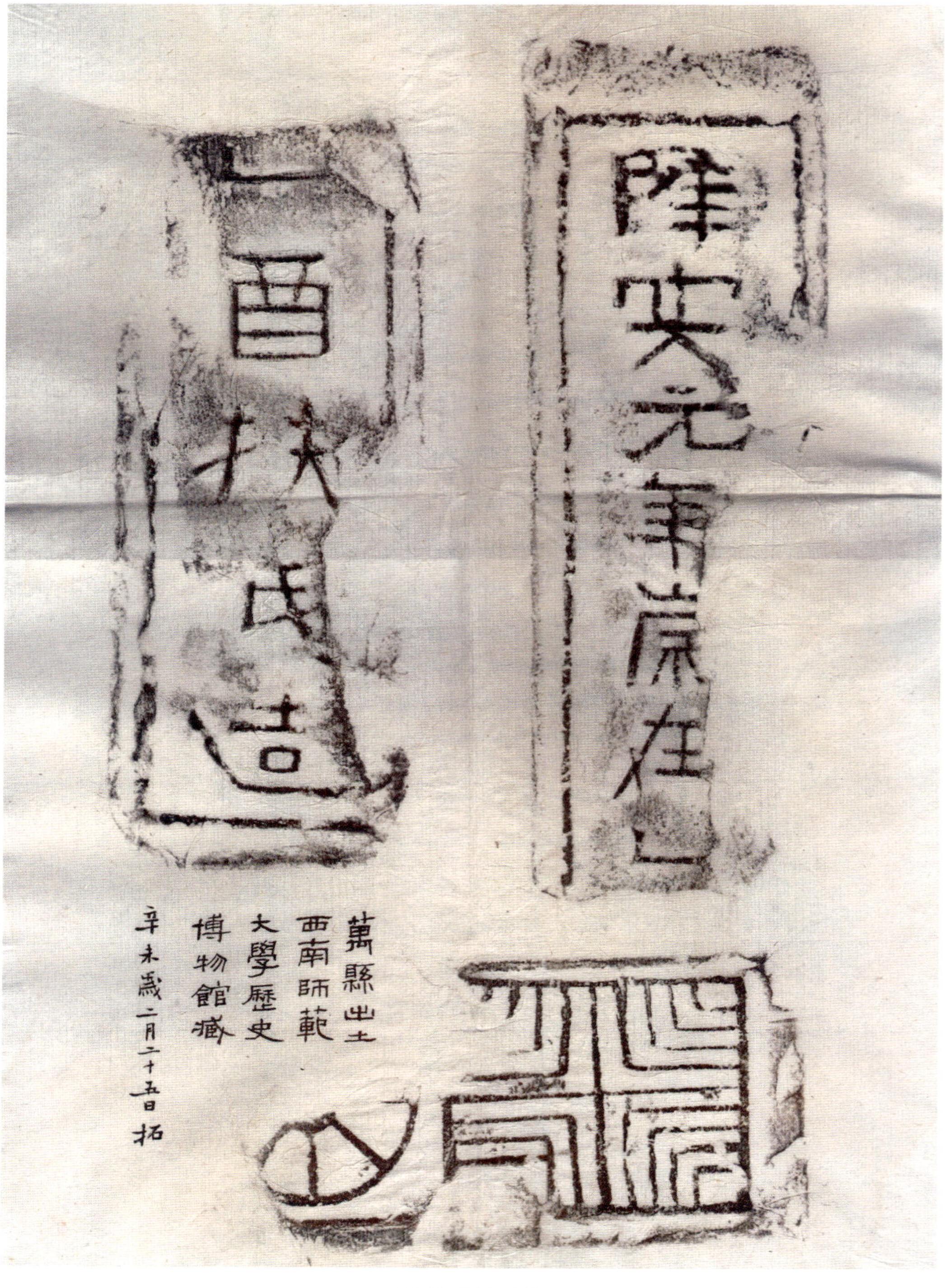
晉扶氏造
萬縣出土
西南師範大學歷史
博物館藏
辛未歲二月二十五日拓

隆安元年磚

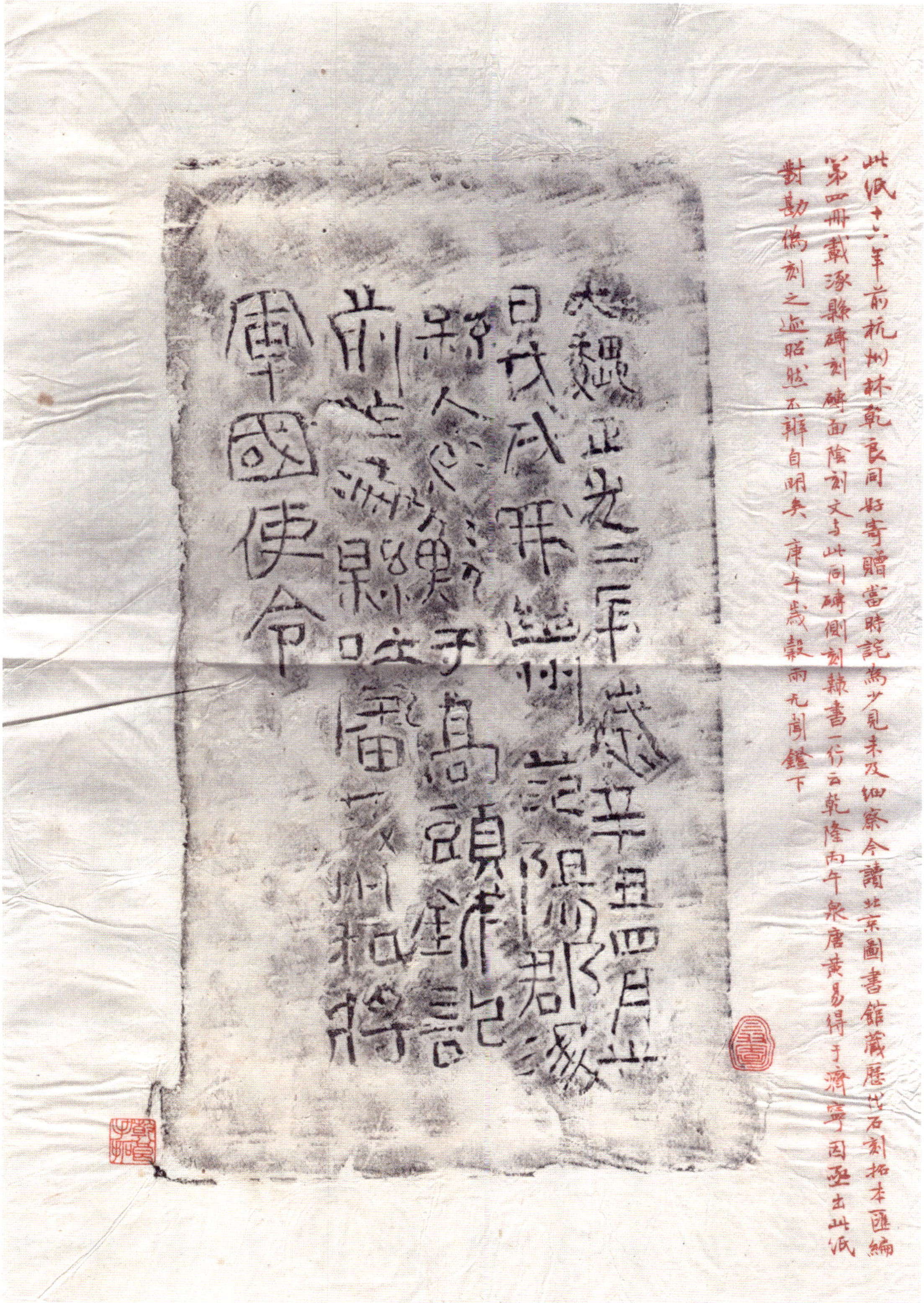
此紙十六年前杭州林乾良同好寄贈當時詫爲少見未及細察今讀北京圖書館藏歷代石刻拓本匯編
第四冊載涿縣磚刻磚面陰刻文與此同磚側刻隸書一行云乾隆丙午泉唐黄易得于濟寧因亟出此紙
對勘僞刻之迹昭然不辯自明矣 庚午歲穀雨元劇鑑下

北魏正光二年磚

建康許都磚

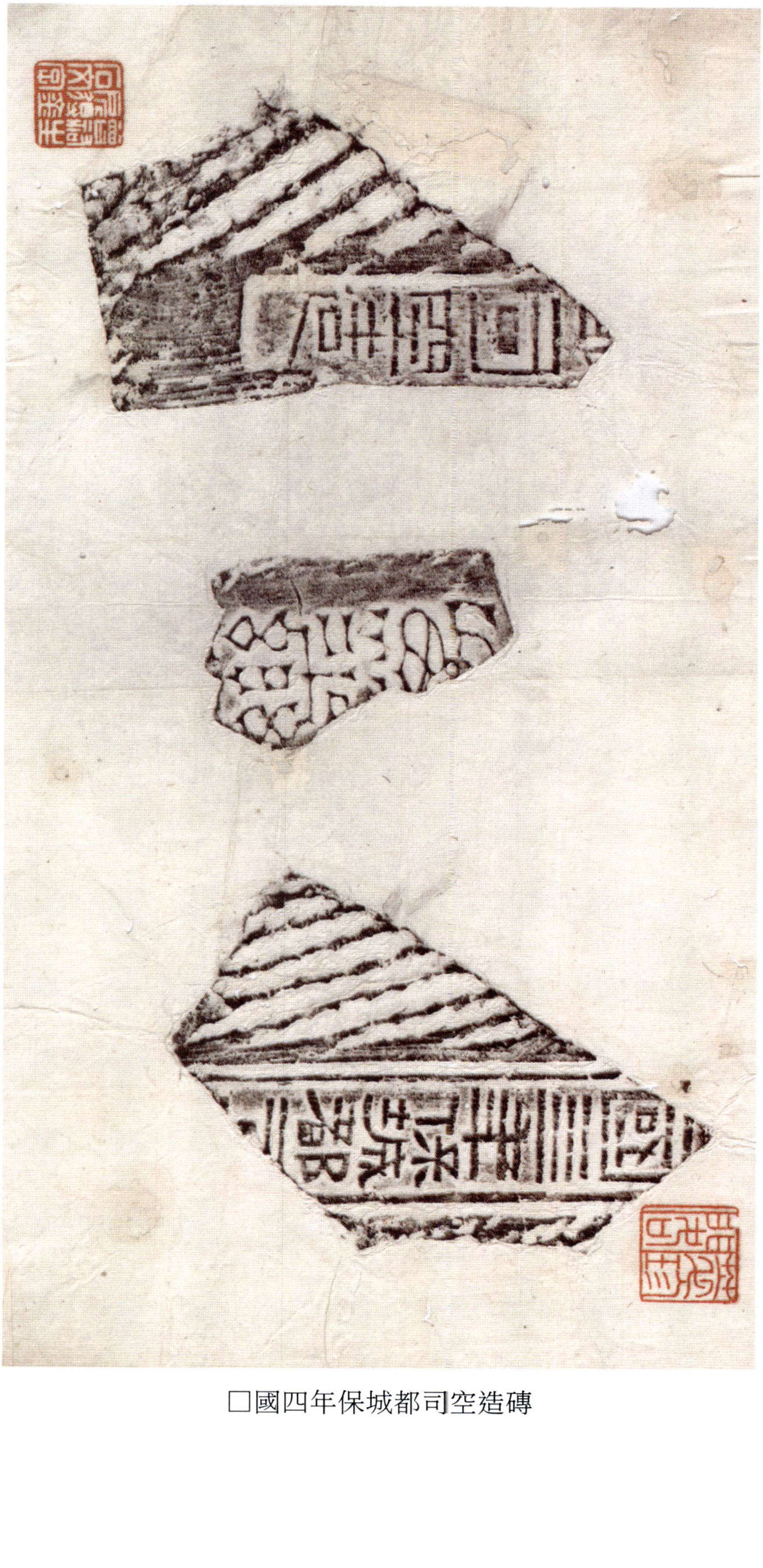

□國四年保城都司空造磚

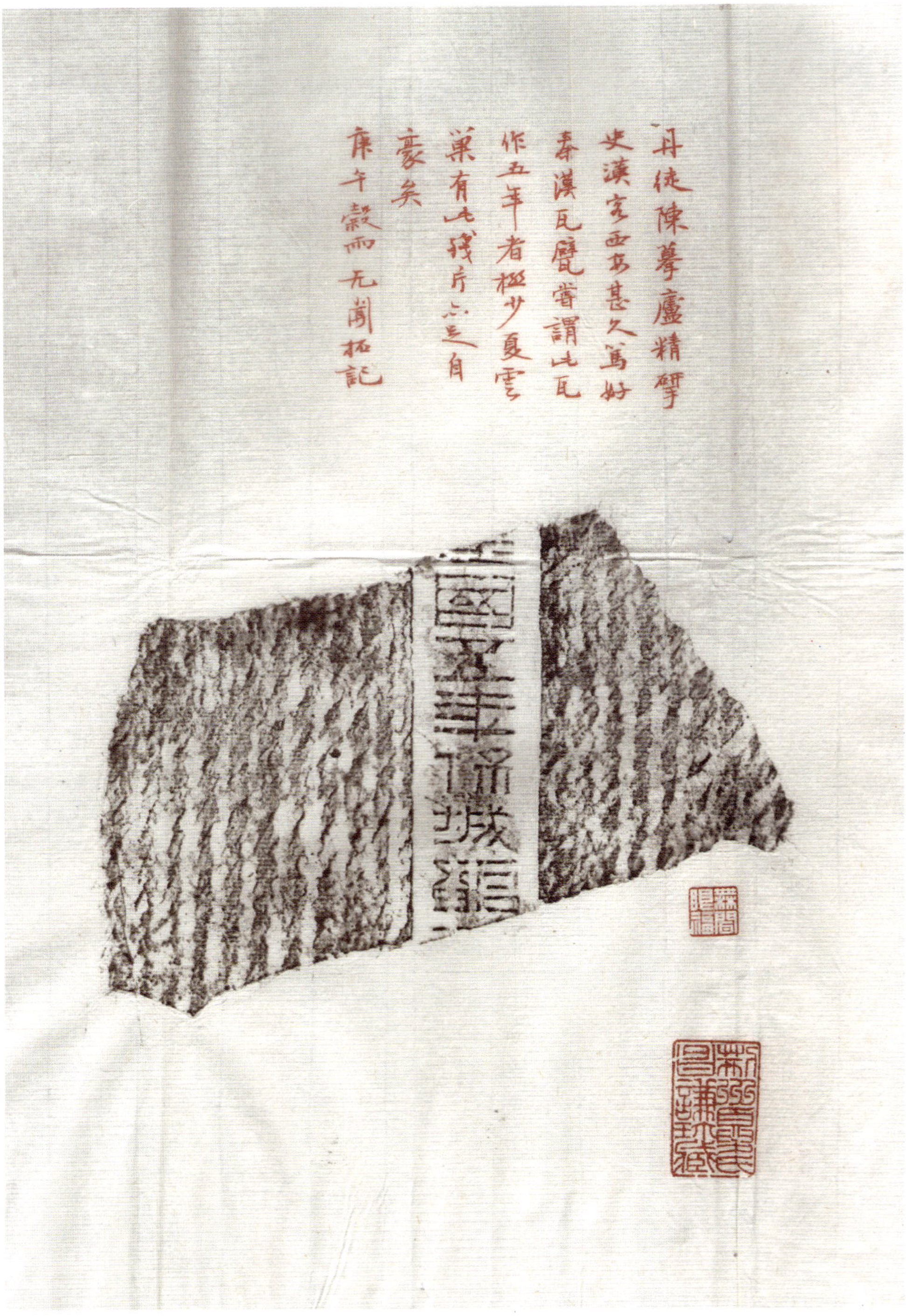
丹徒陳夢廬精擘
史漢客西安甚久篤好
秦漢瓦甓嘗謂此瓦
作五年者極少夏雲
巢有此殘片亦足自
豪矣
庚午穀雨 无聞拓記

□國五年保城都

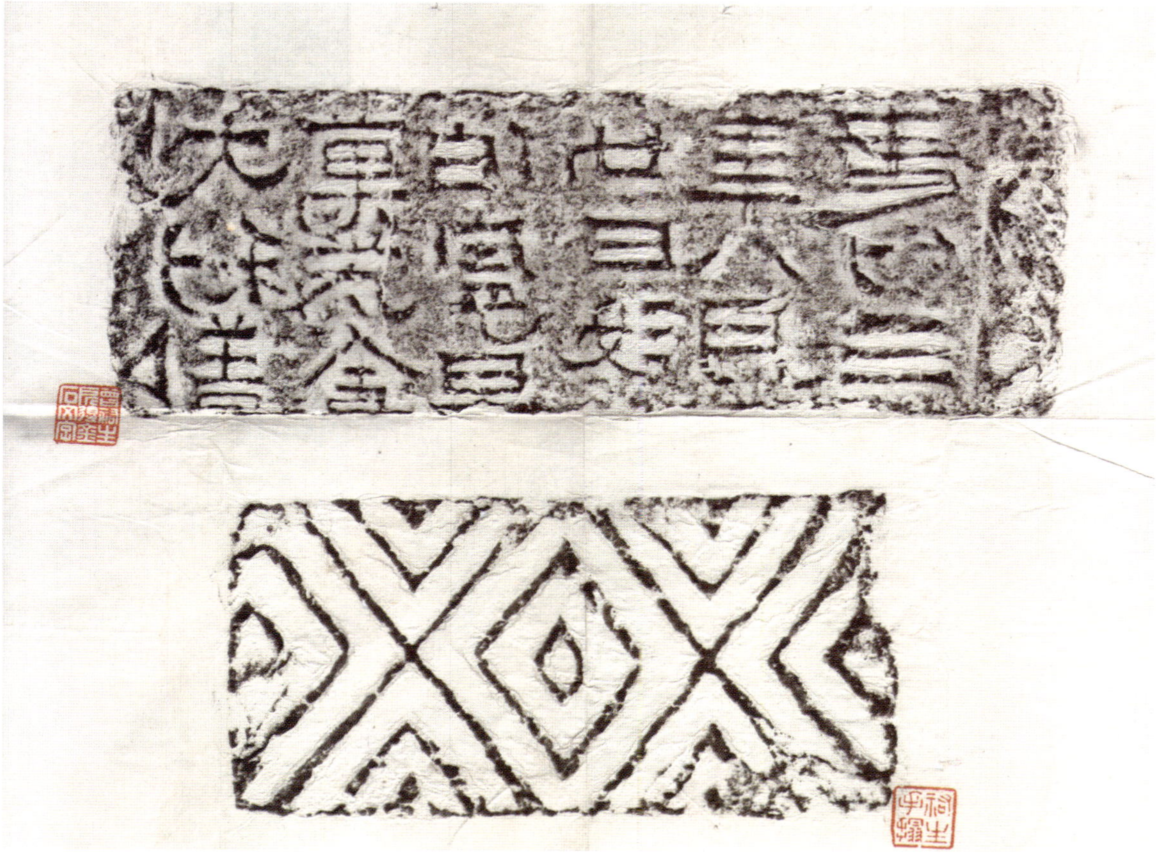

建□三年磚

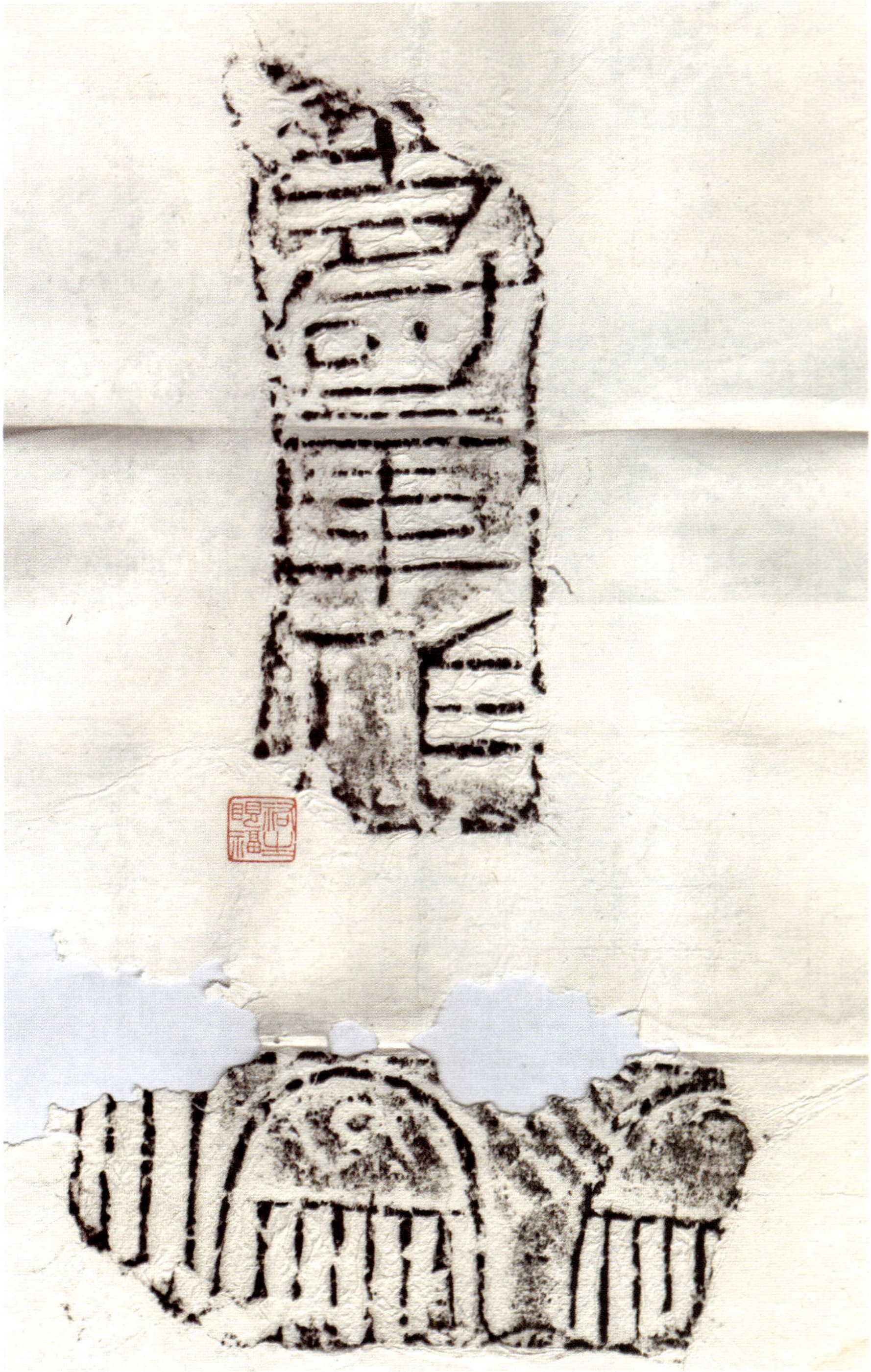

□壽二年磚

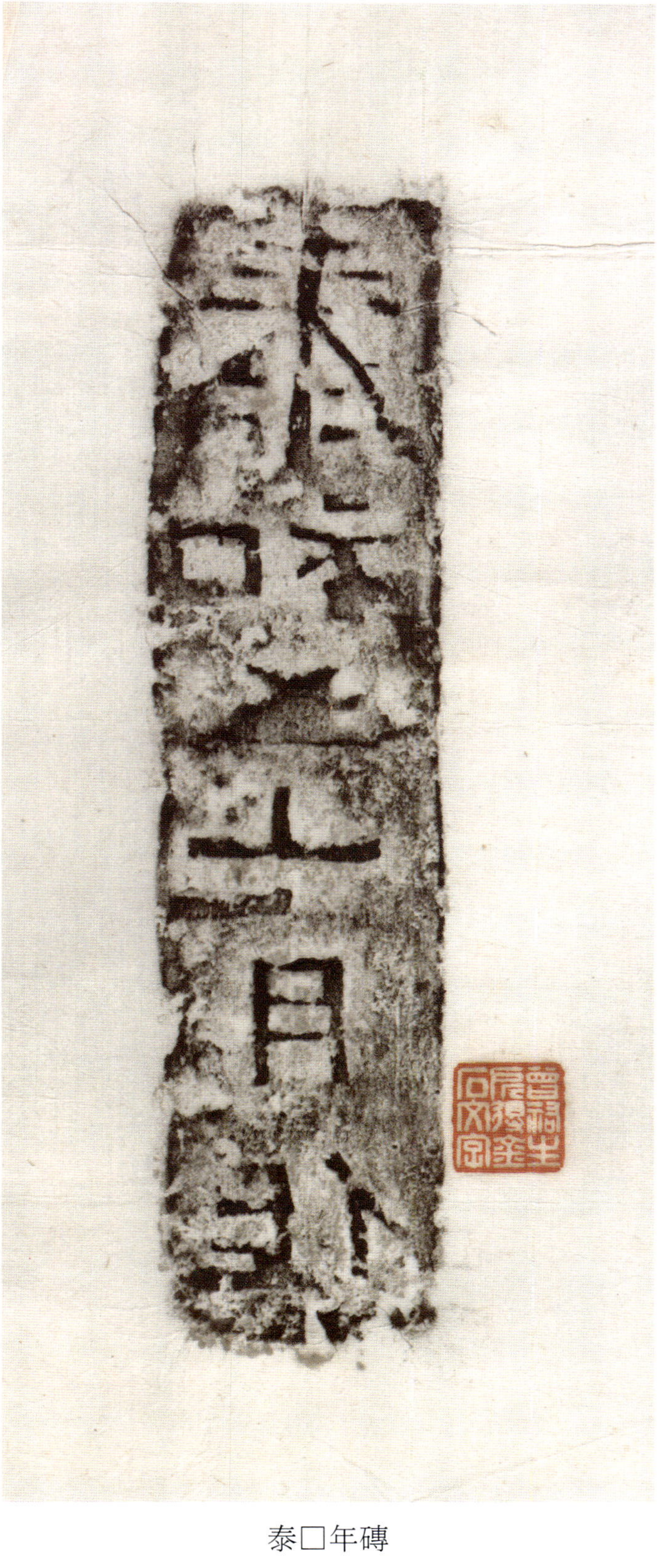

泰□年磚

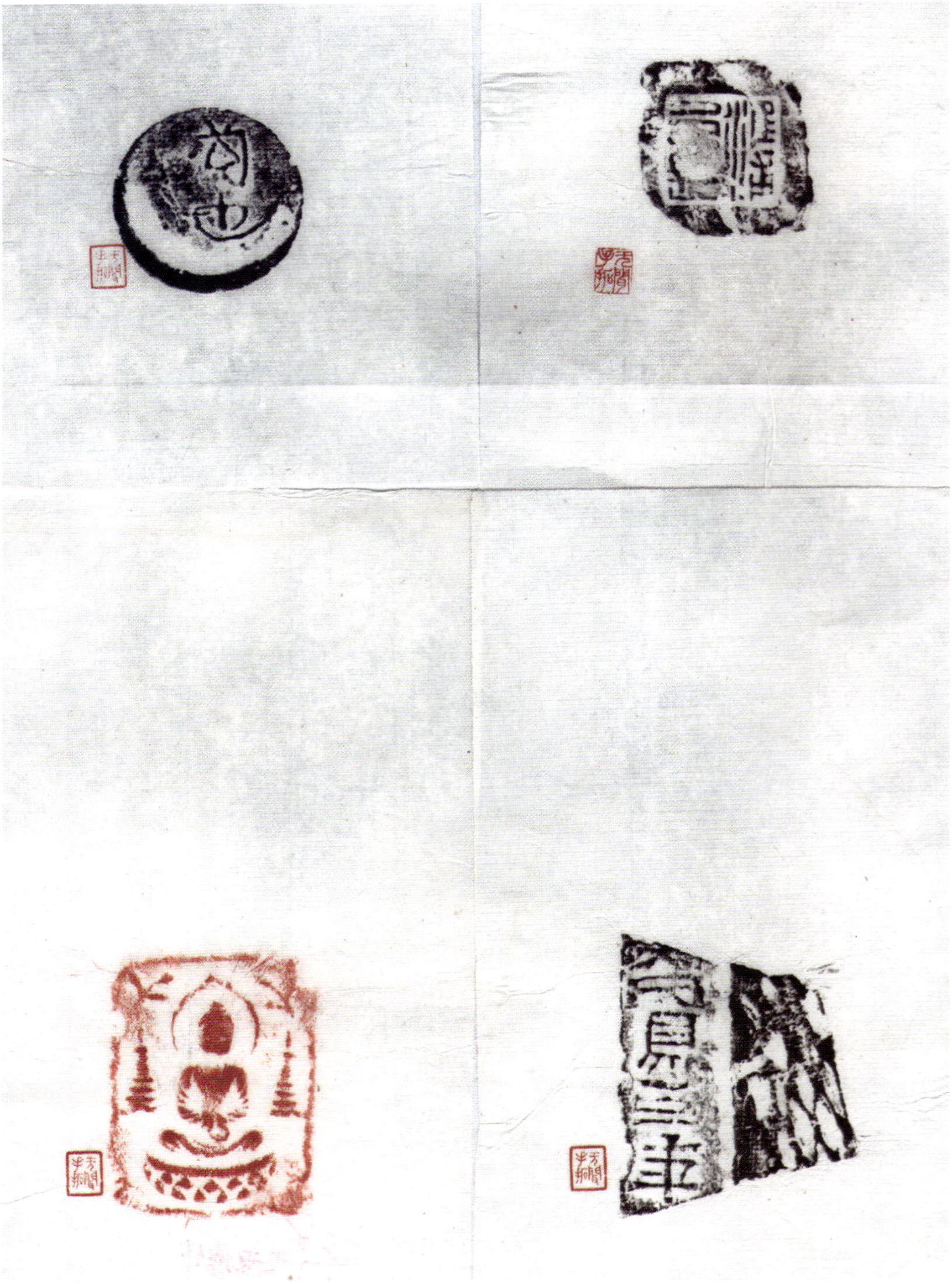

佛造像、封泥、赤烏殘磚

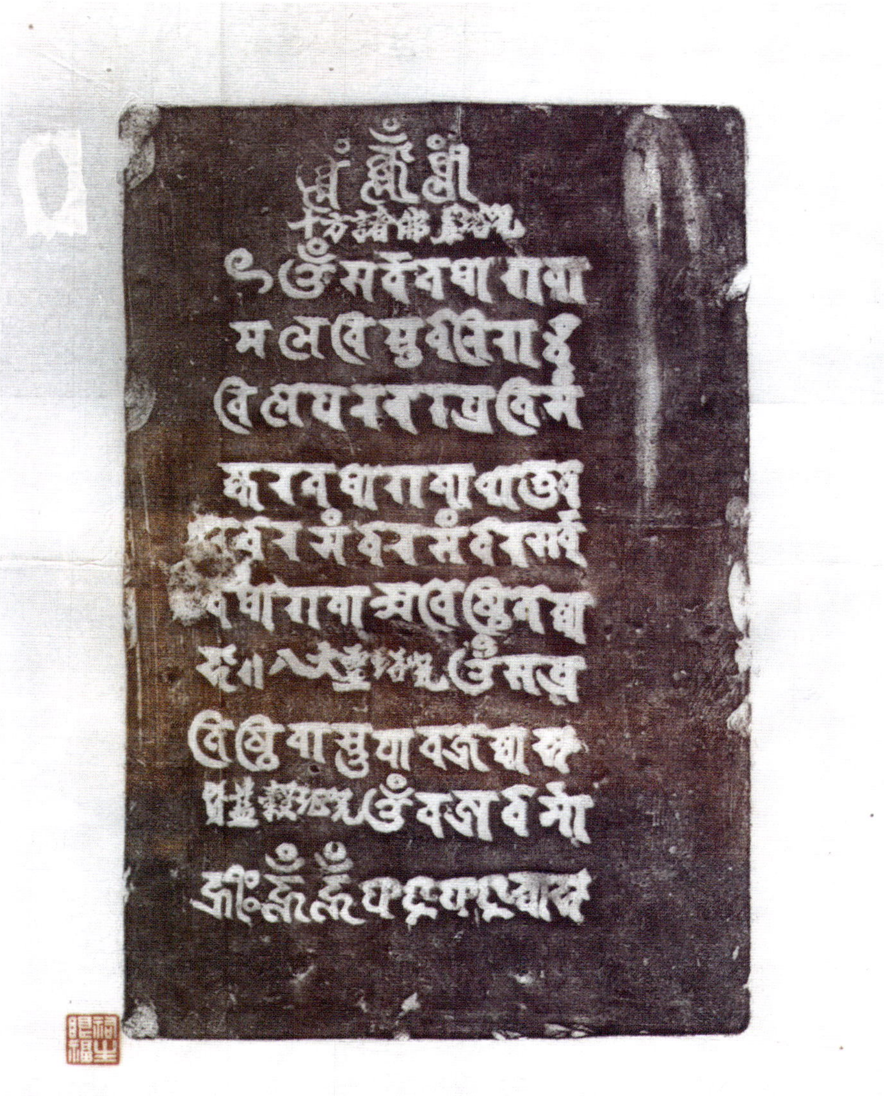

十方諸佛梵文磚

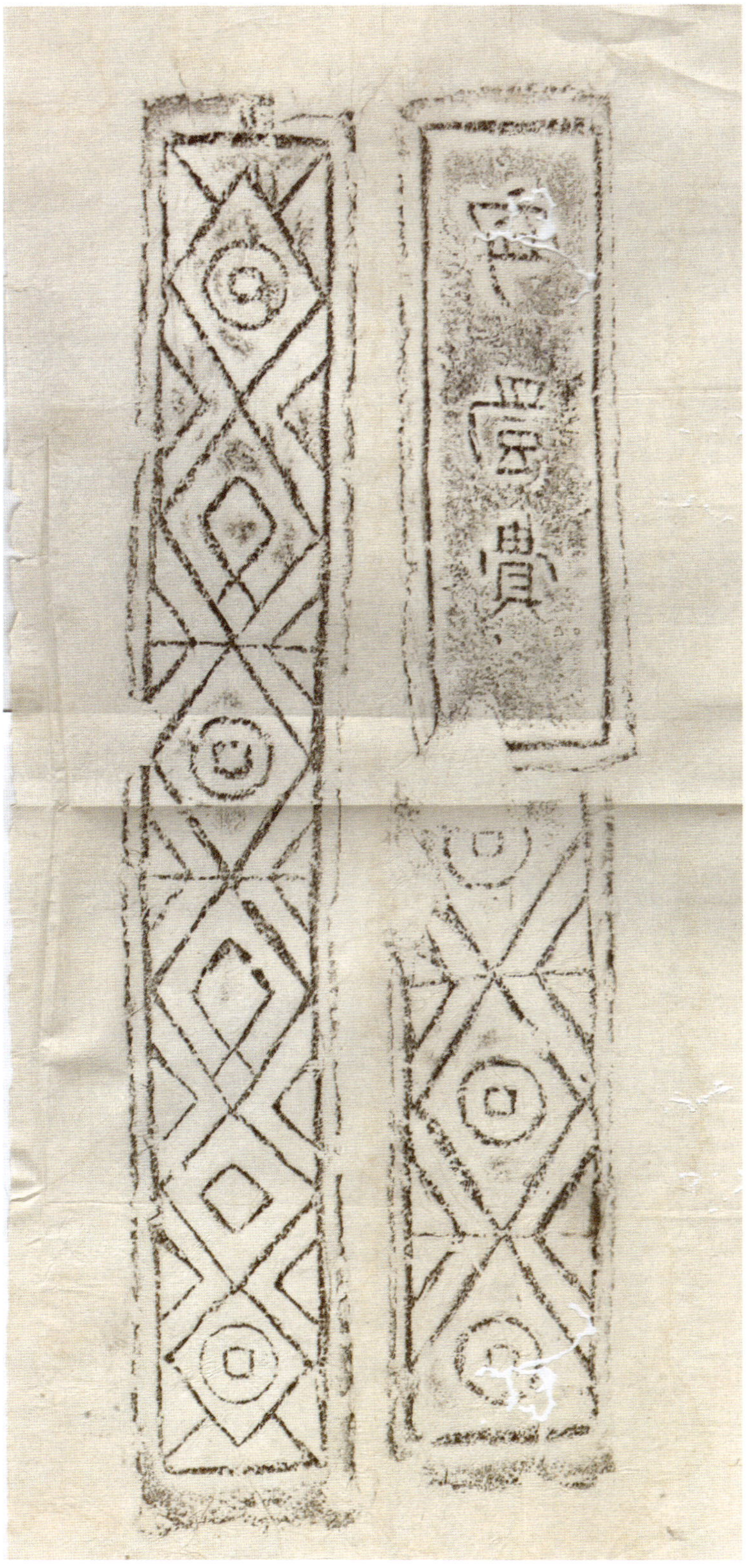

寧蜀貴磚

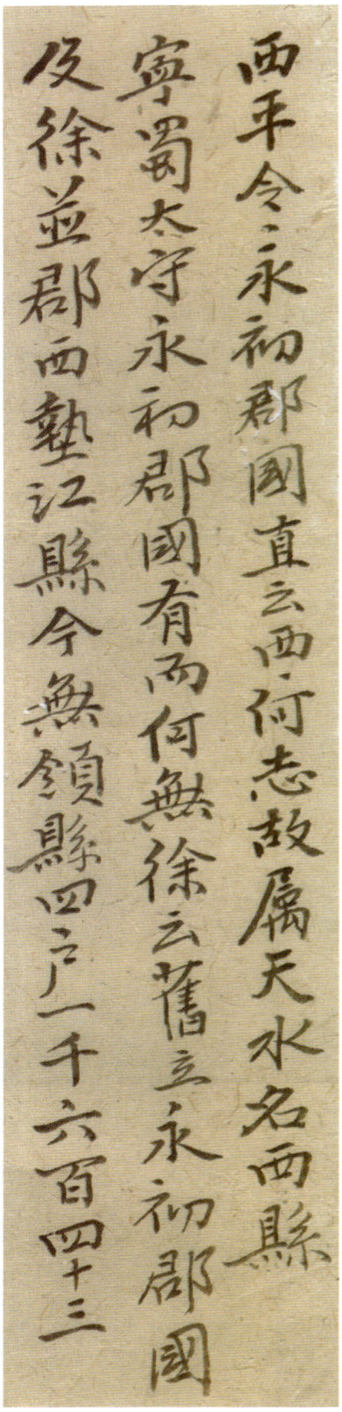

西平令。永初郡國直云西。何志故屬天水名西縣

寧蜀太守永初郡國有而何無徐云舊立。永初郡國

及徐益郡西墊江縣今無領縣四户一千六百四十三

寧蜀羅磚

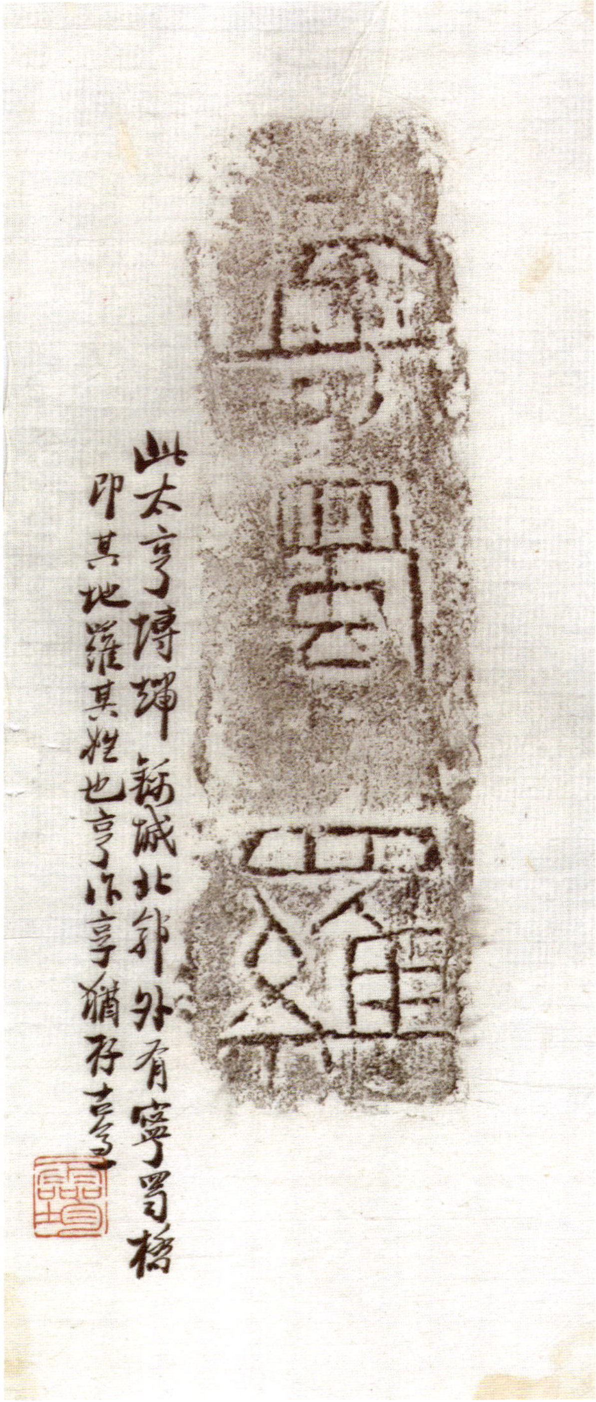
此太亨磚 新城北郭外有寧蜀橋
即其地蓋其姓也亨作亭猶存古意

寧蜀羅磚

寧蜀羅磚

寧蜀羅磚硯

蜀郡作磚

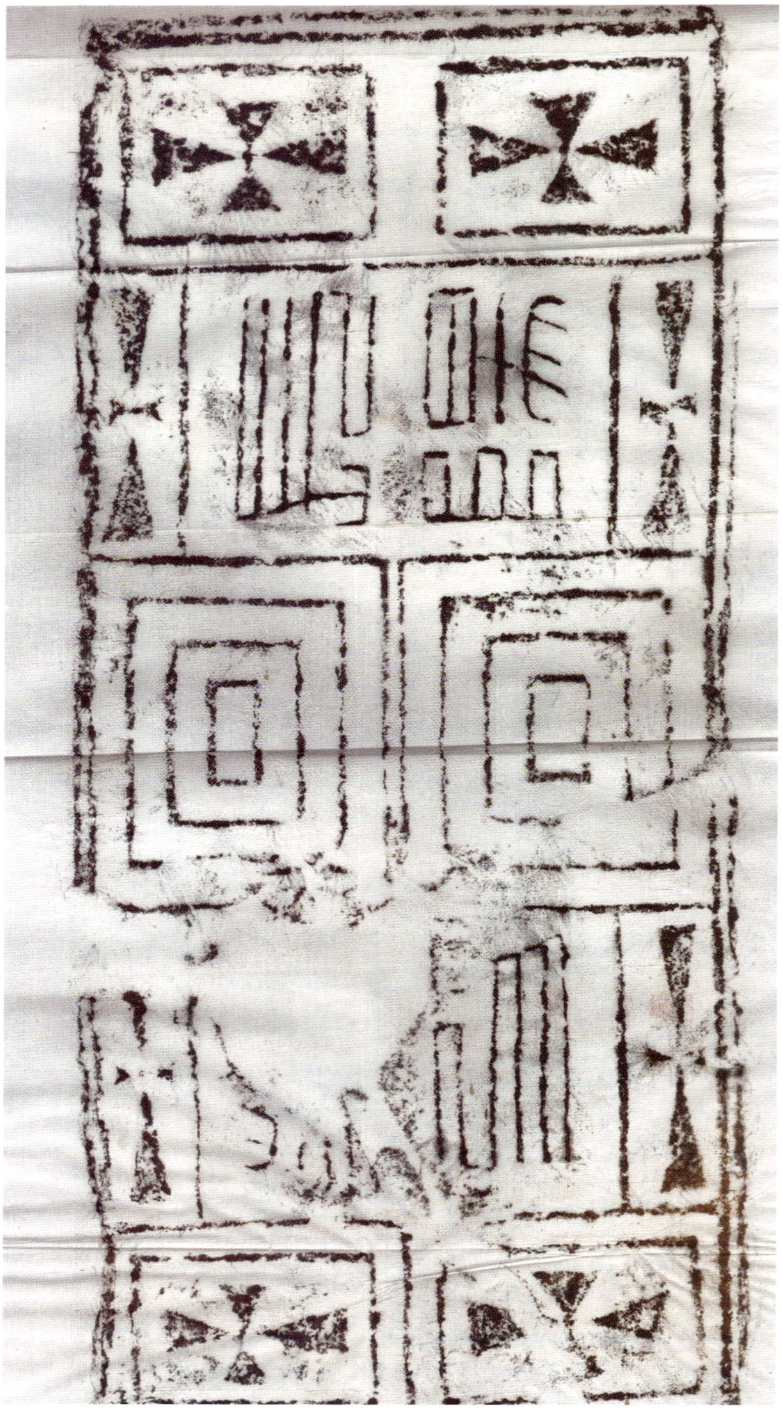

長陽磚

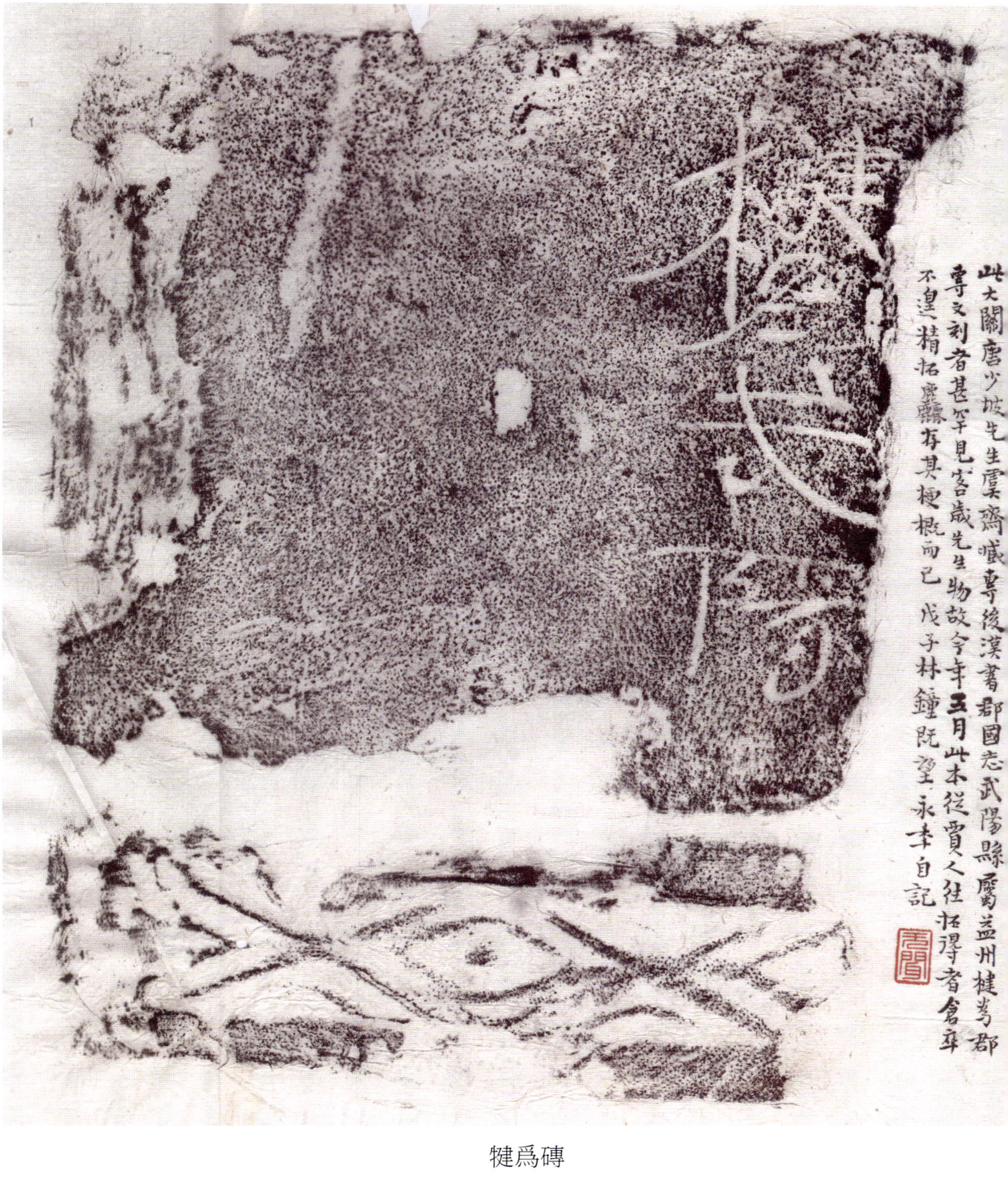
此大關唐少坡先生雲齋藏專後漢書郡國志武陽縣屬益州犍爲郡
專文刻者甚罕見客歲先生物故今年五月此本從賈人往拓得者倉卒
不遑精拓塵蘚存其梗概而已 戊子林鍾既望永年自記

犍爲磚

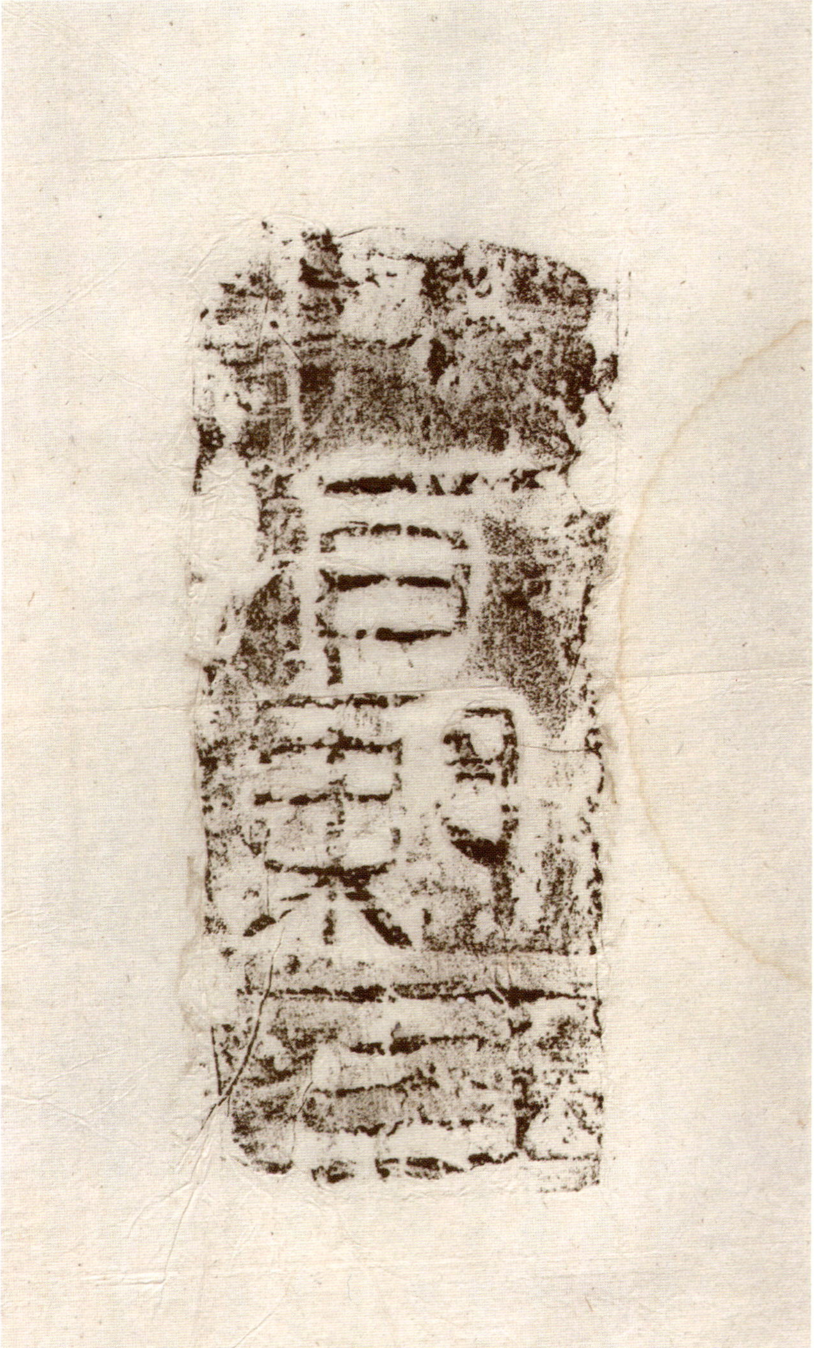

陳里磚

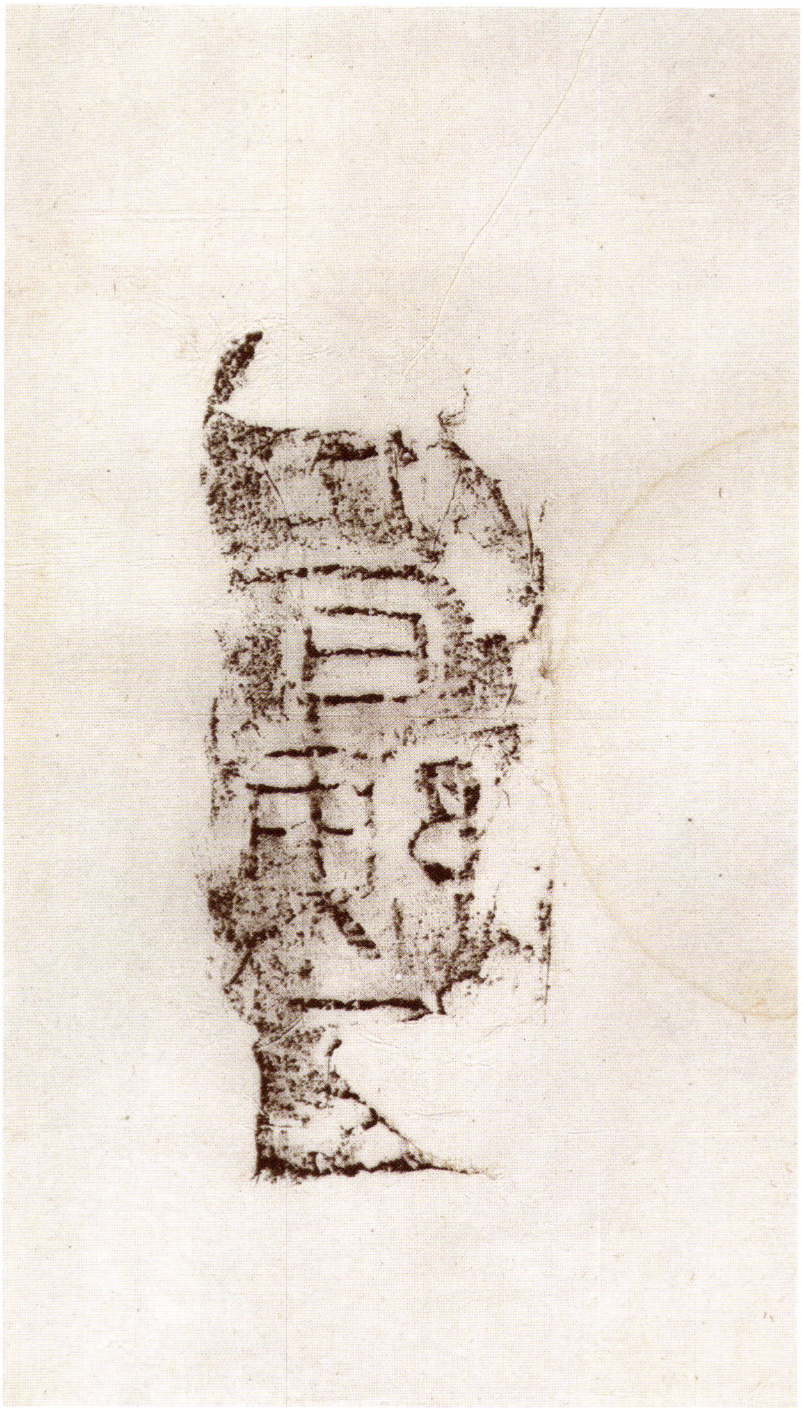

晉陳里磚

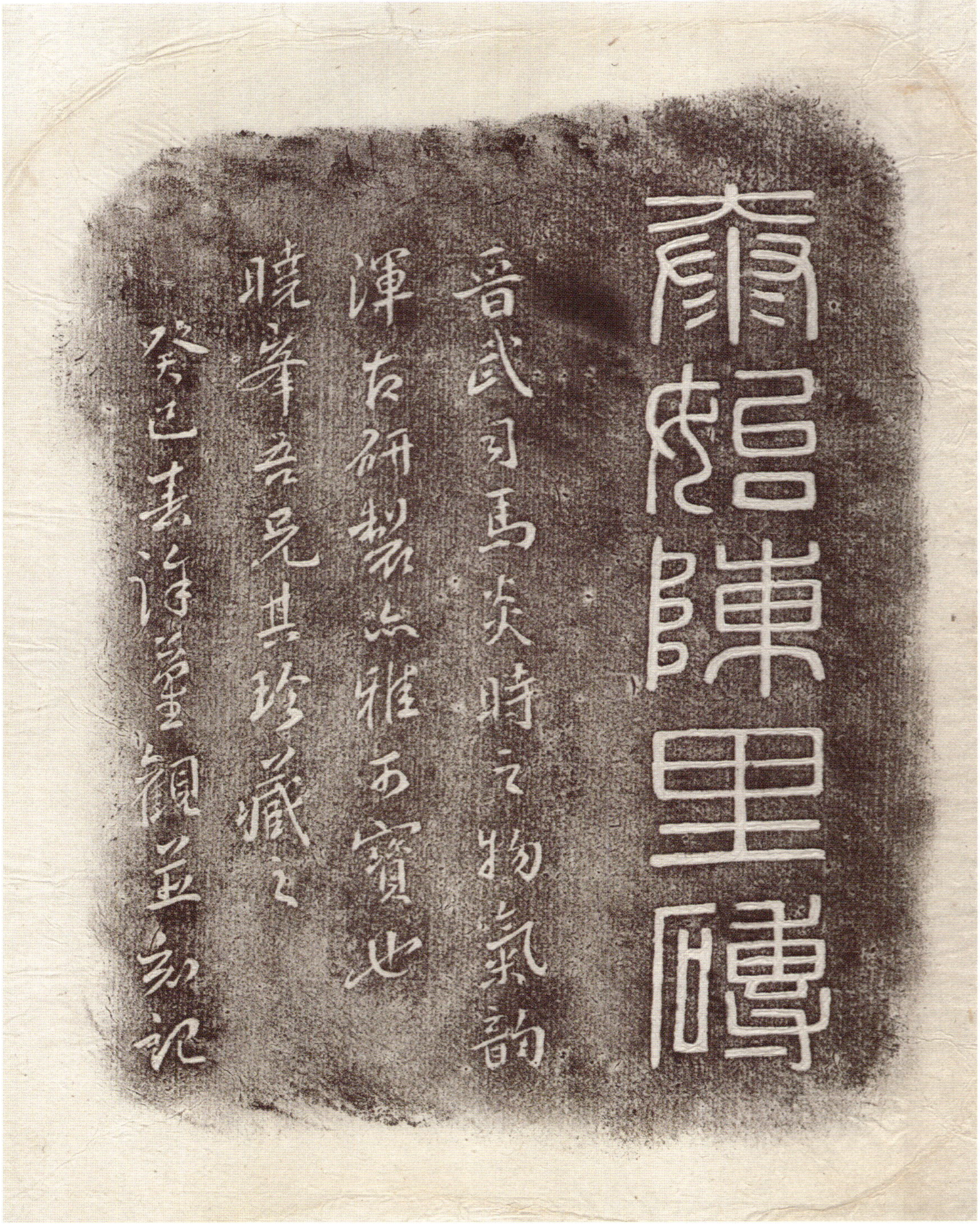

泰始陳里磚硯

廣漢郪李磚

廣漢郪李磚

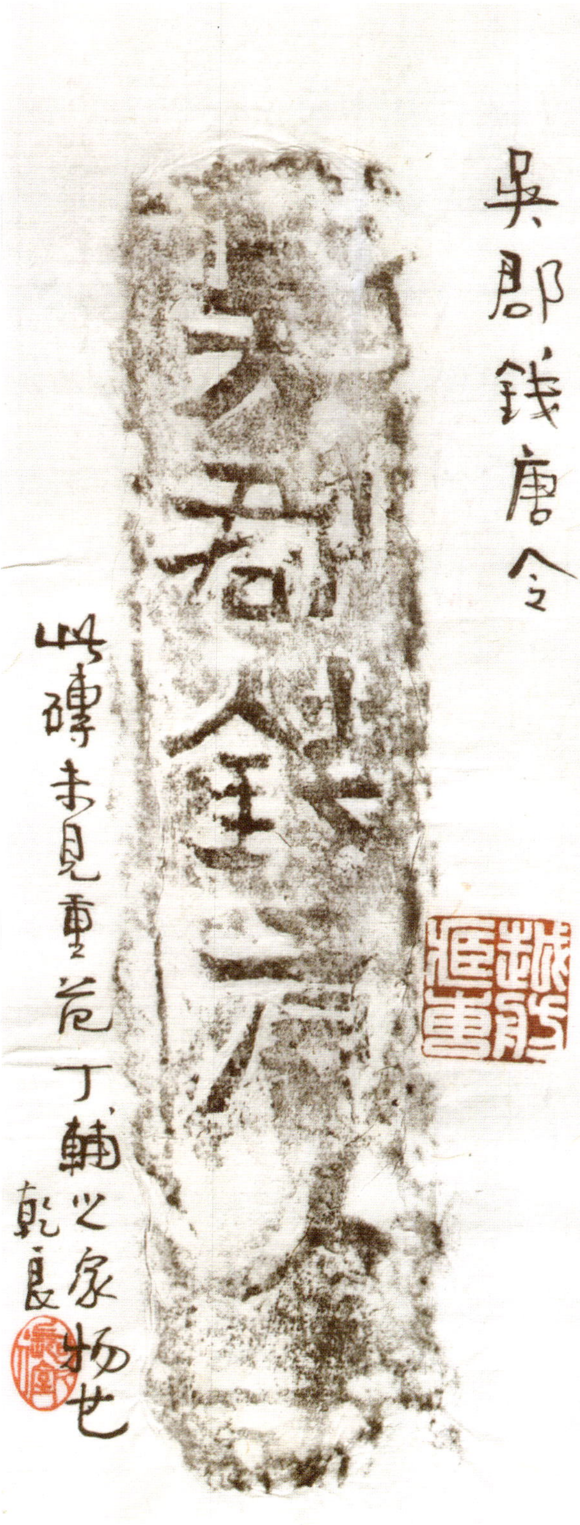

吴郡錢塘令磚

資中成鑿磚

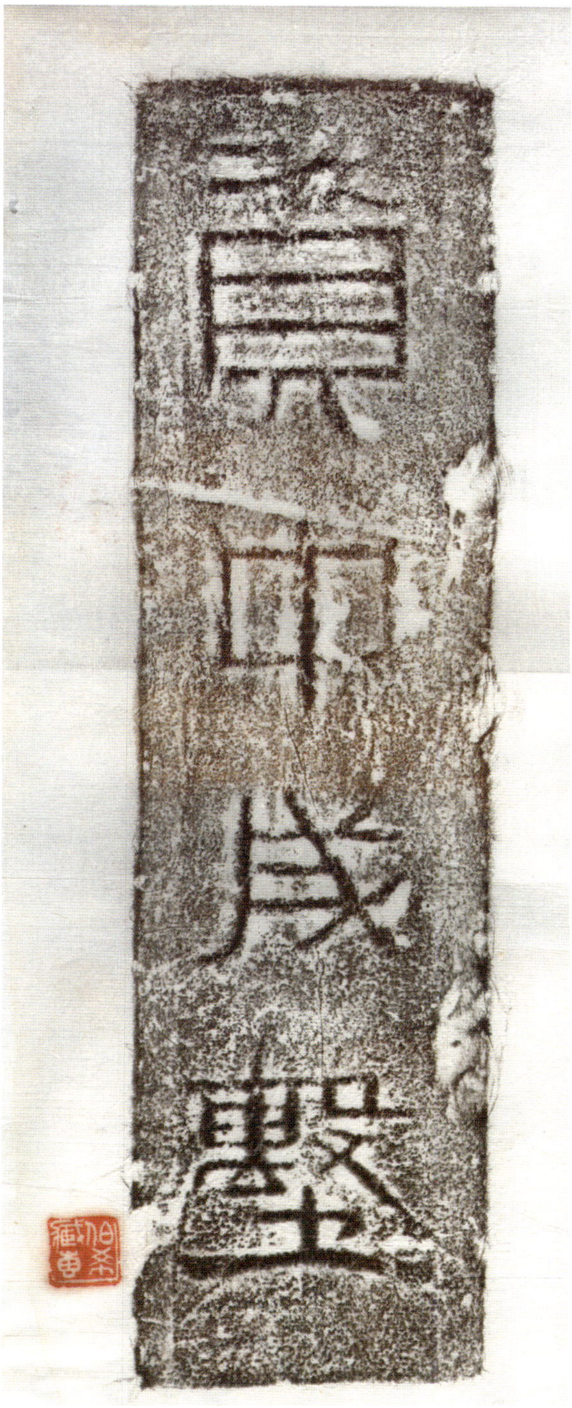

資中成鑿磚

中成鑿磚

資□磚

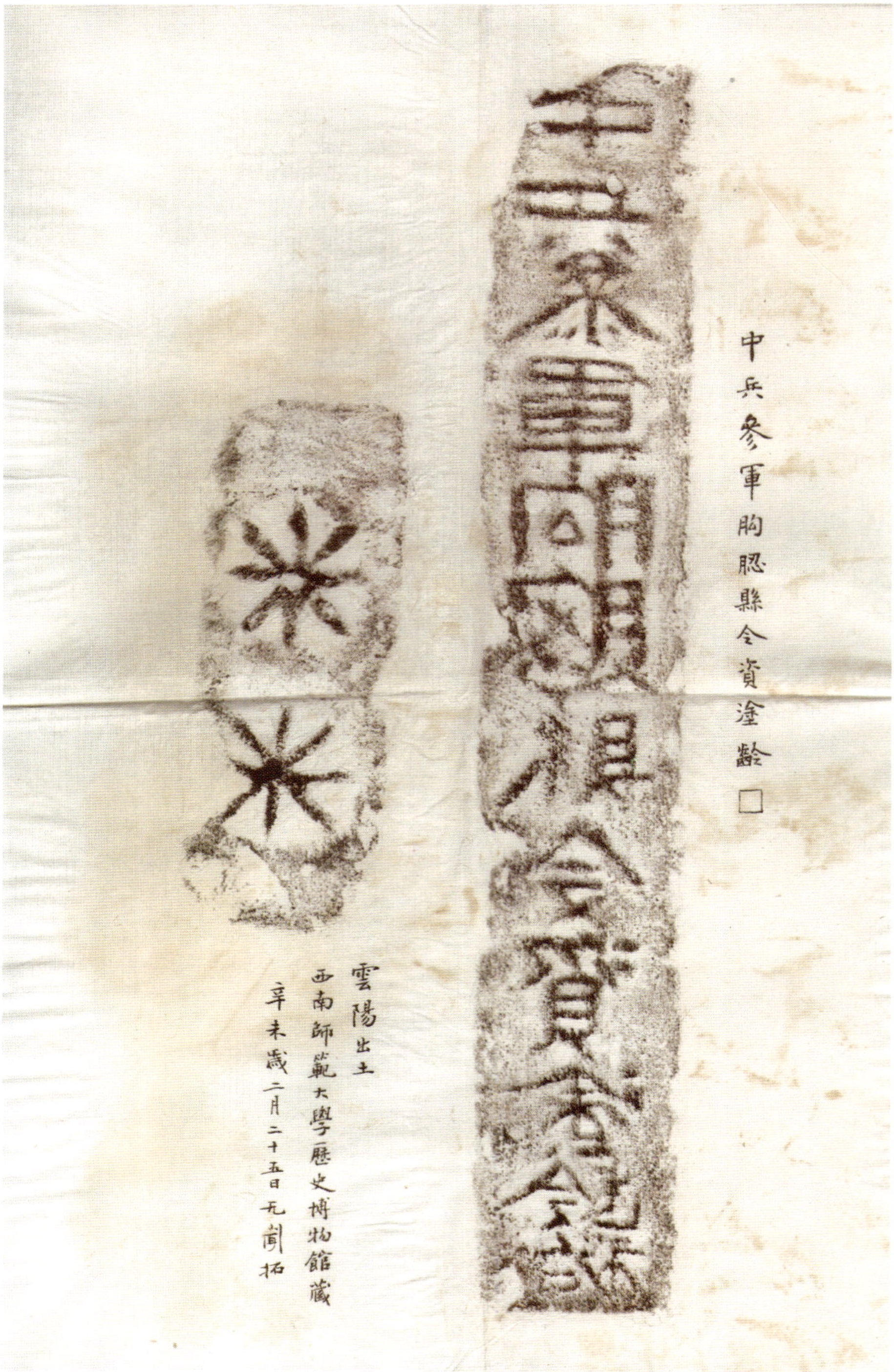
中兵參軍朐䏰縣令資塗齡□
雲陽出土
西南師範大學歷史博物館藏
辛未歲二月二十五日无聞拓

中兵參軍朐䏰縣令資塗齡磚

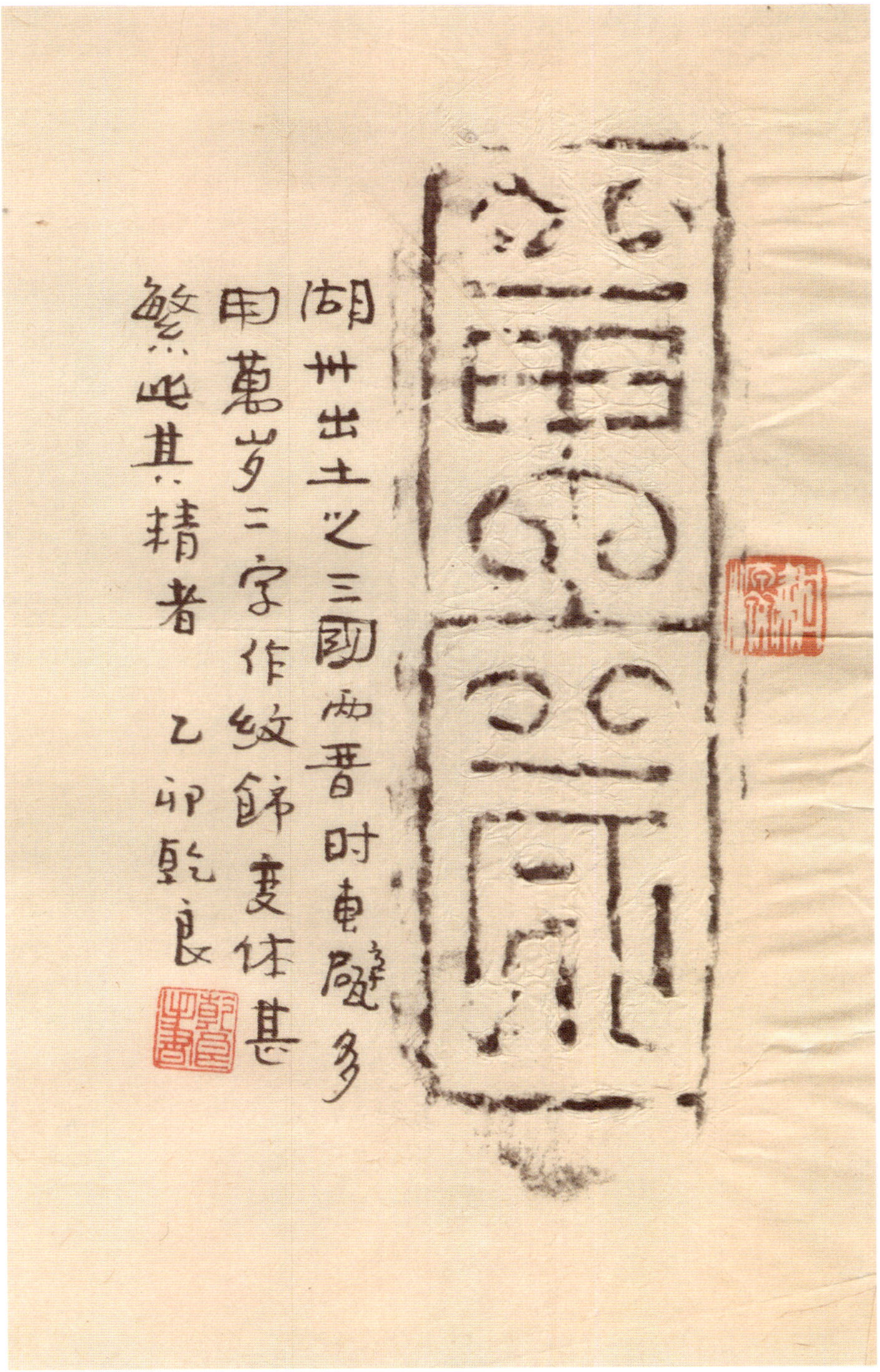

萬歲磚

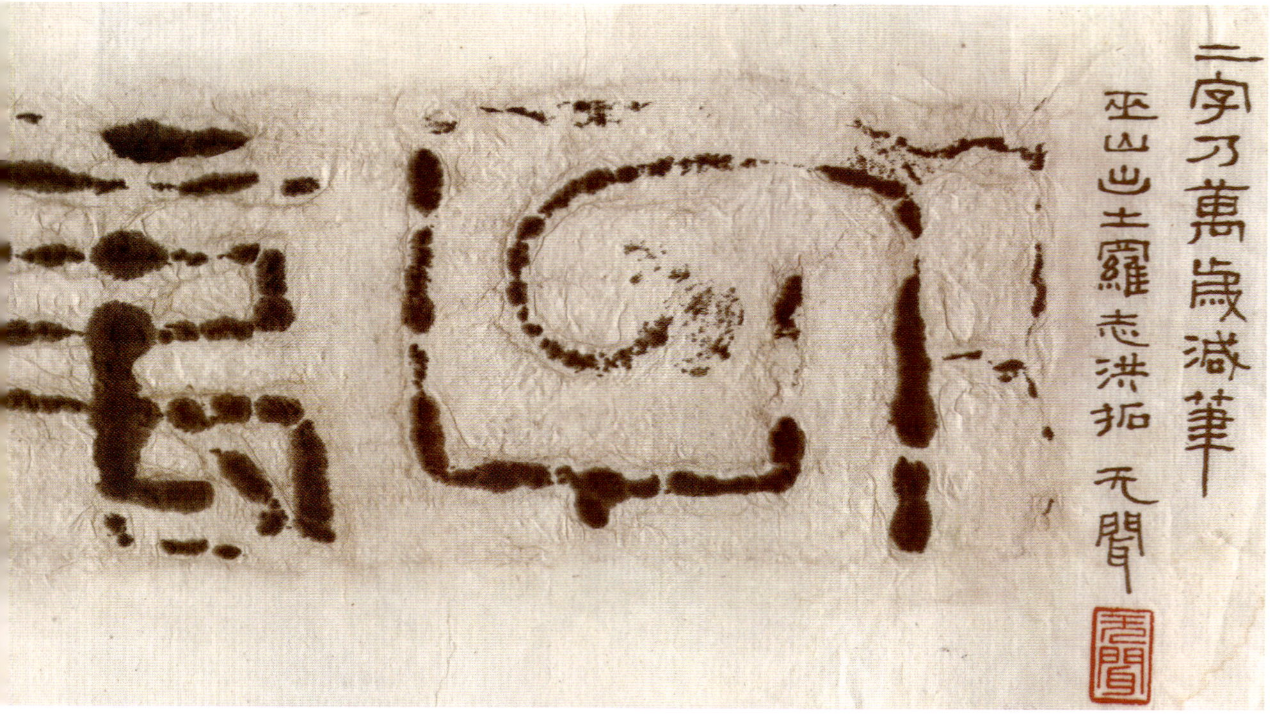
二字乃萬歲殘筆
巫山出土羅志洪拓 无聞

萬歲磚

松泉漢磚硯

宜侯王磚

宜侯王磚

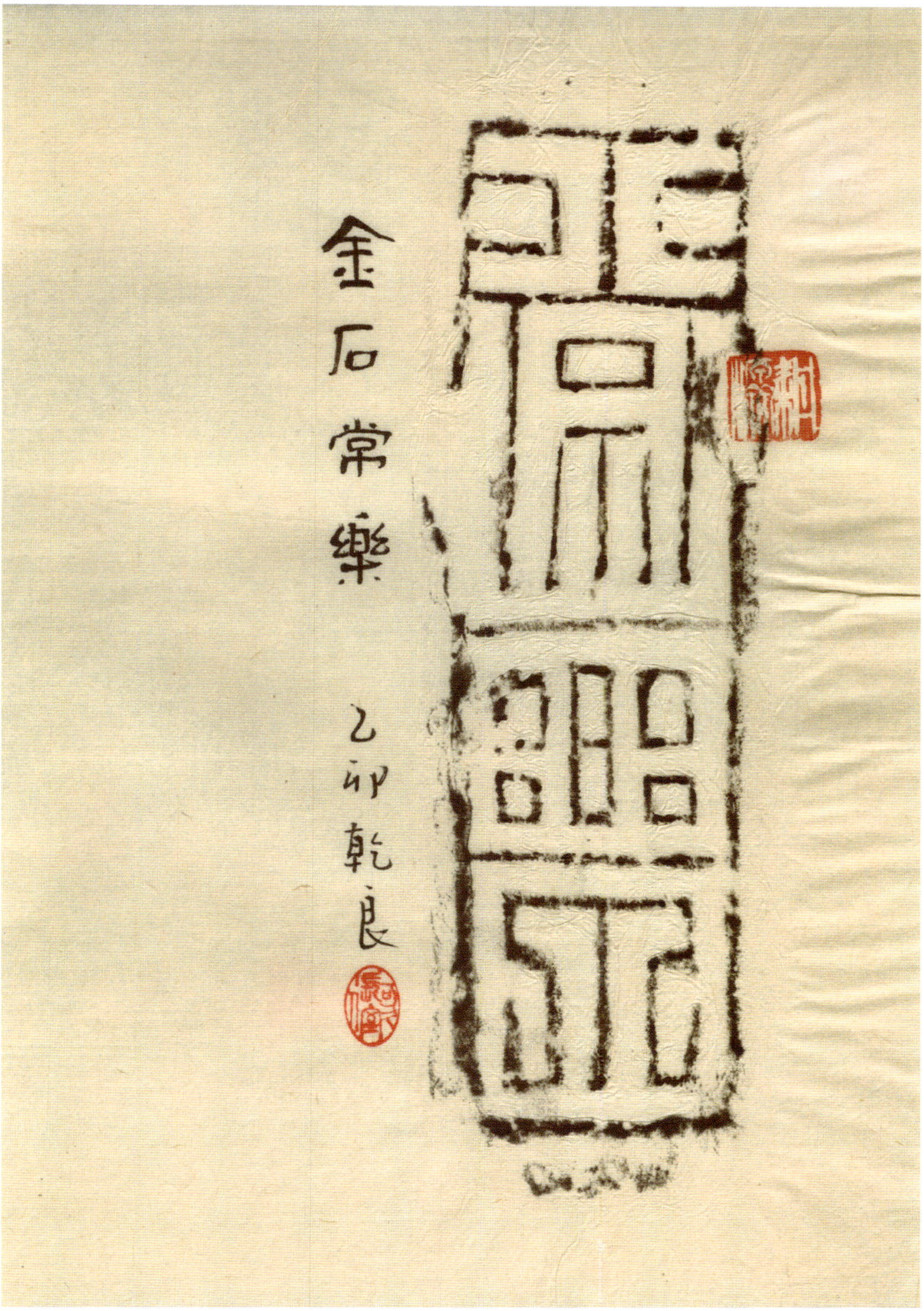

常樂磚

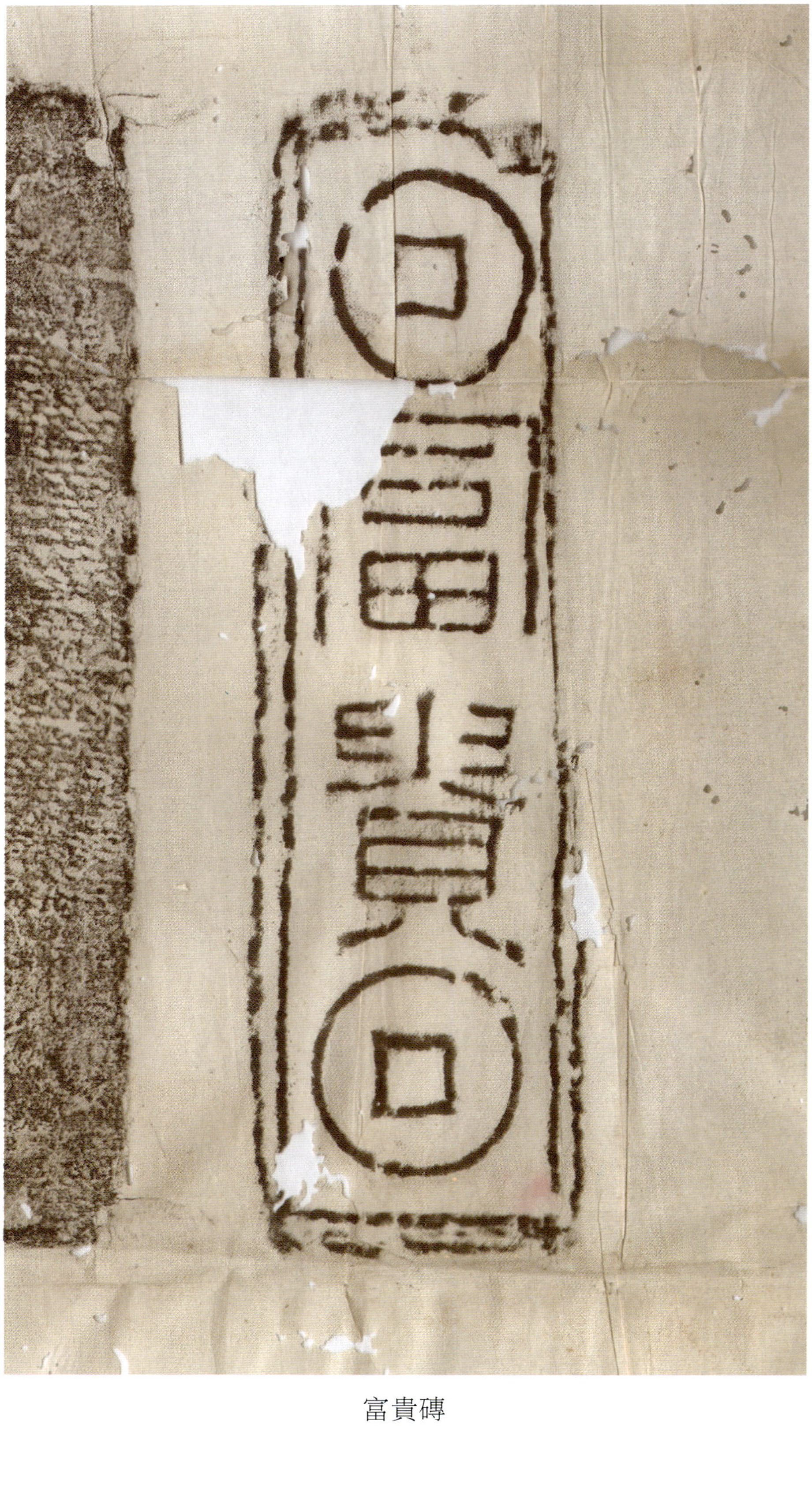

富貴磚

富貴磚

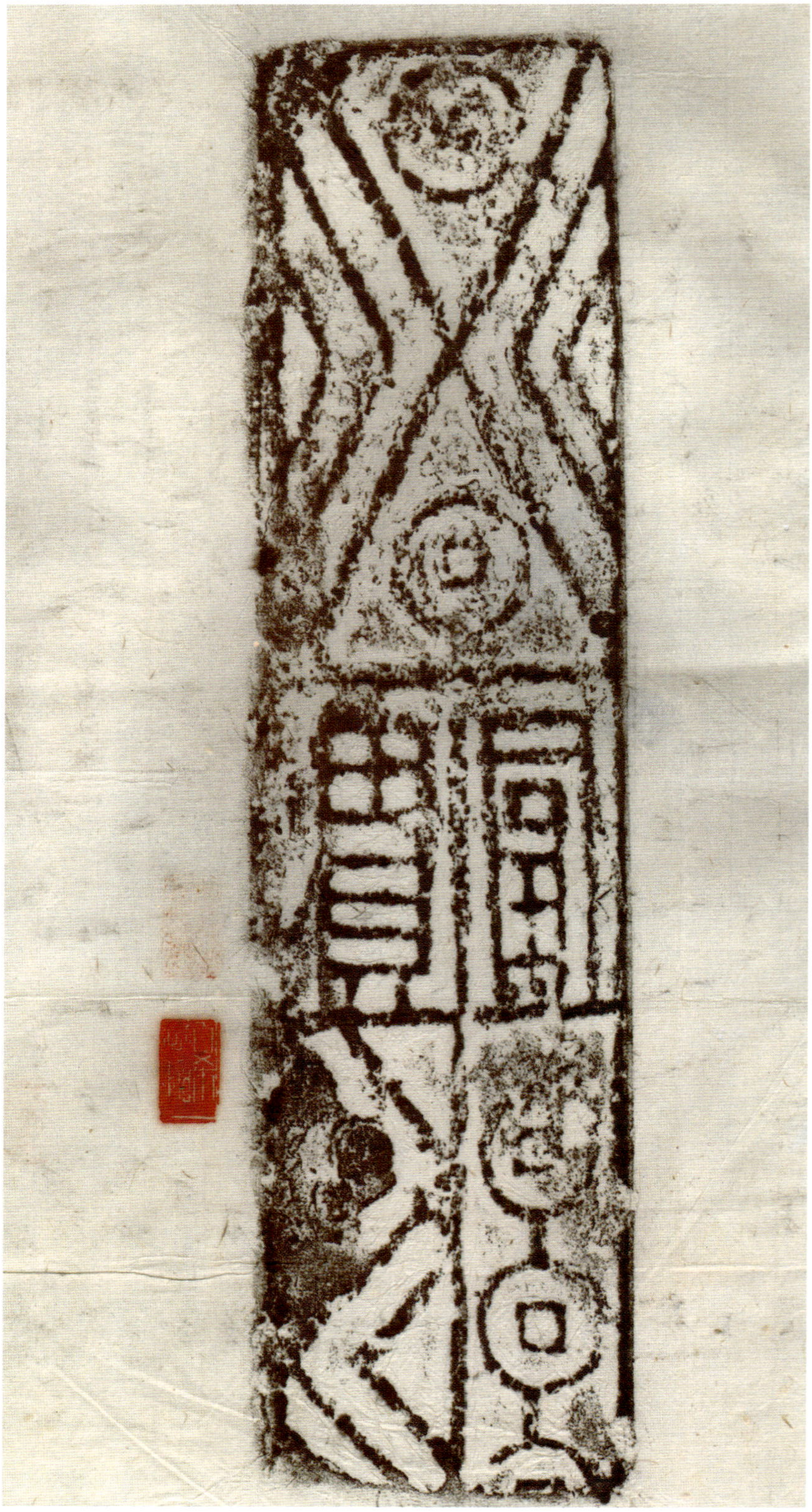

富貴磚

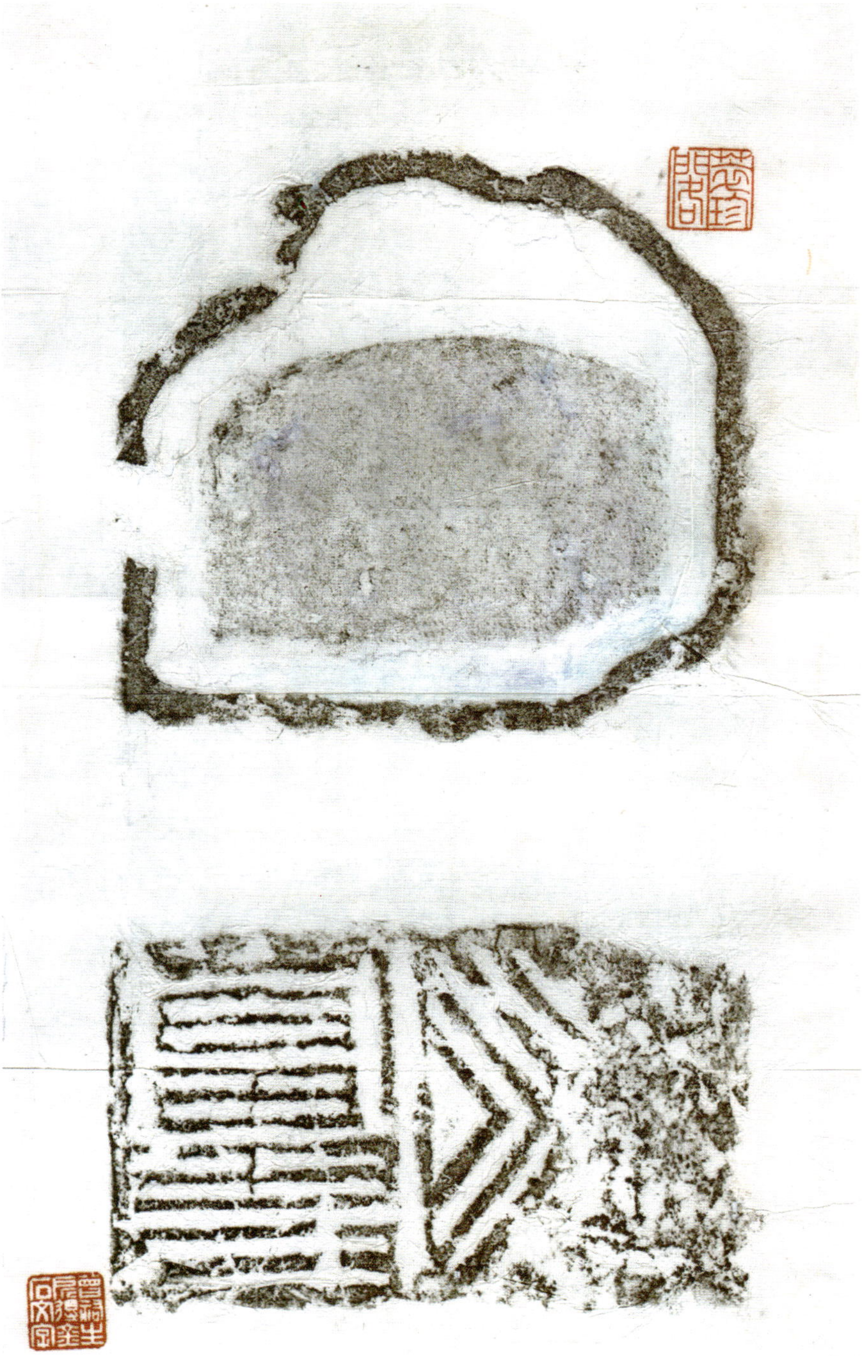

富貴磚硯

吴倉富貴磚

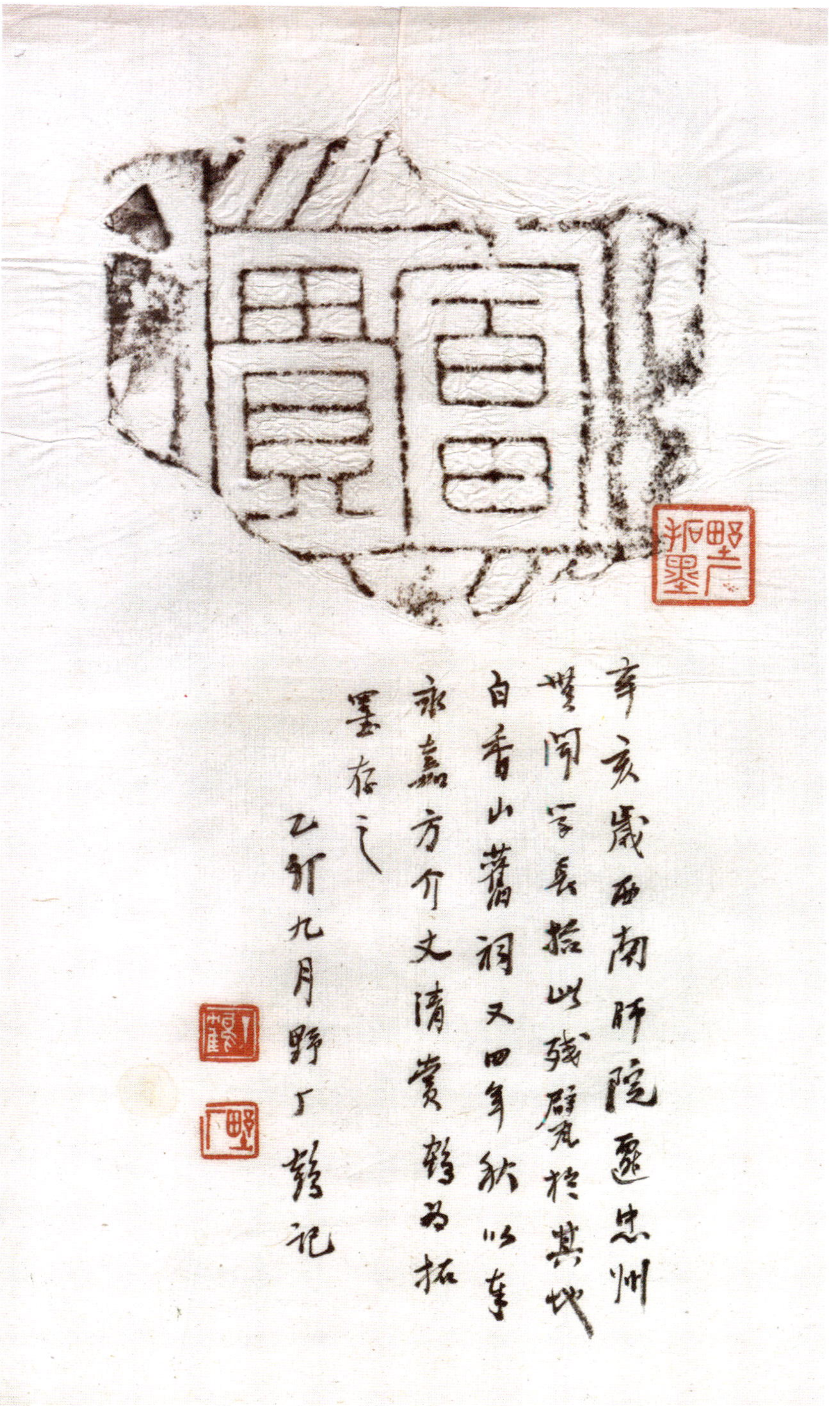

富貴殘磚

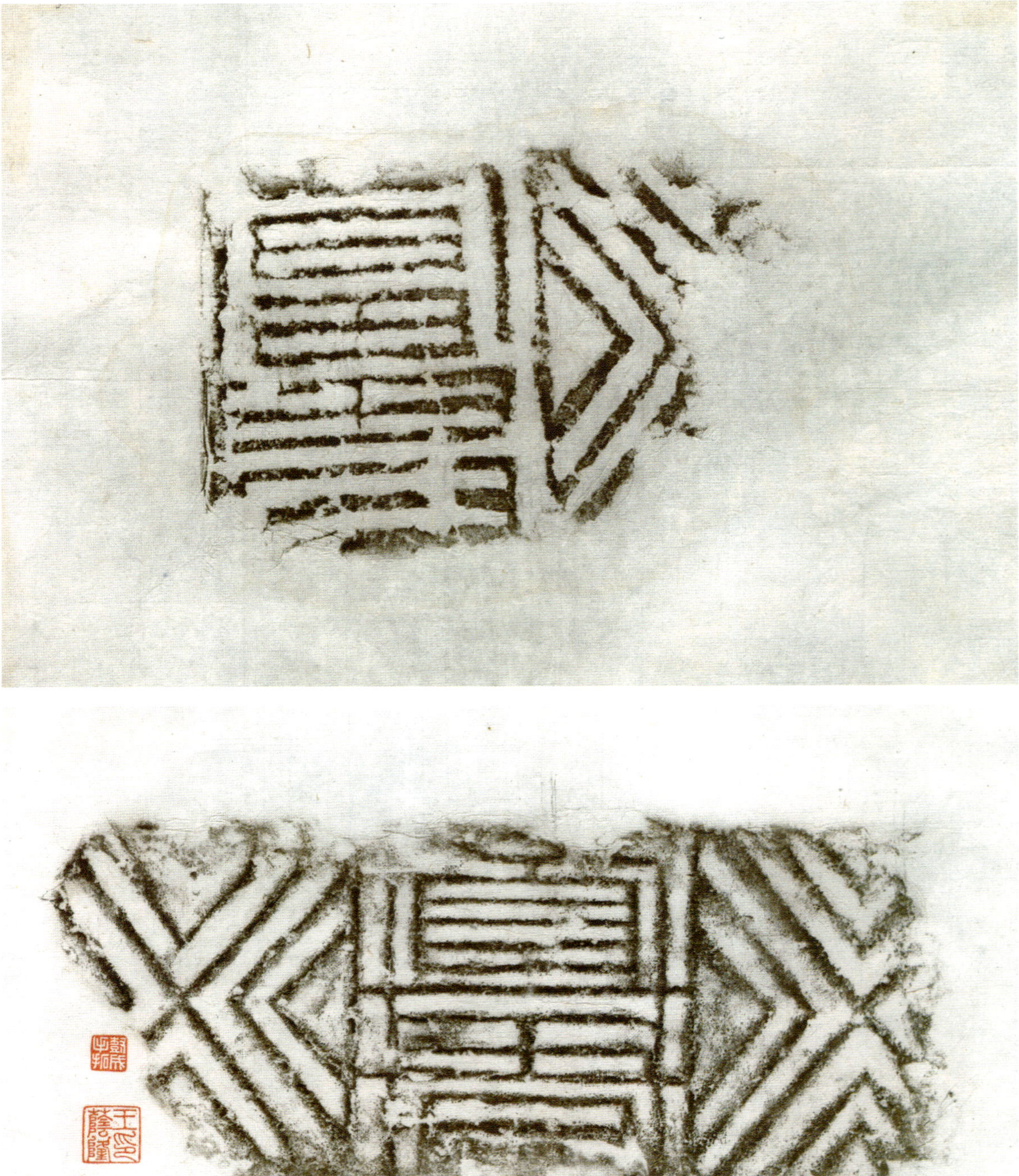

富貴殘磚

富貴殘磚

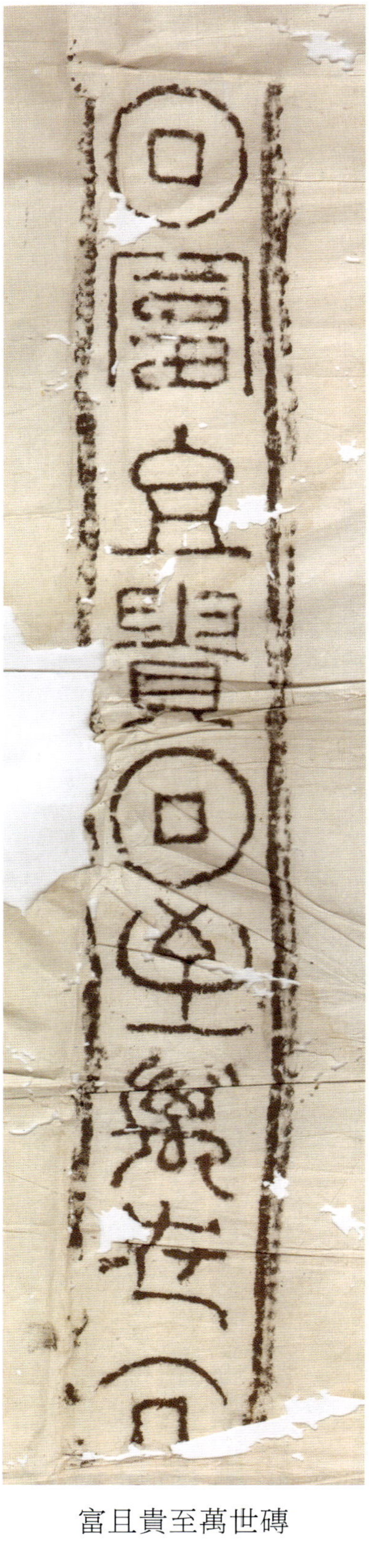

富且貴至萬世磚

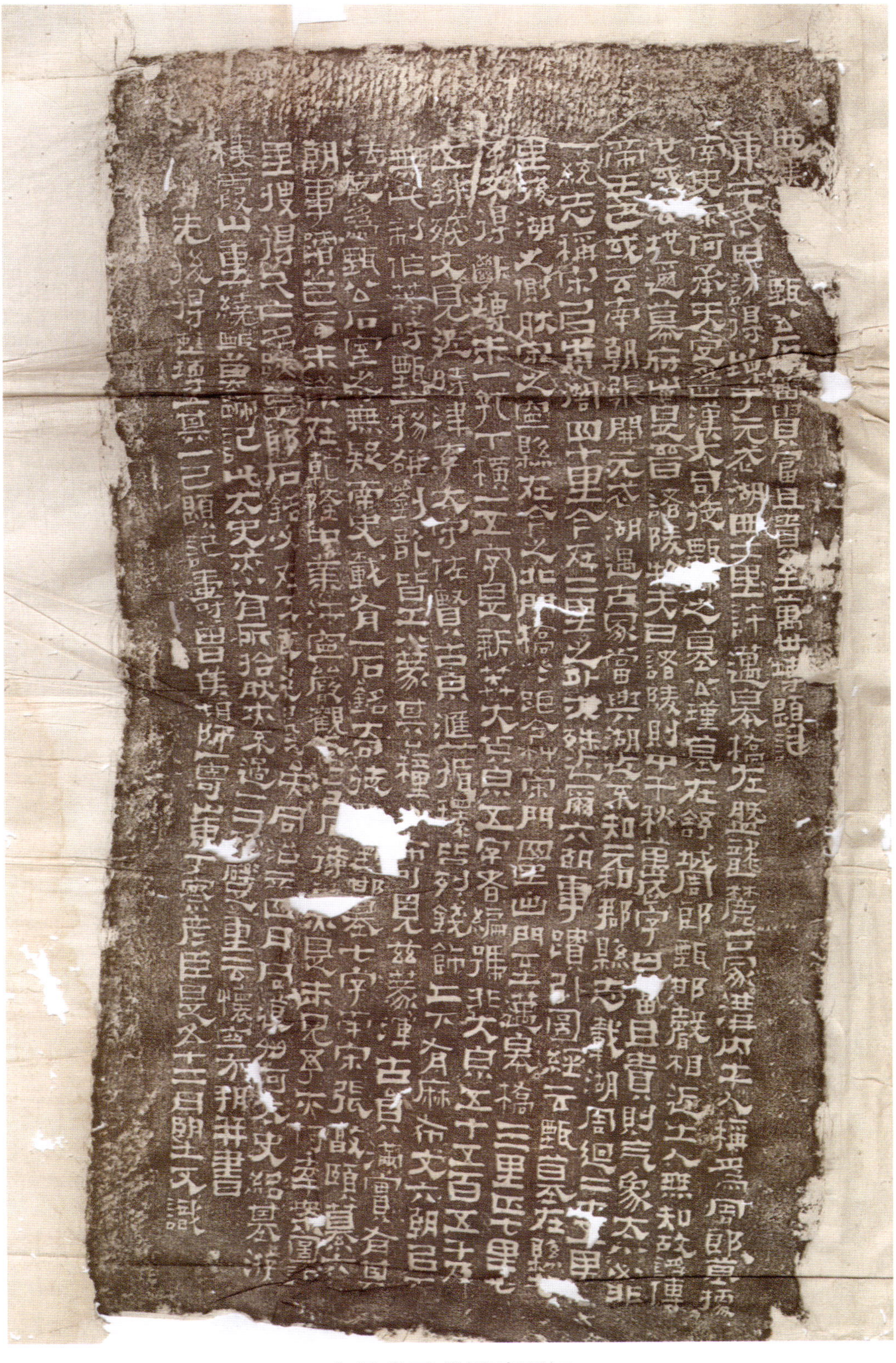

富且貴至萬世磚題記

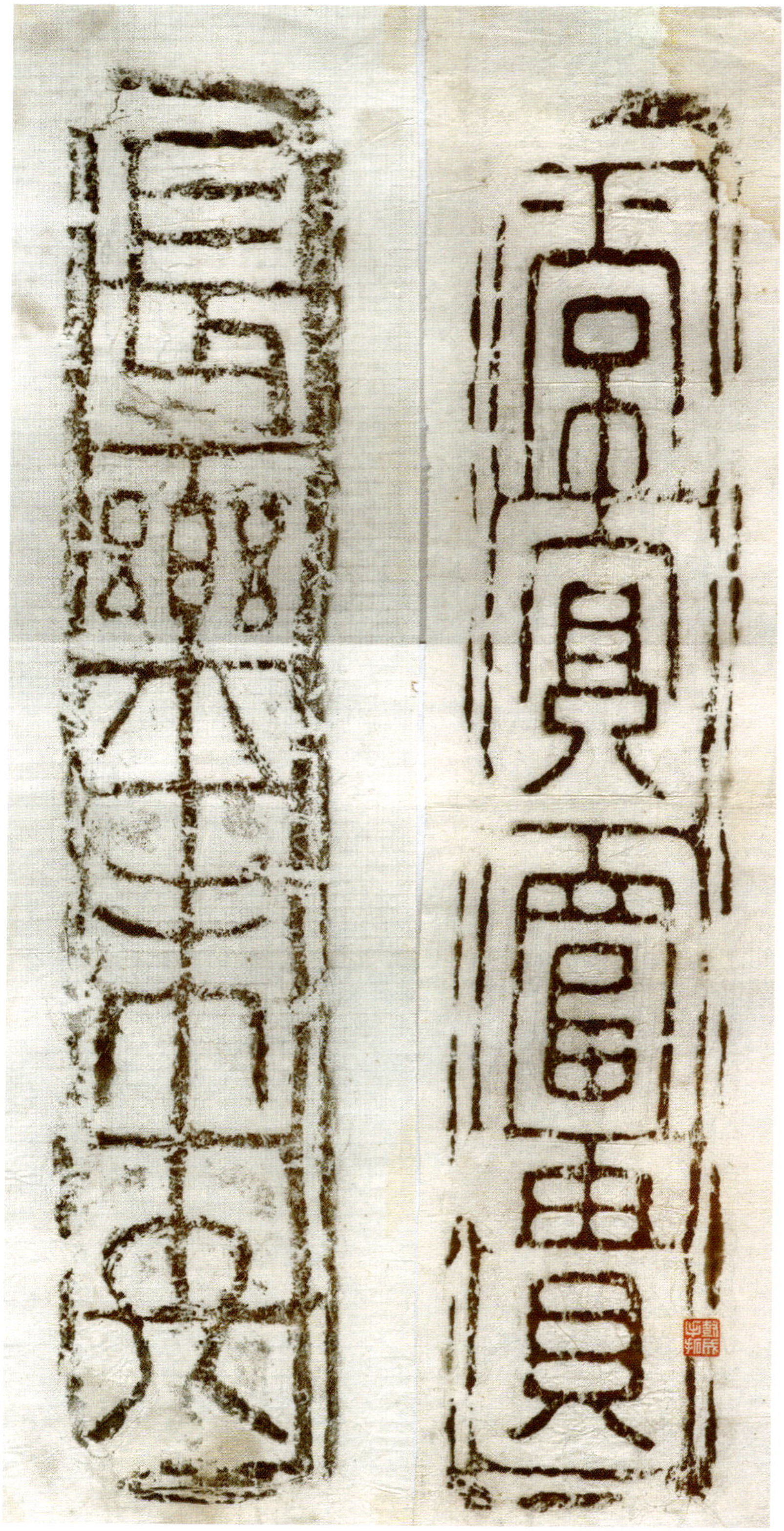

常宜富貴長樂未央磚

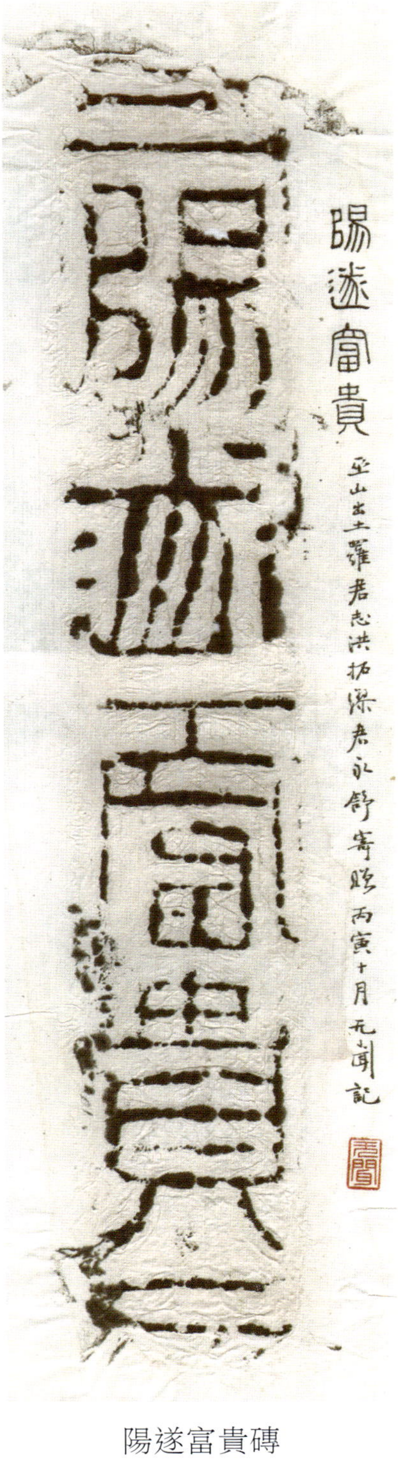
陽遂富貴
巫山出土羅君志洪拓梁君永舒寄贈丙寅十月

陽遂富貴磚

利後子孫磚

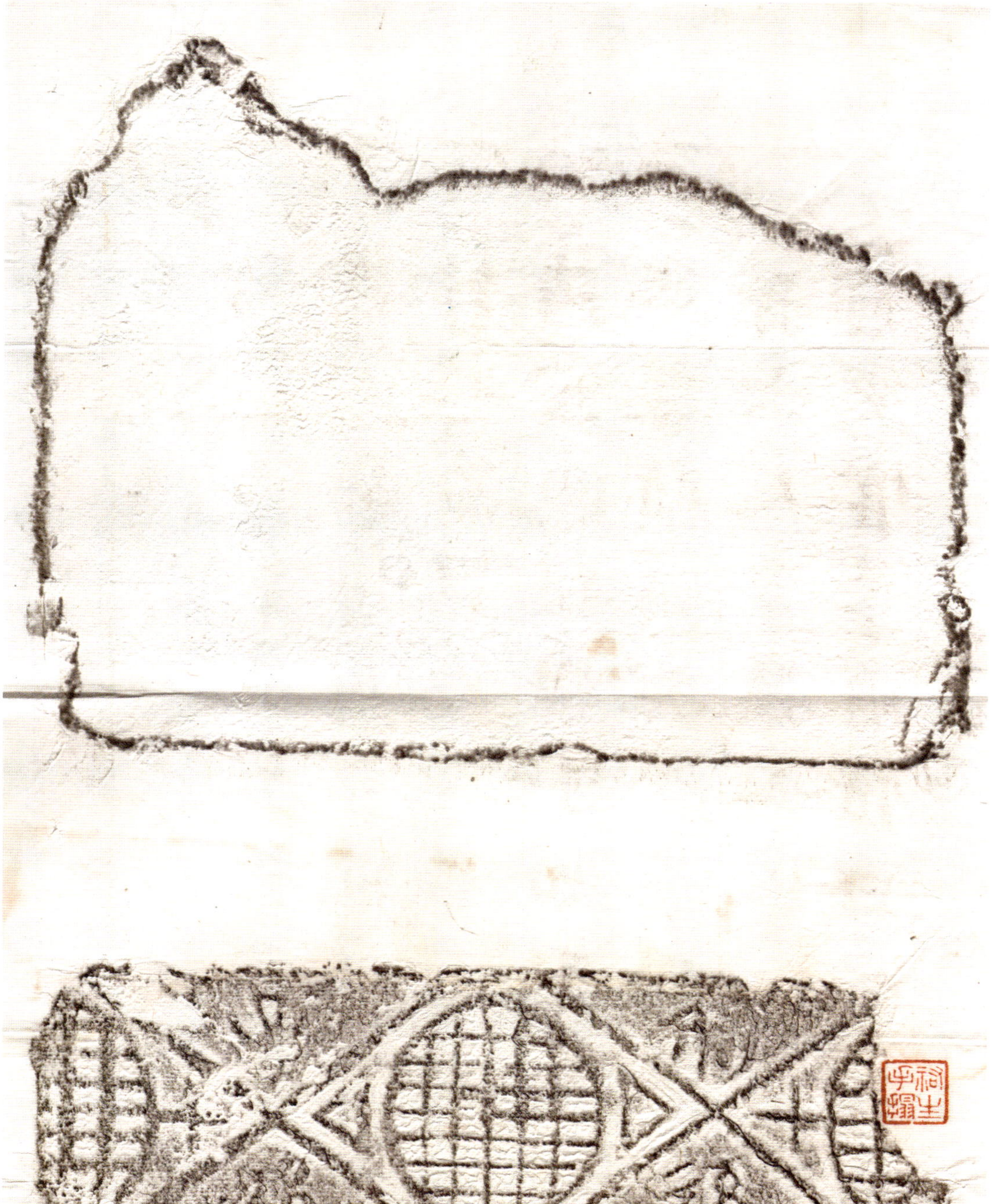

利後子孫磚硯

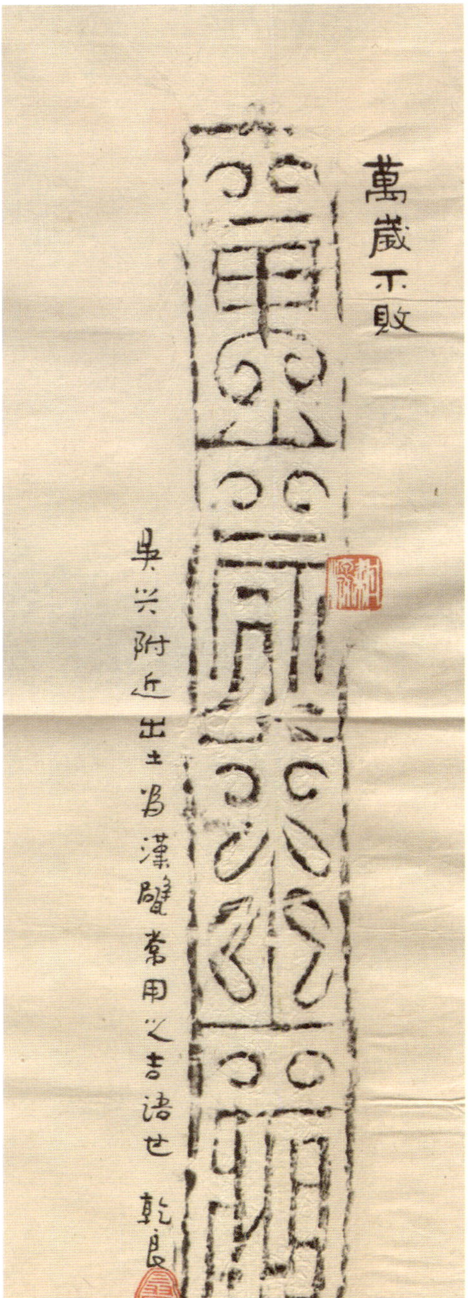
萬歲不敗
吳兴附近出土為漢甓常用之吉語也
乾良

萬歲不敗磚

長生未央日利千萬龍虎磚

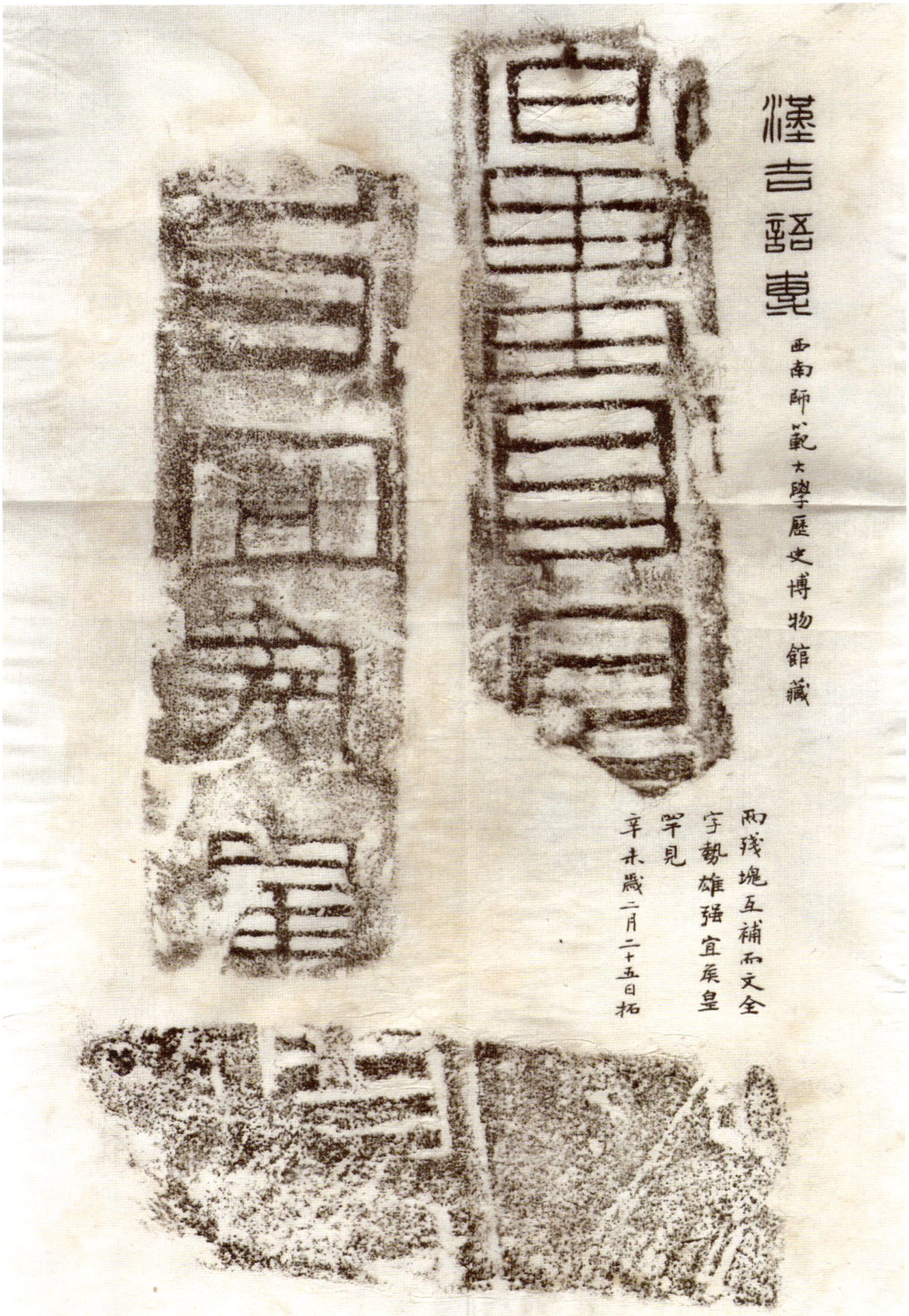

漢吉語磚

錢形紋磚

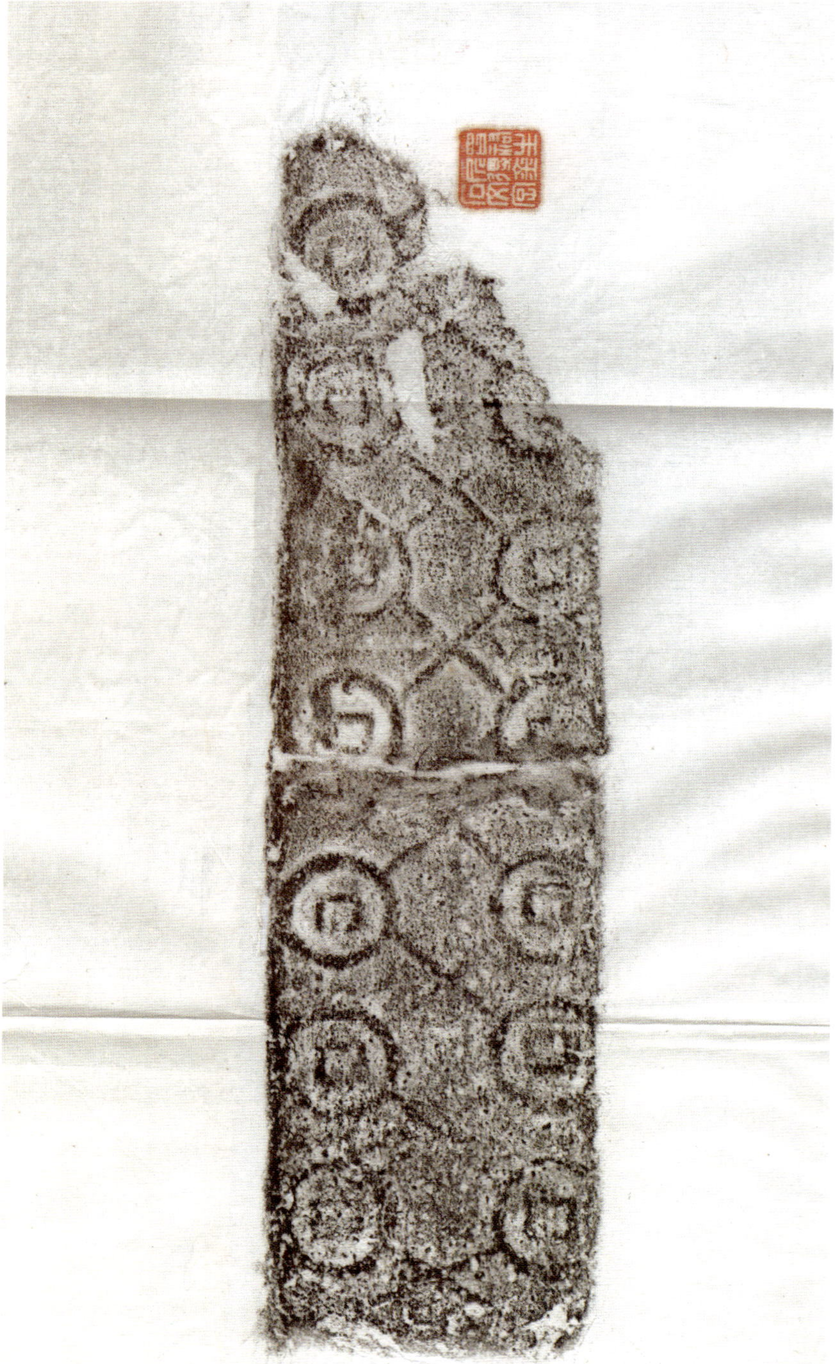

錢範磚

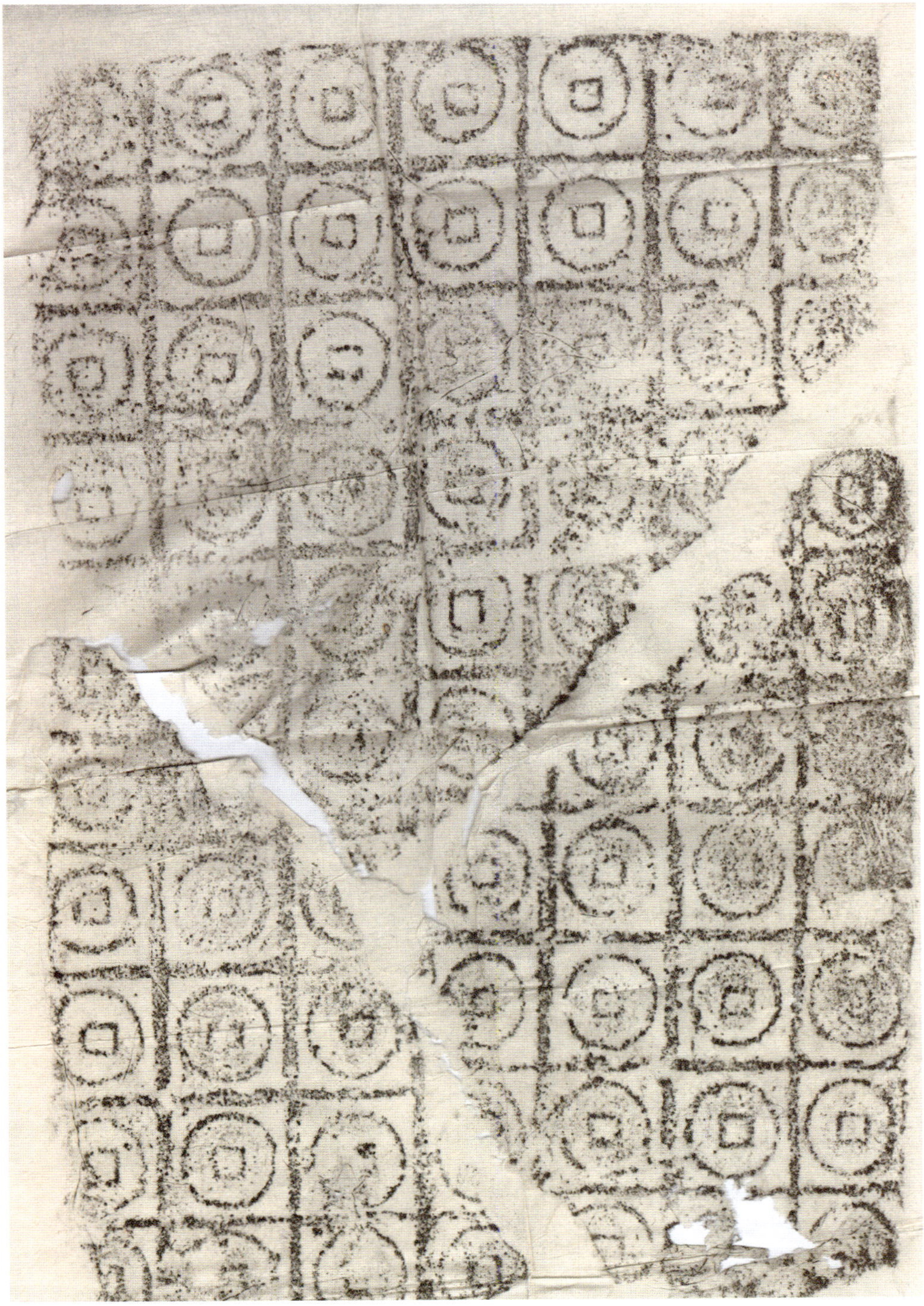

錢範磚

五十錢磚

五十錢花磚

五金錢磚

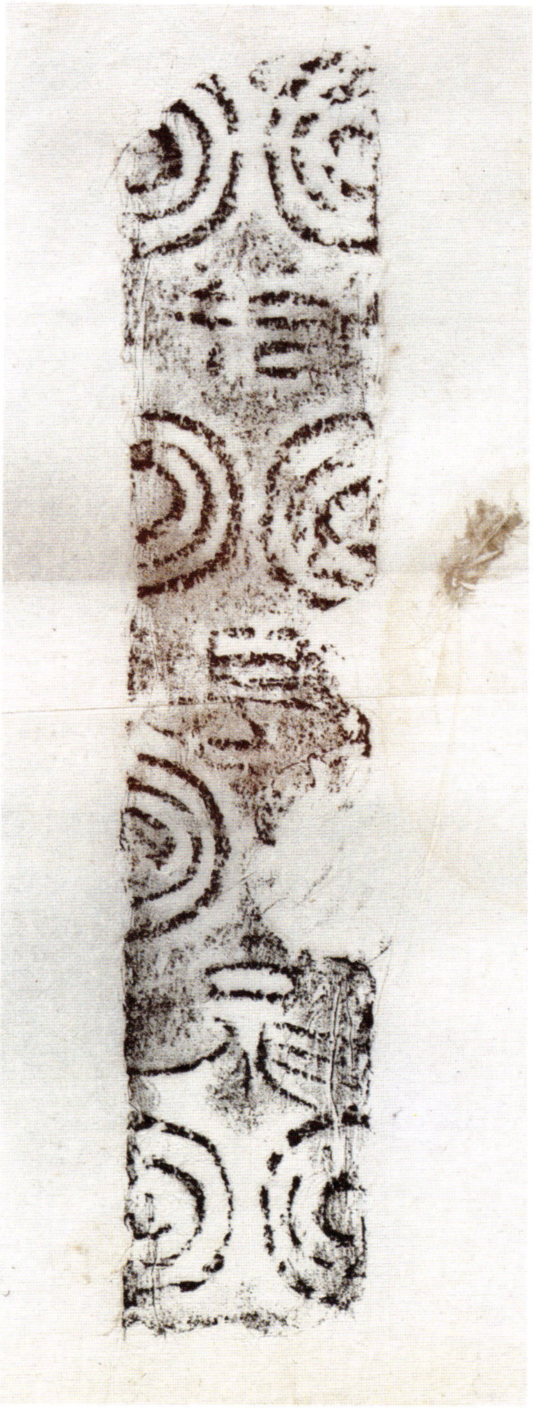

半圓紋磚

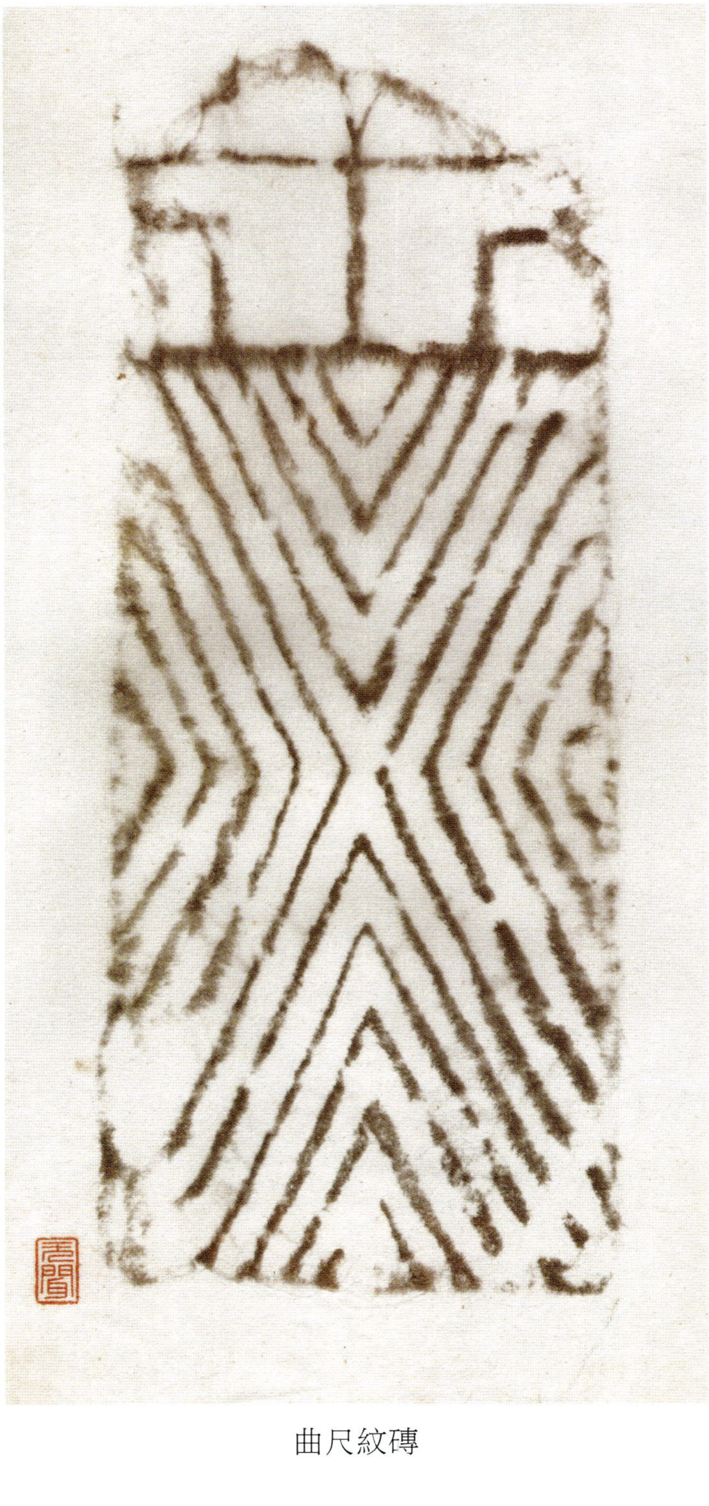

曲尺紋磚

曲尺紋磚

菱形紋磚

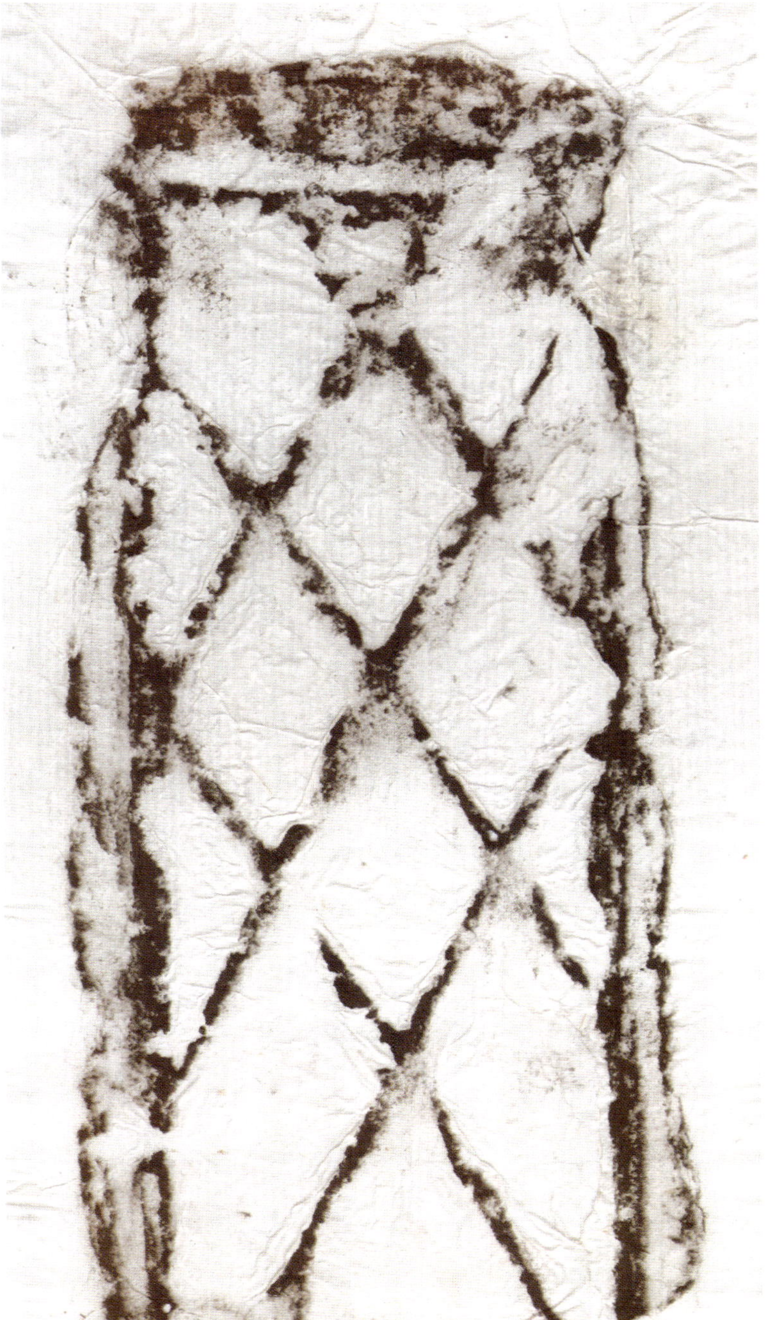

菱形紋磚

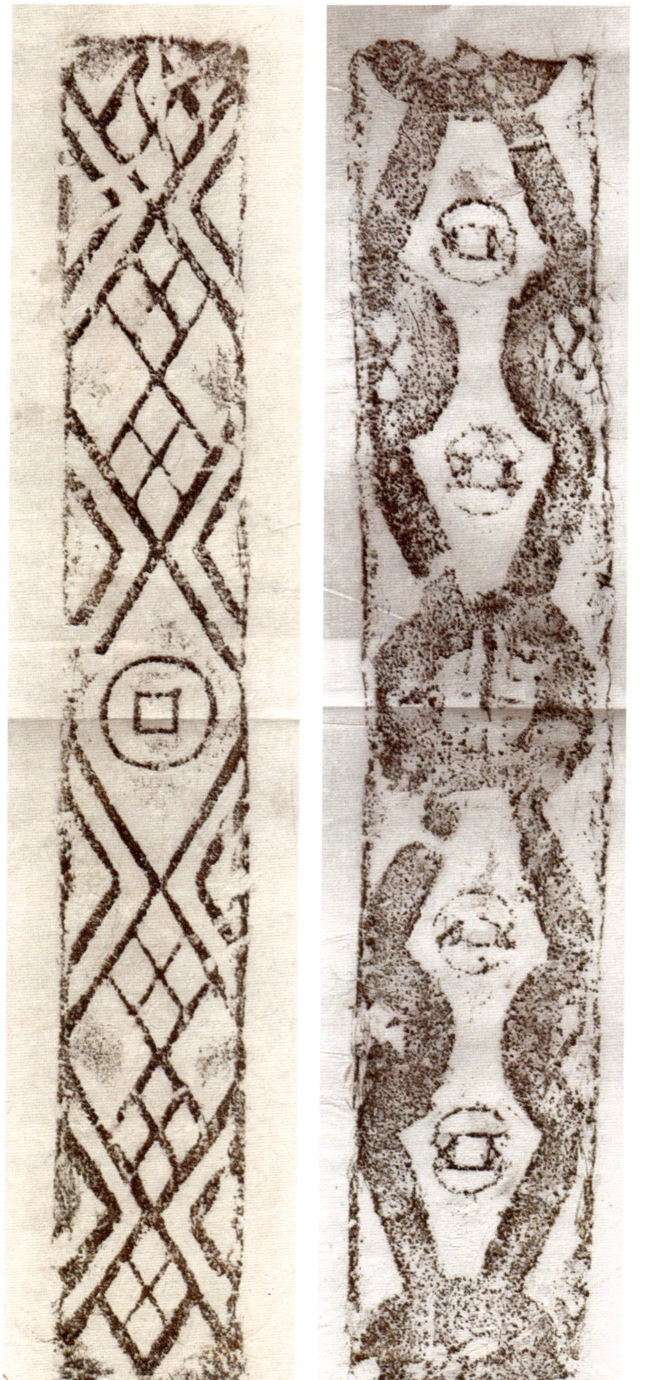

菱形錢紋磚

車輪錢紋磚

車輪菱形紋磚

車輪菱形紋磚

車輪曲尺紋磚

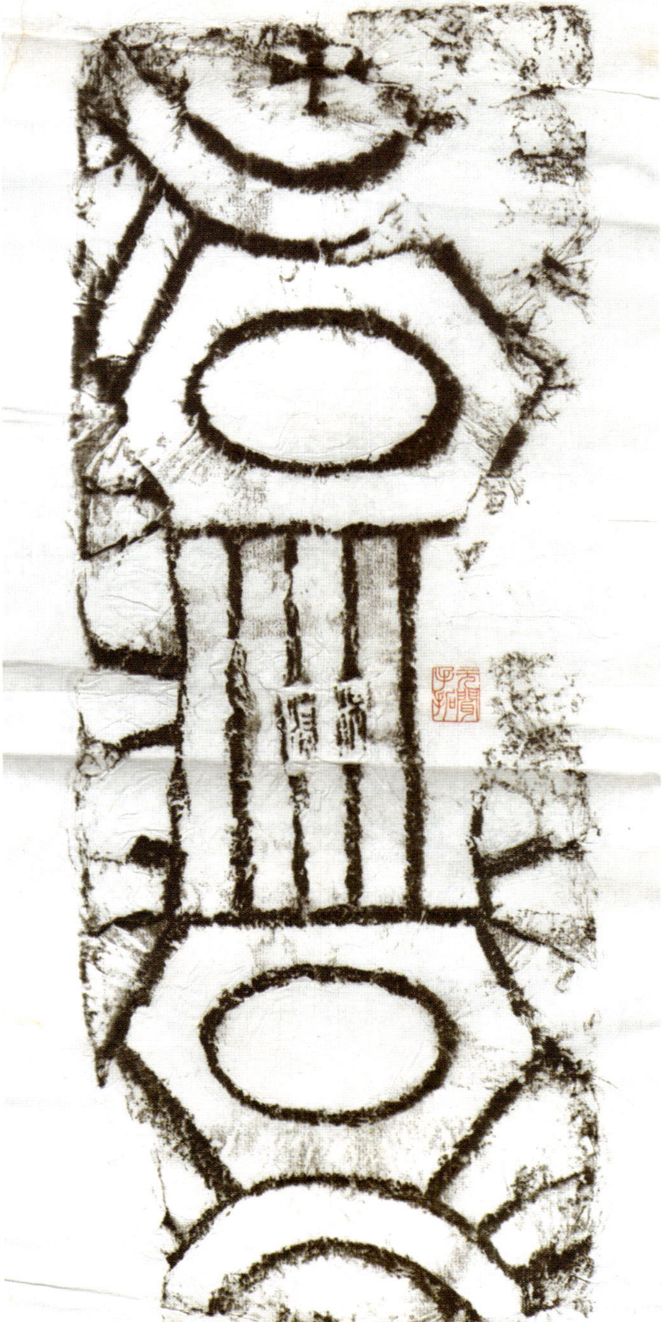

環形紋殘磚

柿蒂網紋磚

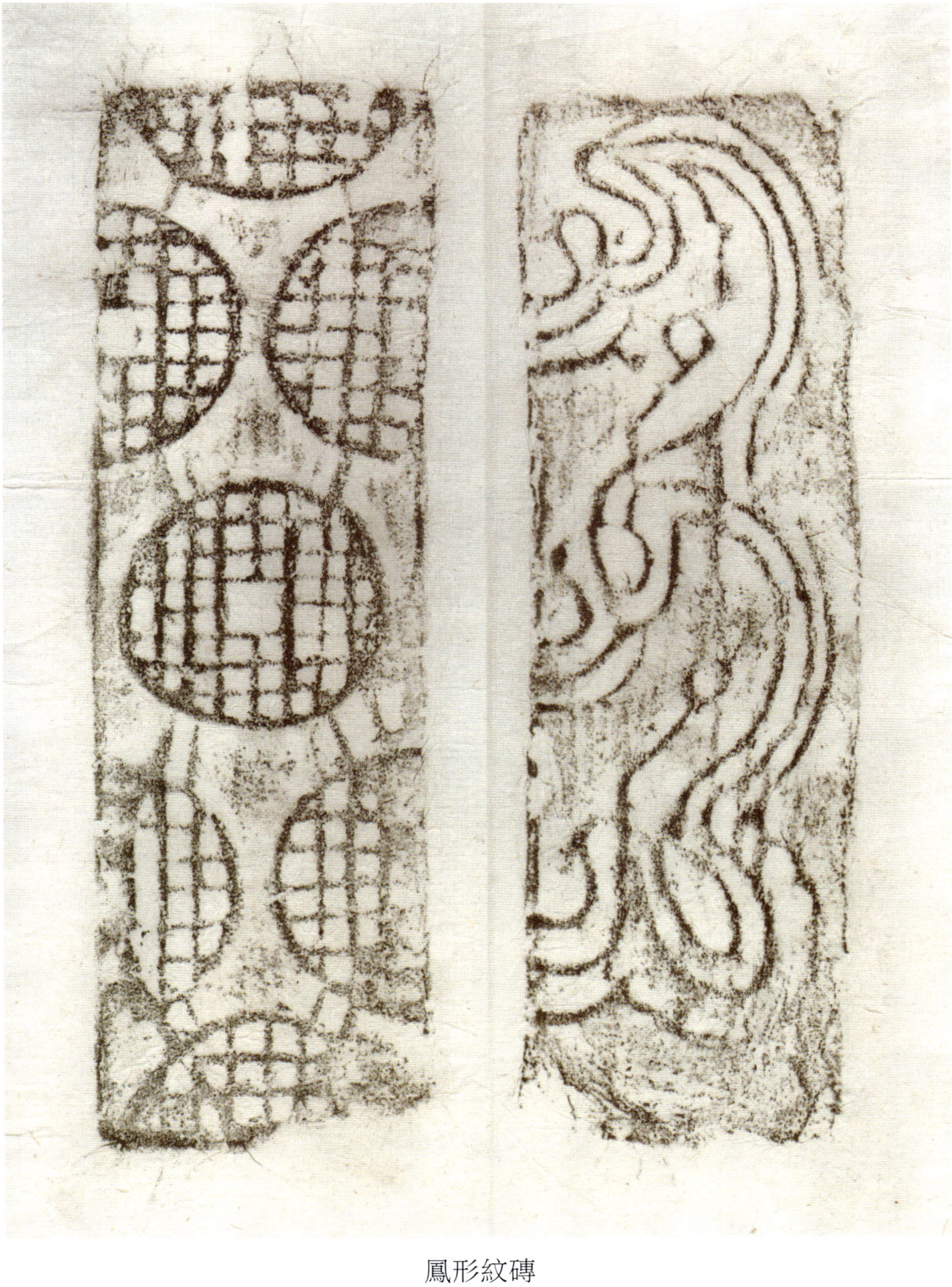

鳳形紋磚

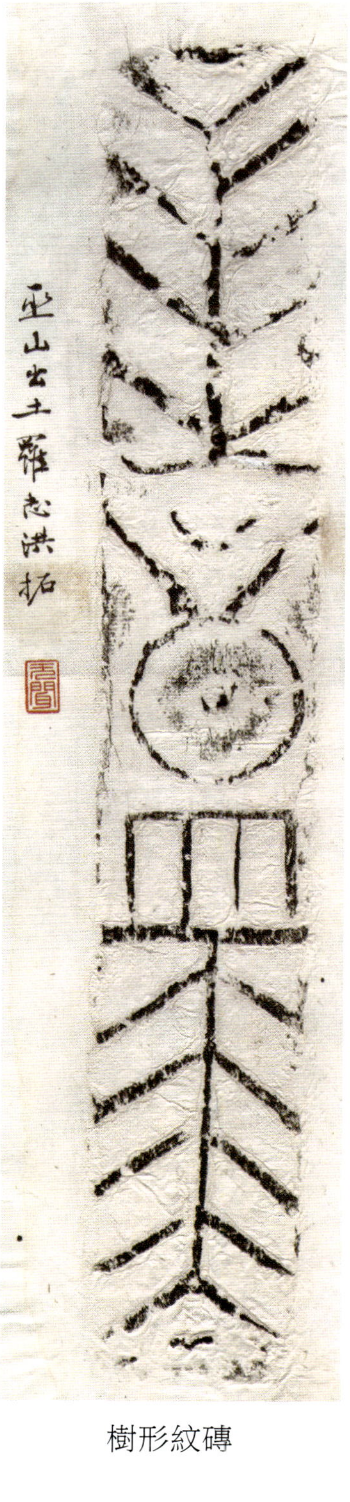

樹形紋磚

連璧紋磚

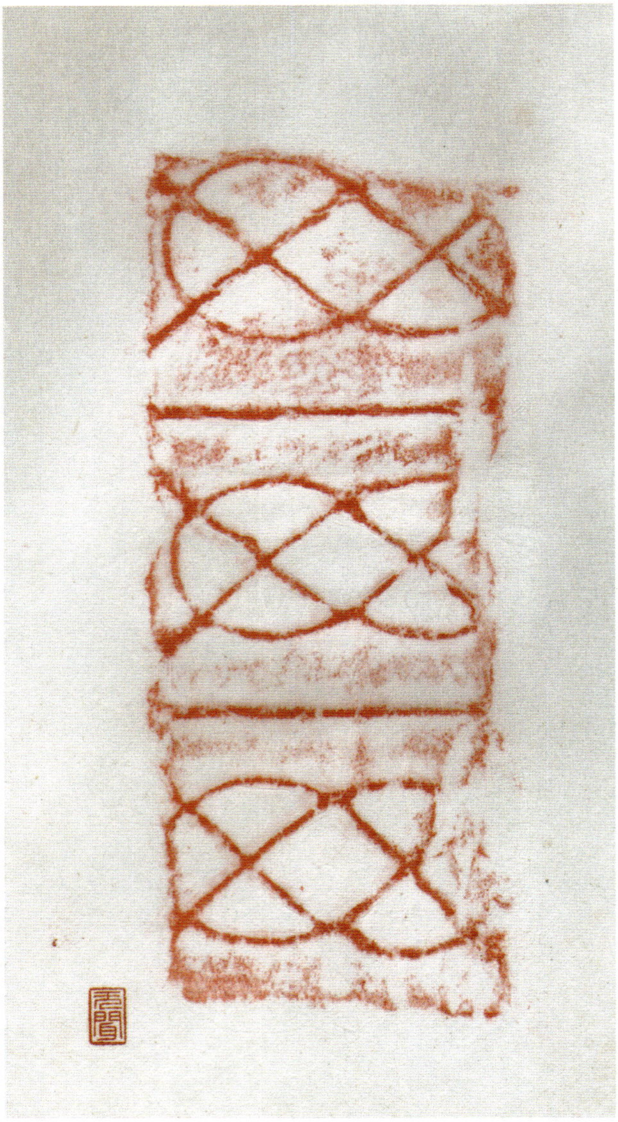

異形紋磚

異形紋磚

異形紋磚

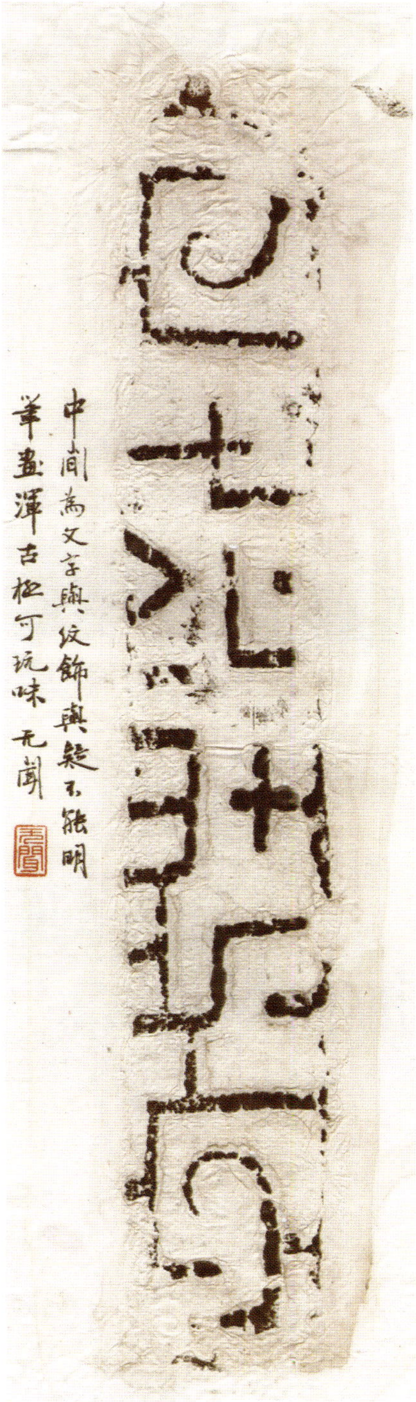

異形紋磚

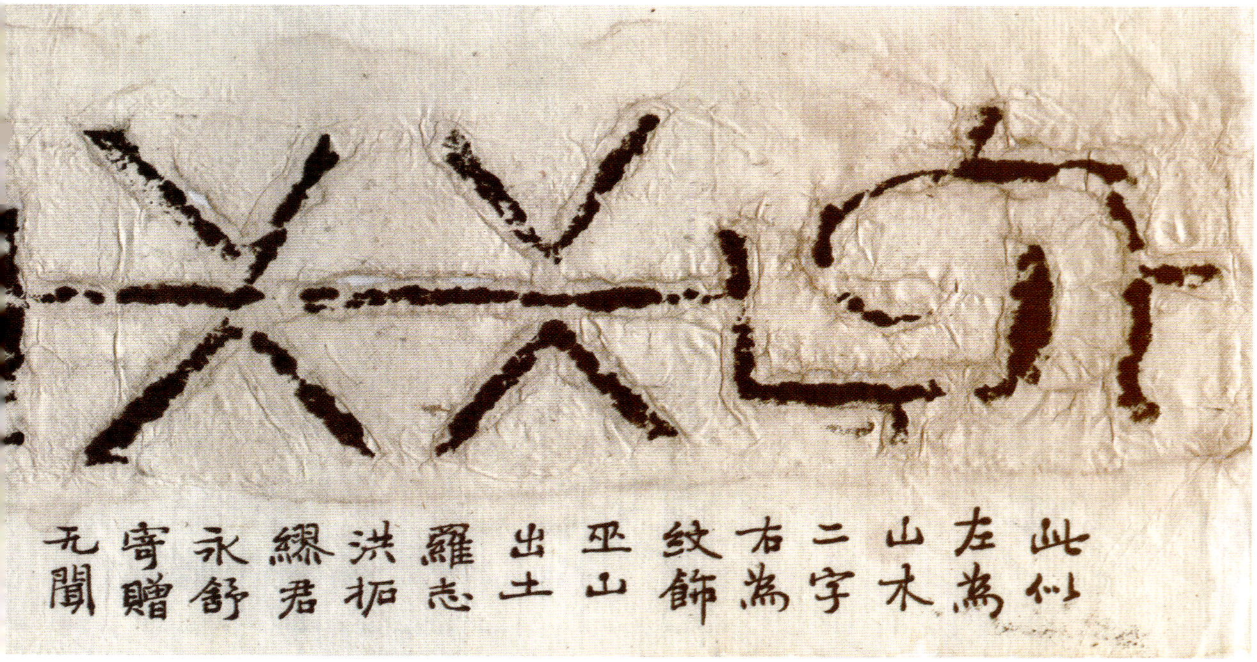
此似左為山木二字右為紋飾巫山出土羅志洪拓繆君永舒寄贈无聞

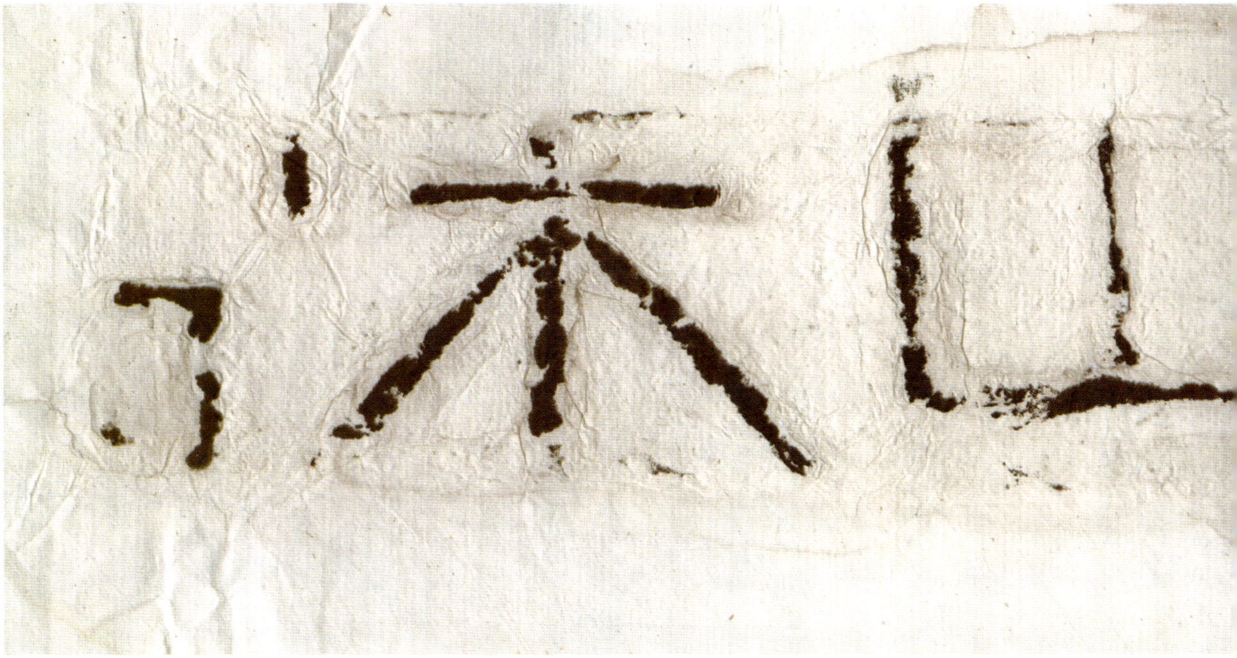

山木磚

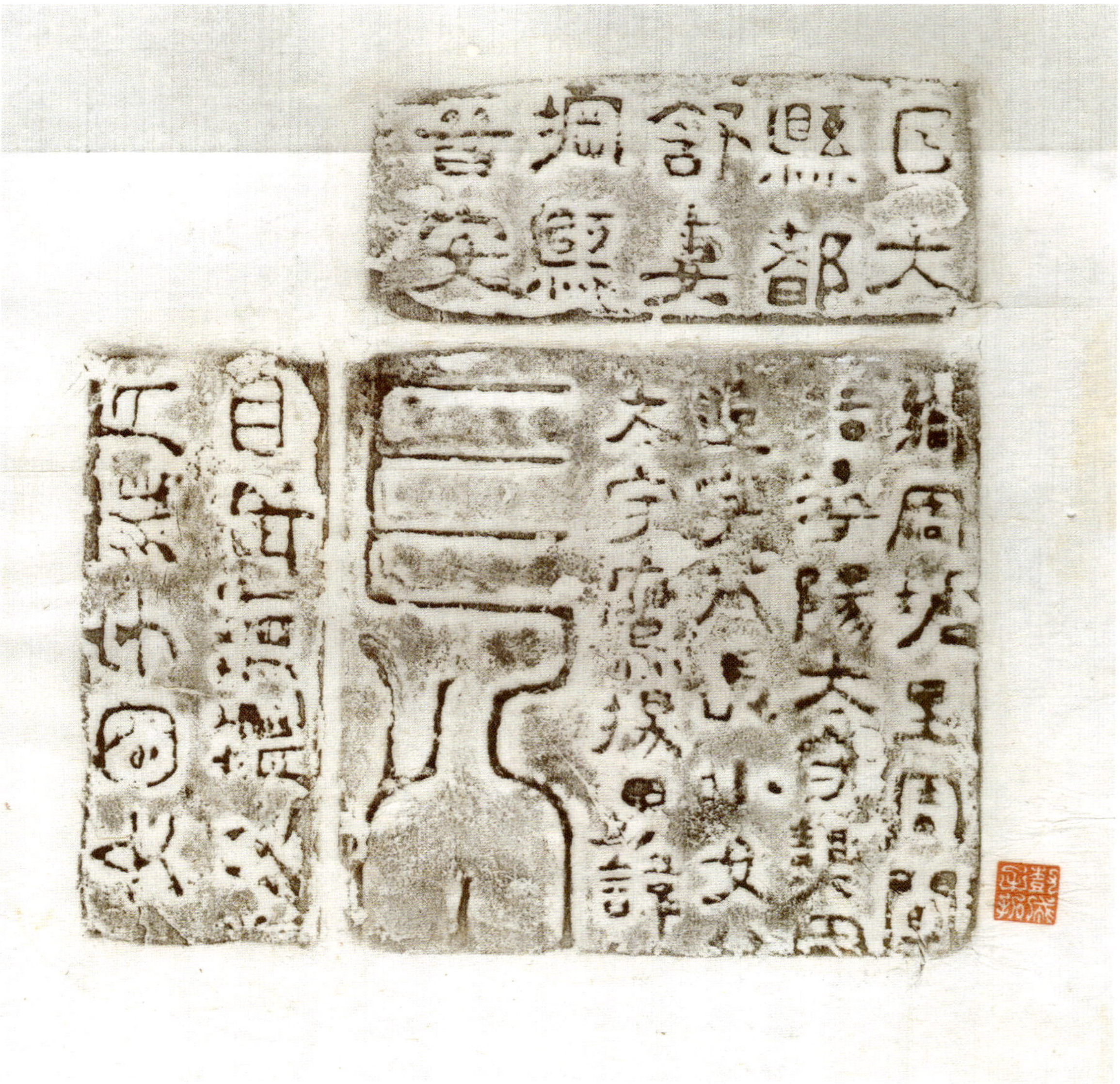

晋墓磚銘

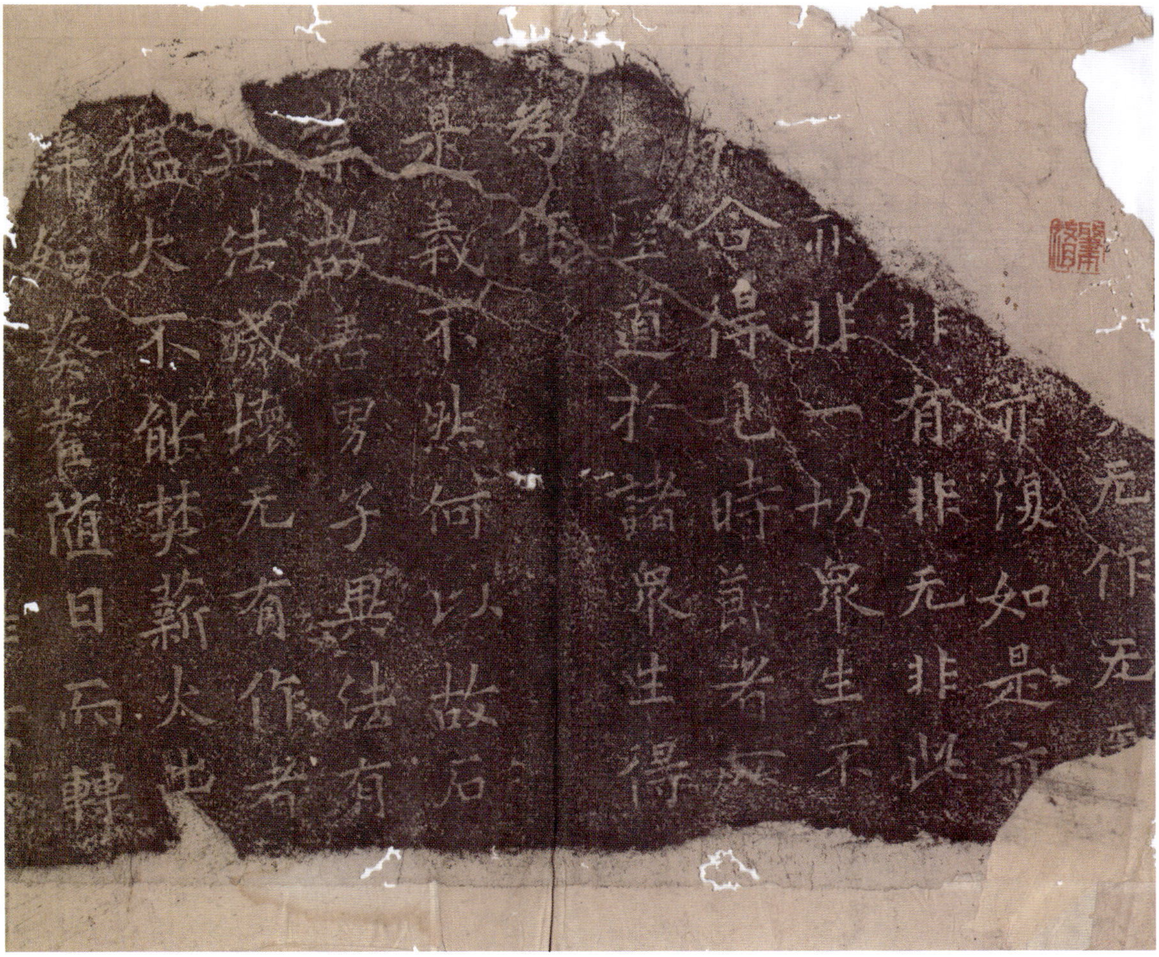

唐佛經殘碑

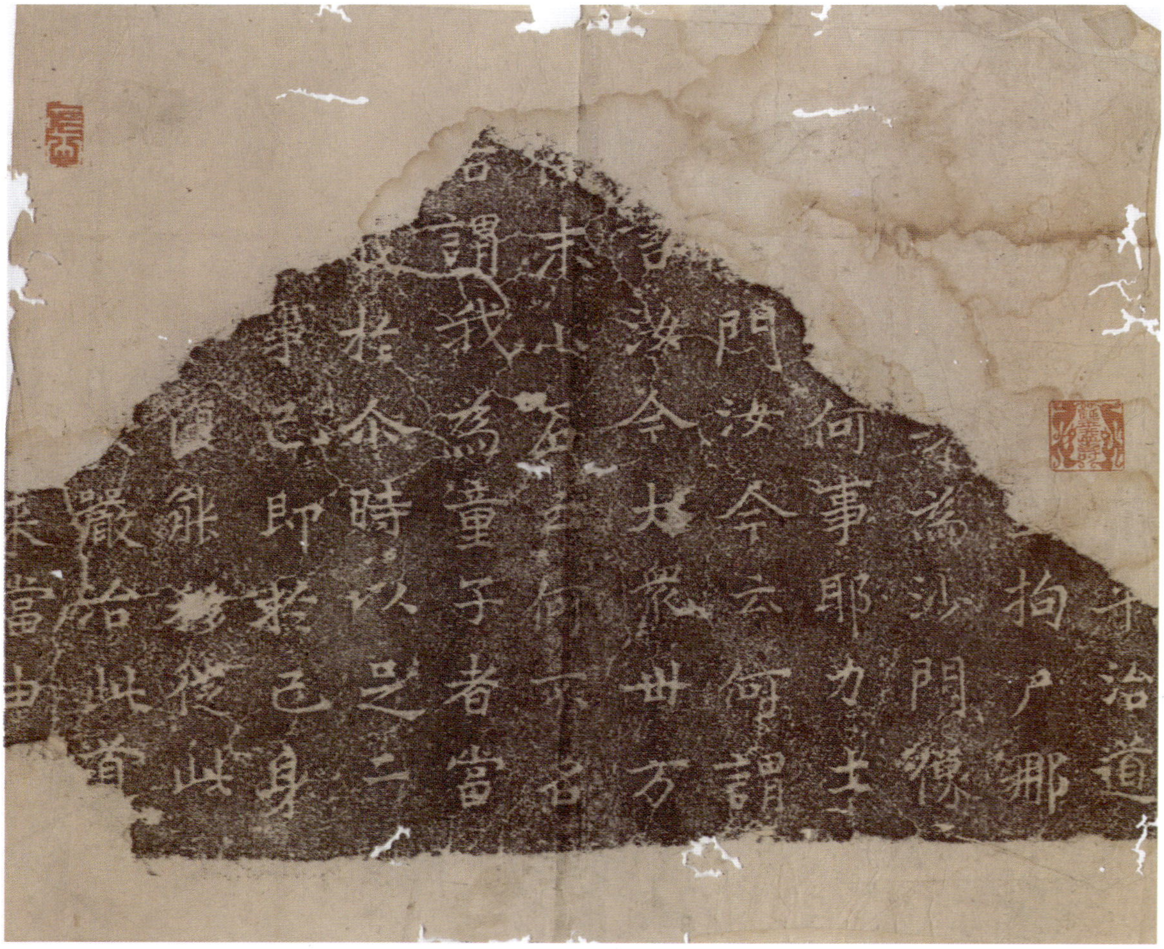

唐佛經殘碑

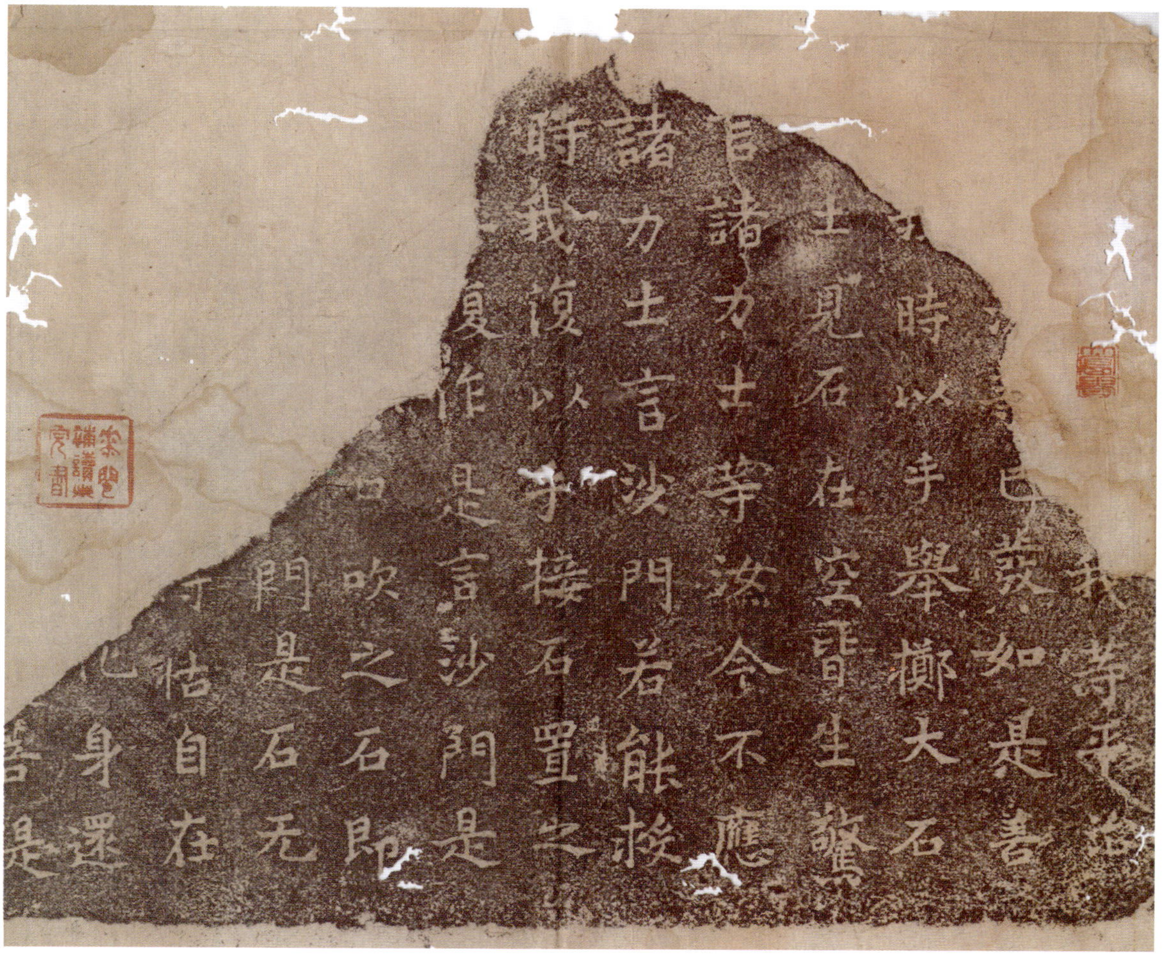
時以手舉擲大石
士見石在空皆生驚
諸力士等汝令不應
諸力士言沙門若能接
時我復以手接石置之
復作是言沙門是
吹之石即
門是石无
枯自在
身還
是

唐佛經殘碑

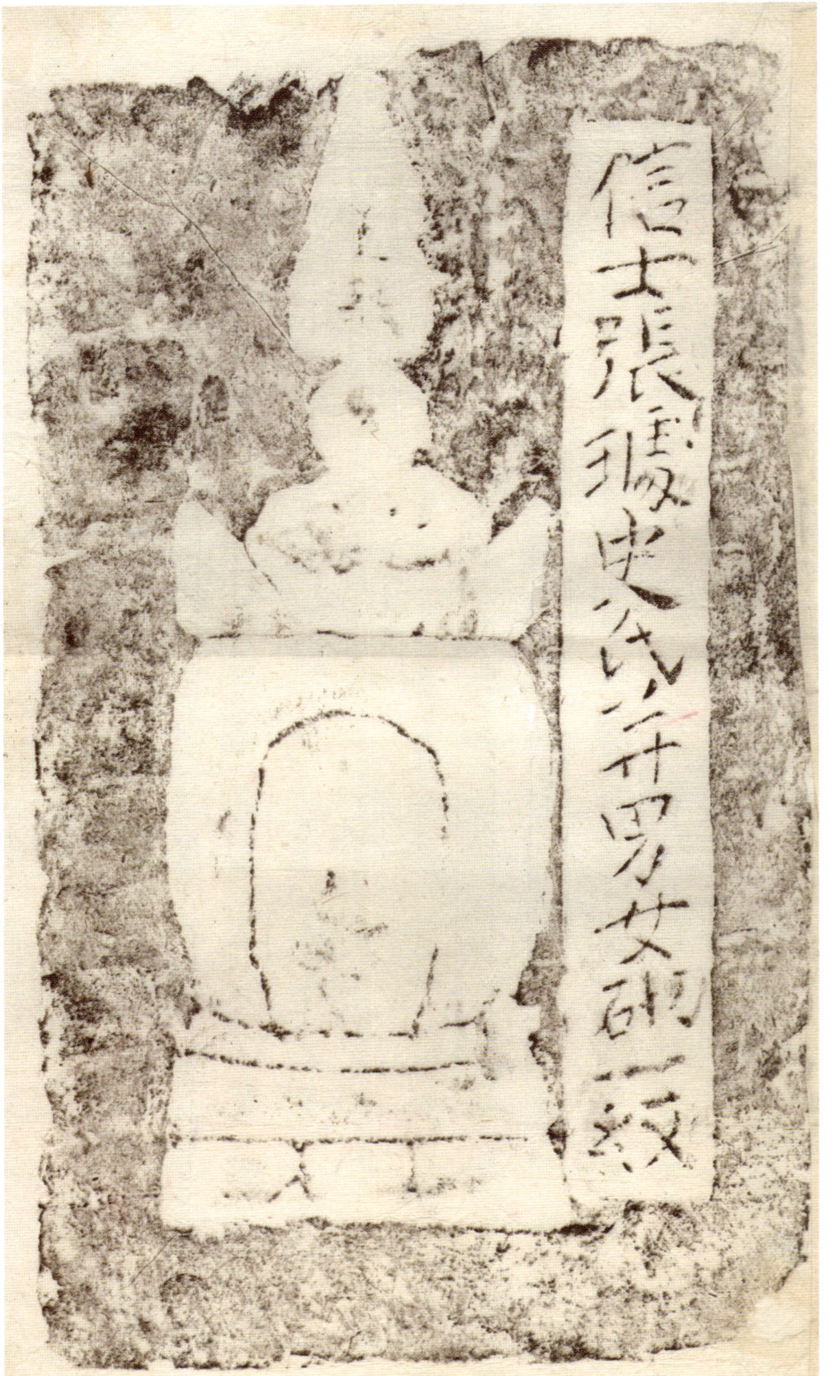

張璩史氏造像

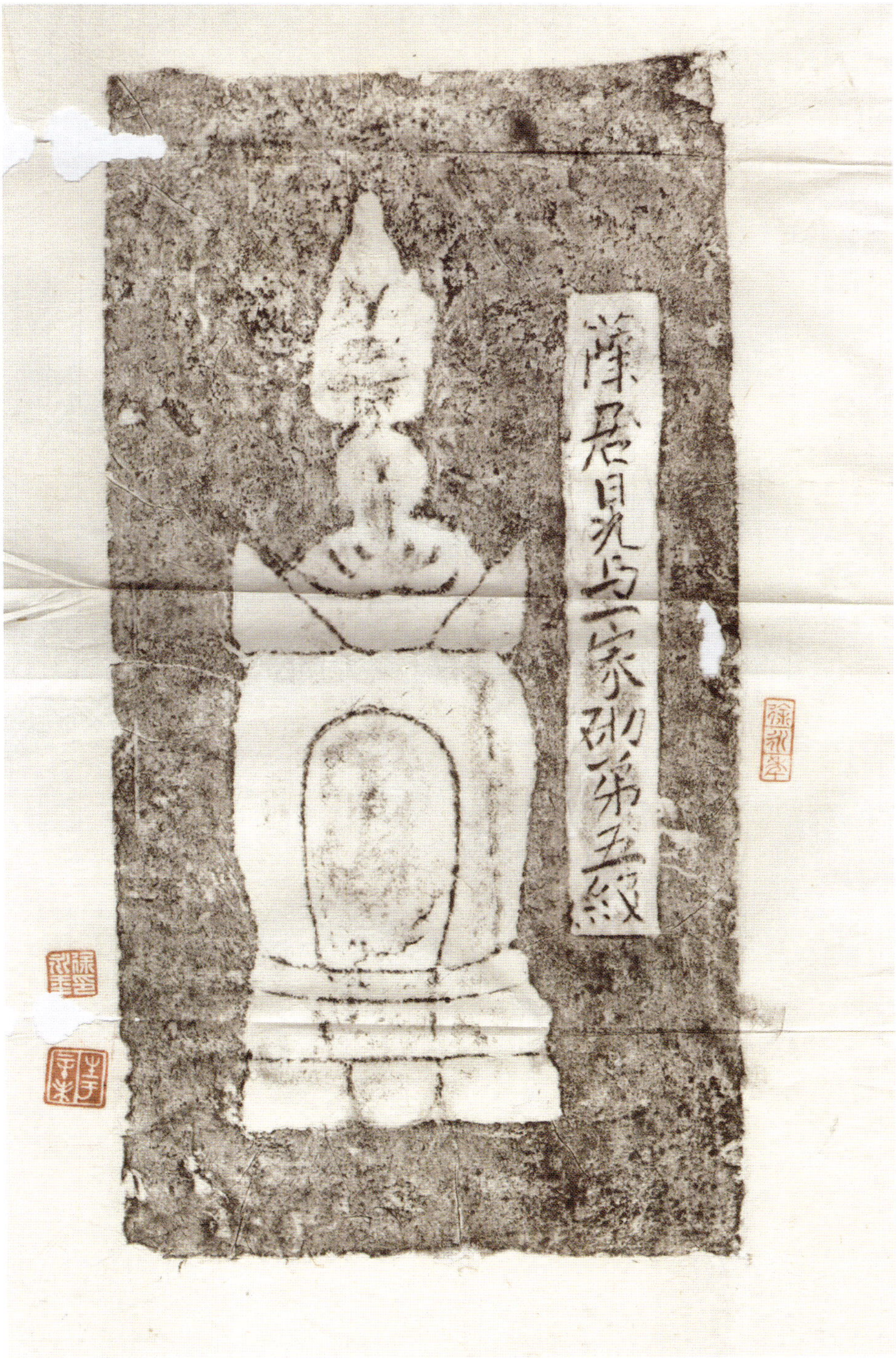

薛居晃造像

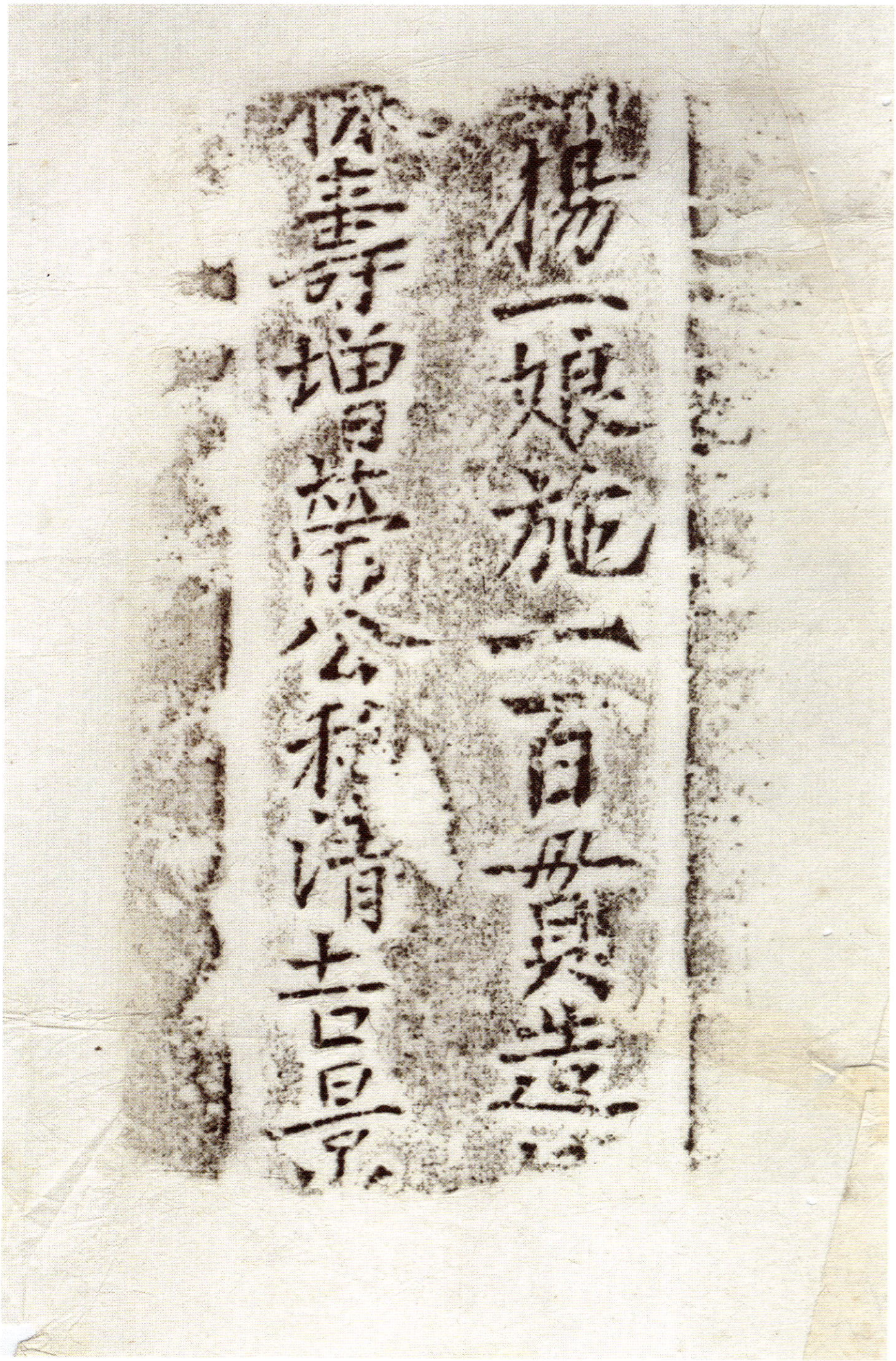

楊一娘造像磚

隴右郡王趙公墓磚

趙郡主宅墳磚

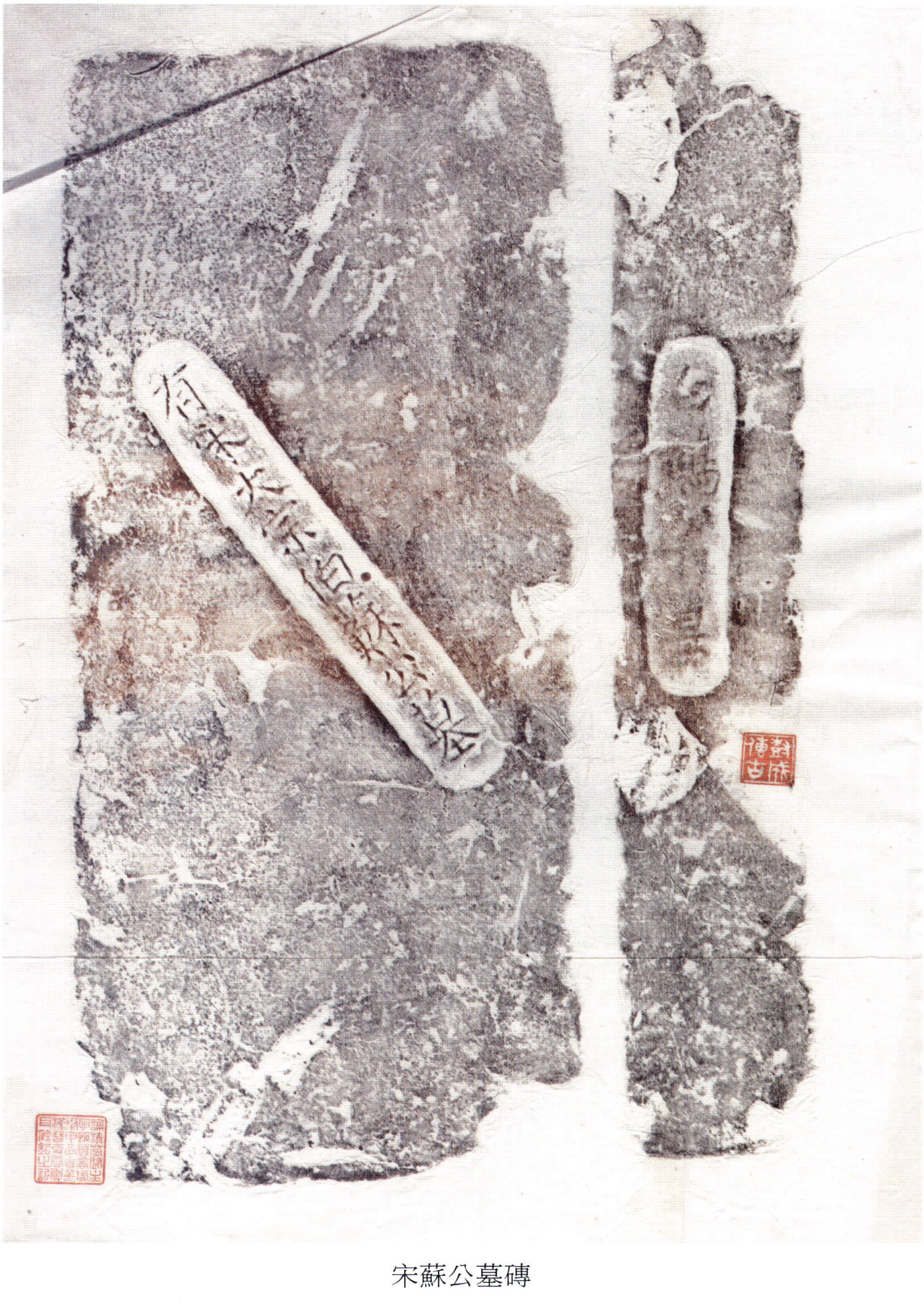

宋蘇公墓磚

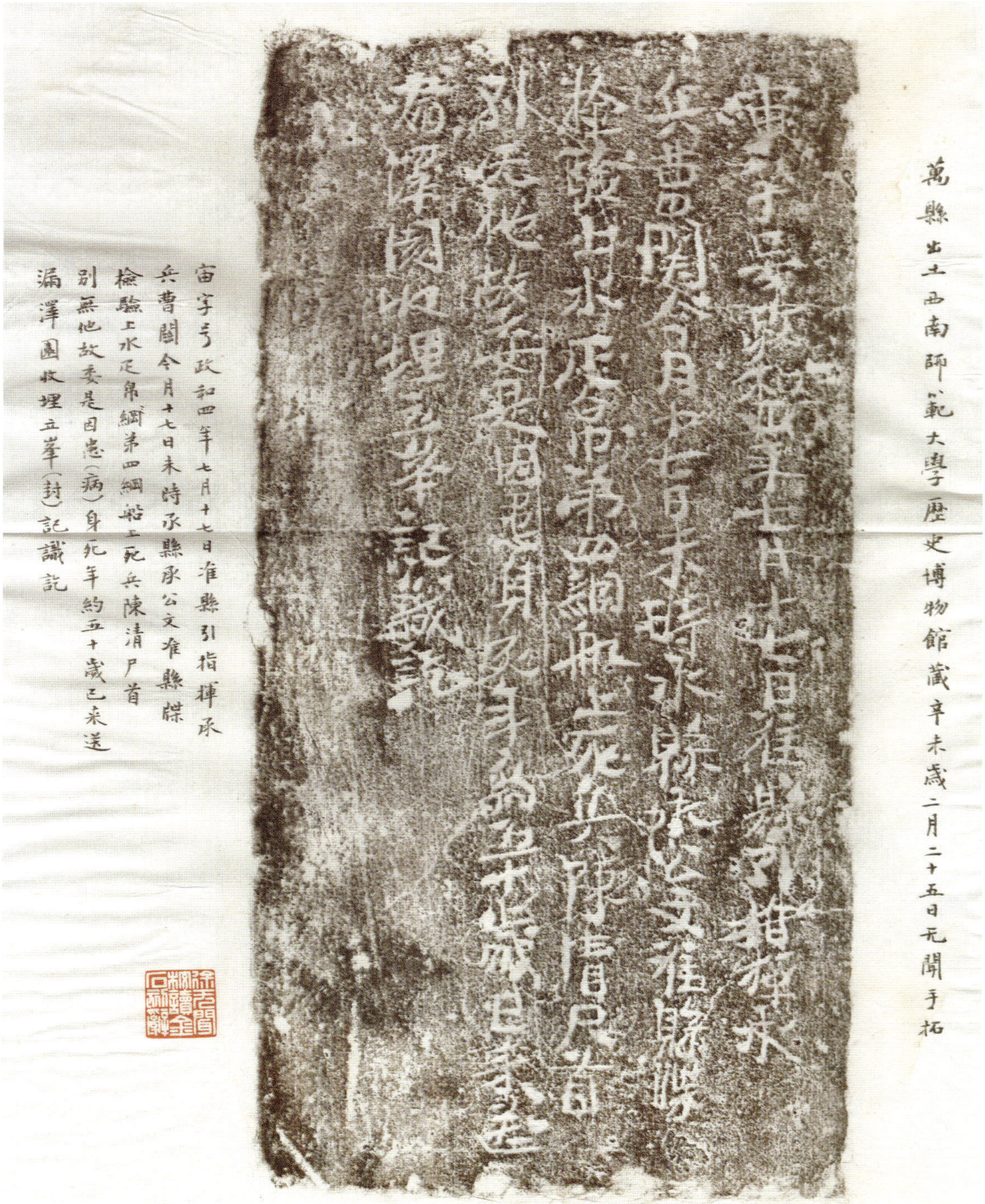
萬縣出土西南師範大學歷史博物館藏辛未歲二月二十五日无聞手拓
宙字号政和四年七月十七日准縣引指揮承
兵曹關今月十七日未時承縣承公文准縣牒
檢驗上水足帛綱第四綱船上死兵陳清尸首
别無他故委是因患(病)身死年約五十歲已來送
漏澤園收埋立峯(封)記識訖

宋政和四年磚

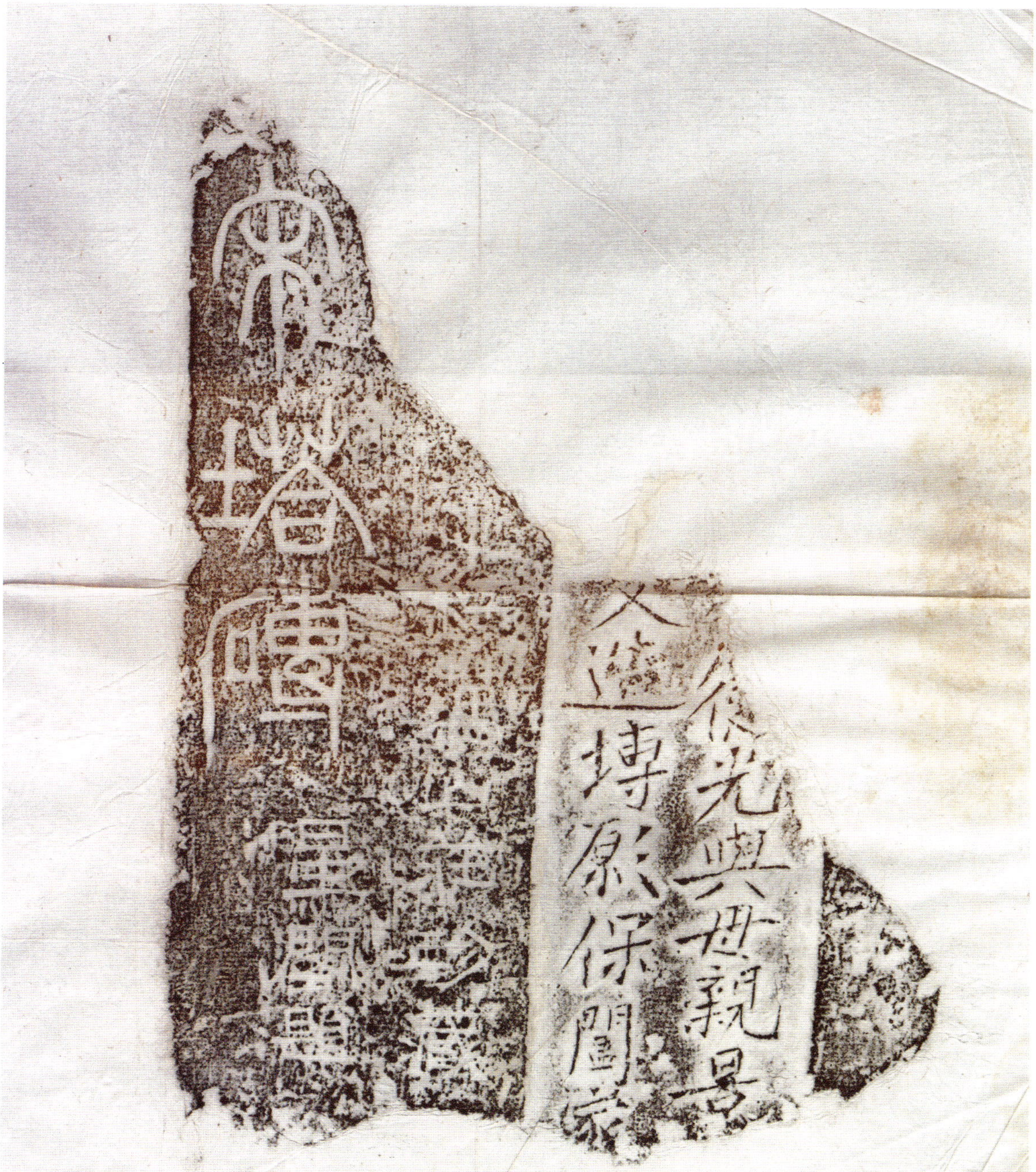

宋塔磚

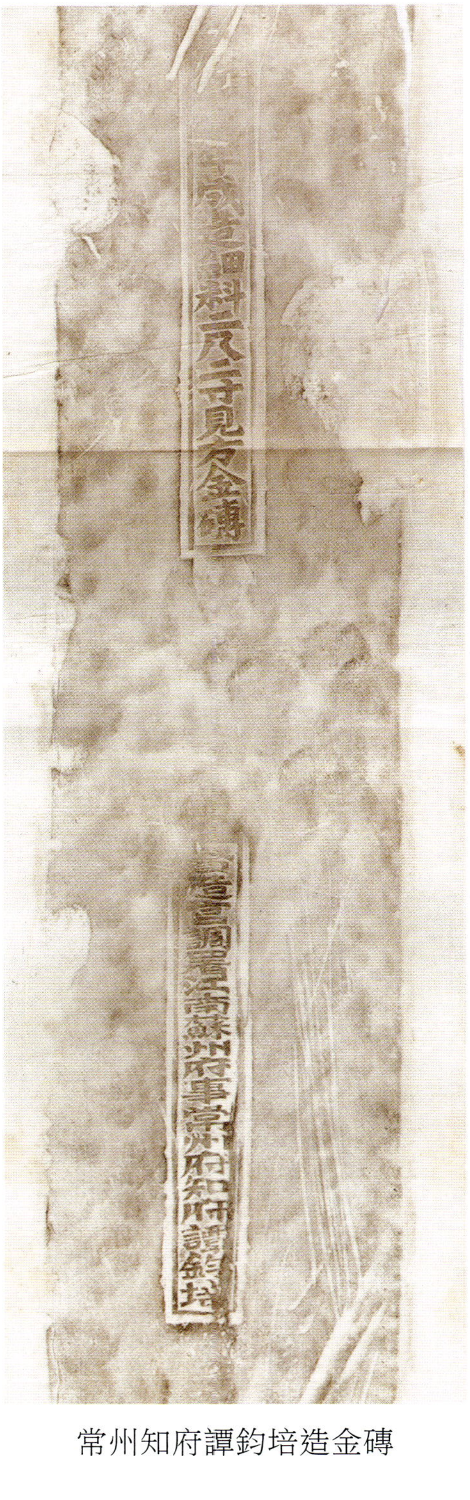
細料二尺二寸見方金磚
江南蘇州府事常州府知府譚鈞培

常州知府譚鈞培造金磚

蘇州府知事賈延暉、王雲樵造磚

羚羊妙品磚刻

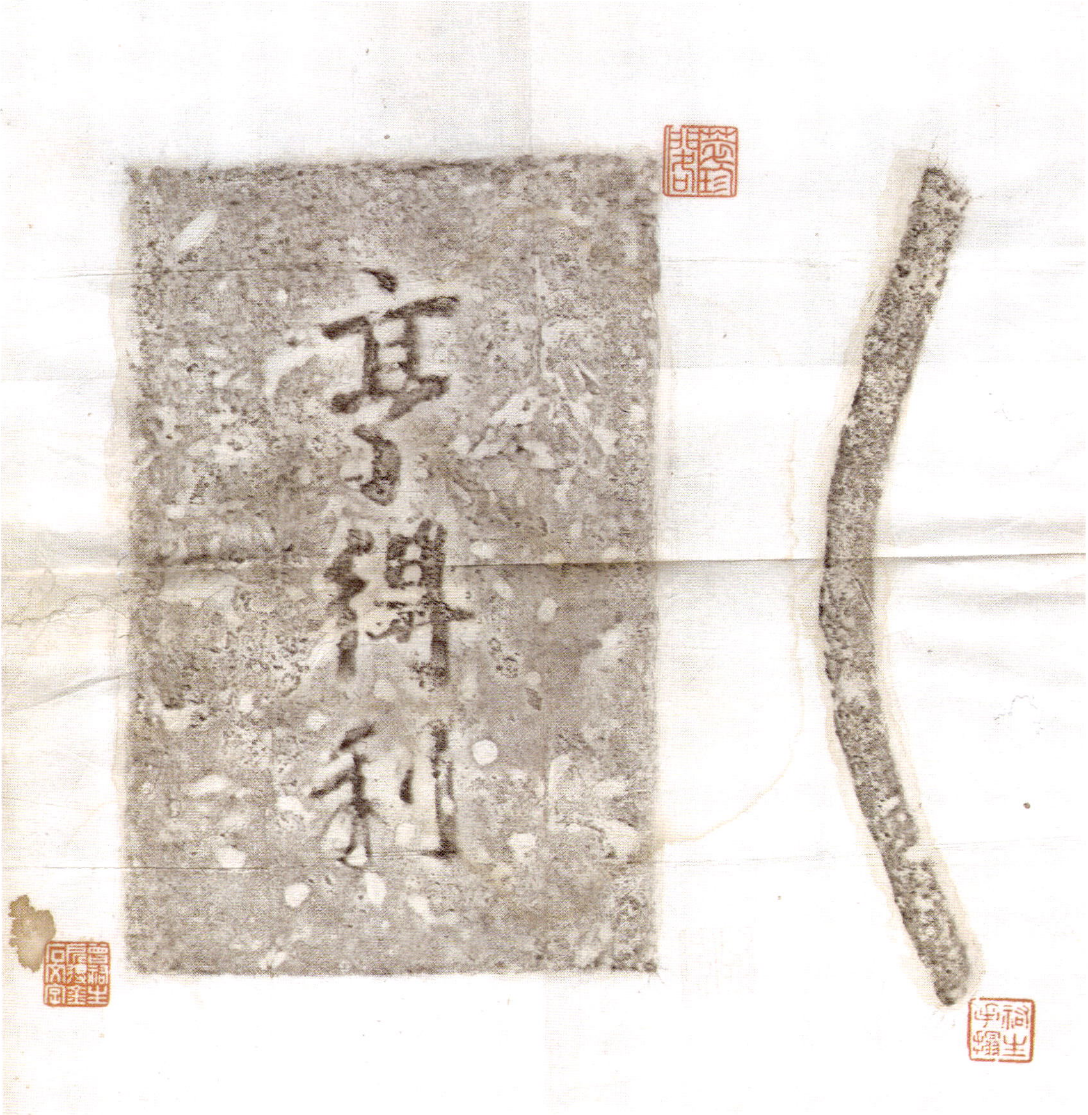

亨得利磚

漢畫像磚

漢畫鳳磚

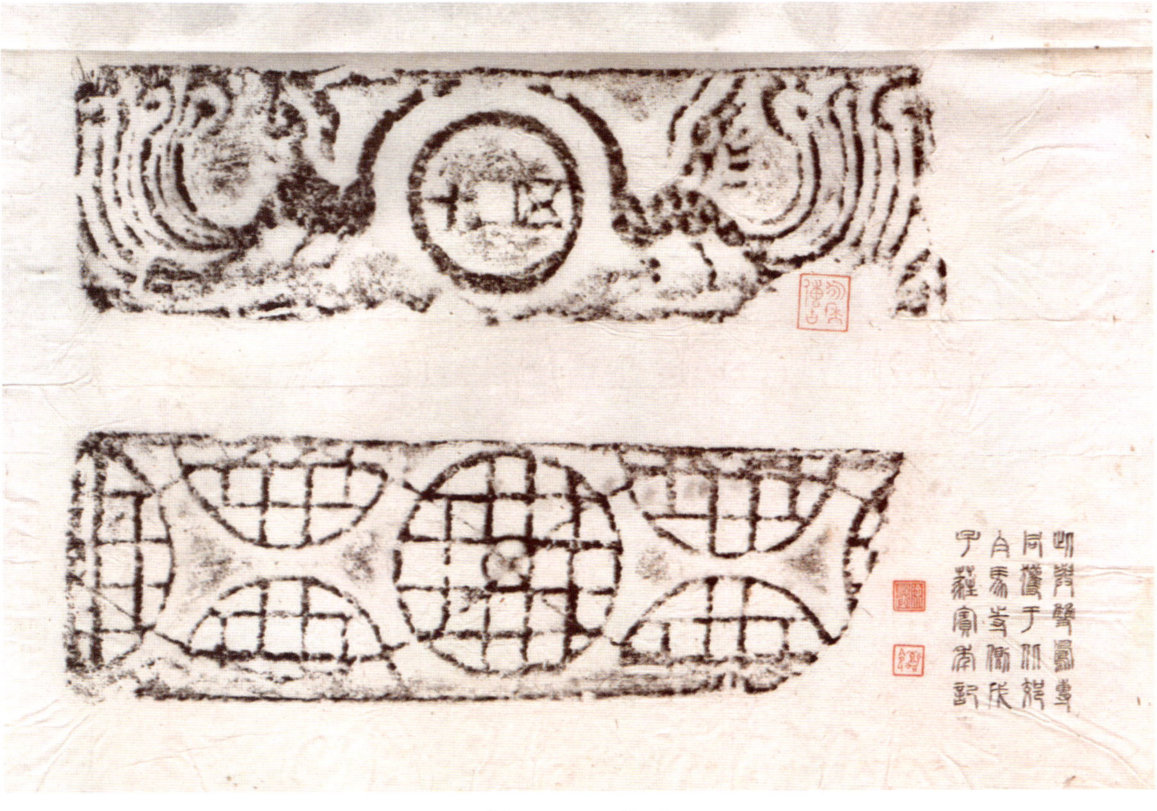

雙鳳五十錢磚

仙人乘龍磚

大人出行磚

鳳凰磚

狩獵、博弈磚

金堂出土西南師範大學歷史博物館藏
辛未二月二十三日拓

虎形磚

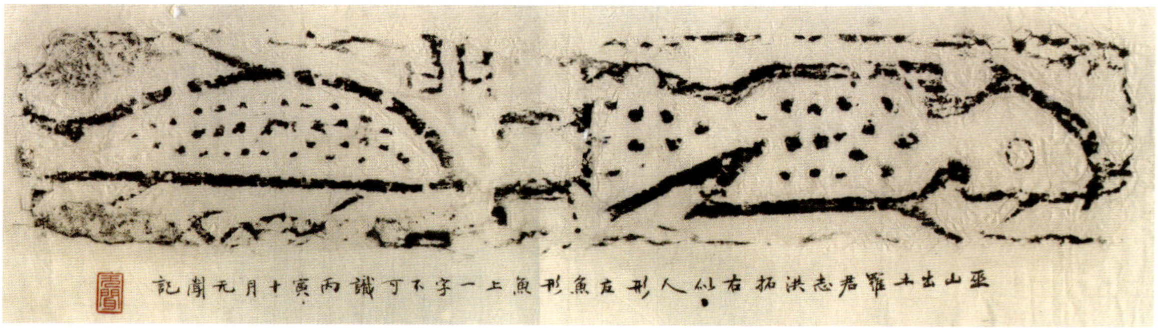
巫山出土羅君志洪拓右似人形左魚形魚上一字不可識丙寅十月无聞記

人魚磚

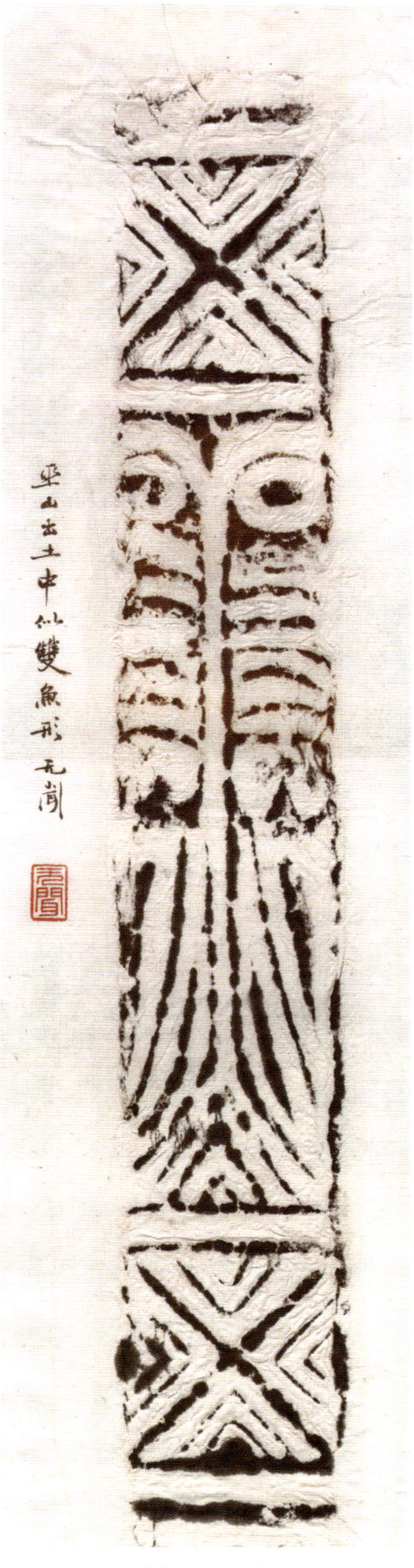

雙魚形磚

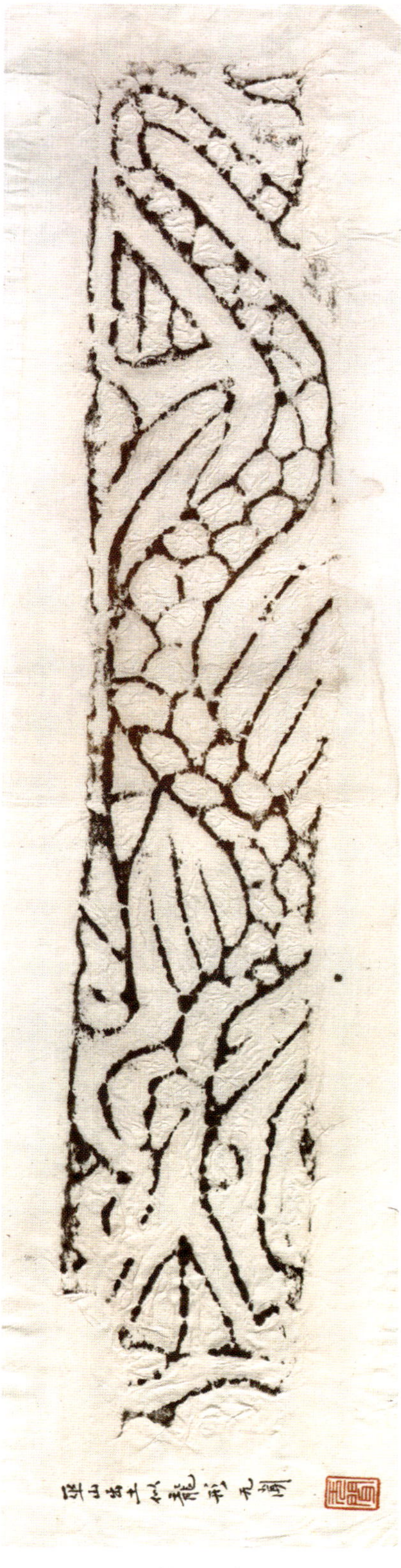

龍形磚

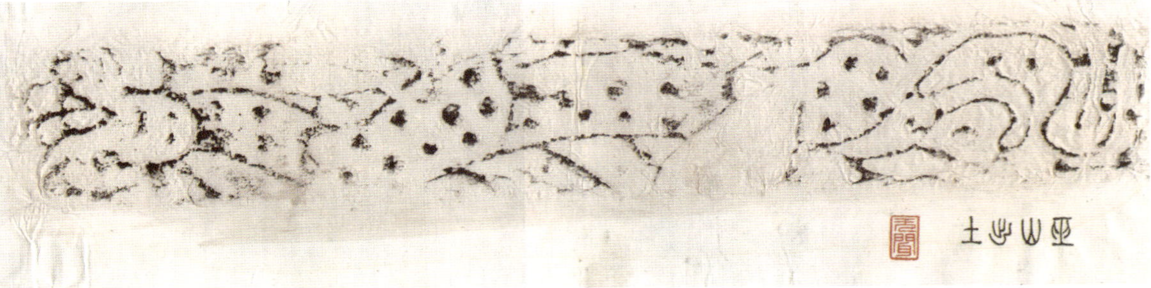
巫山出土

龍形磚

昭化出土曾祐生老先生拓贈
一九七四年十一月 无聞記

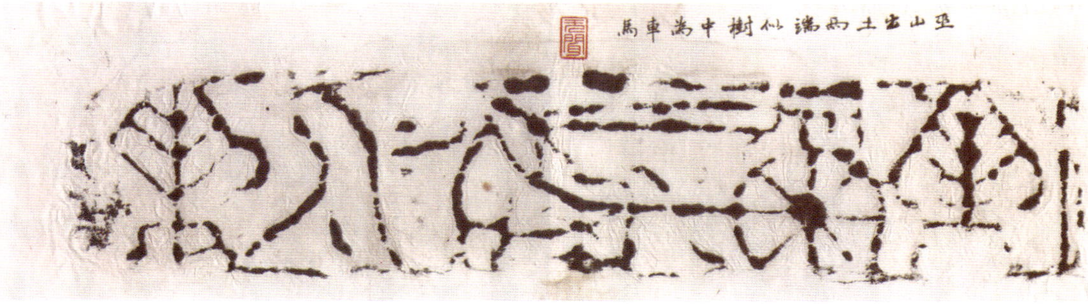

車馬樹形磚

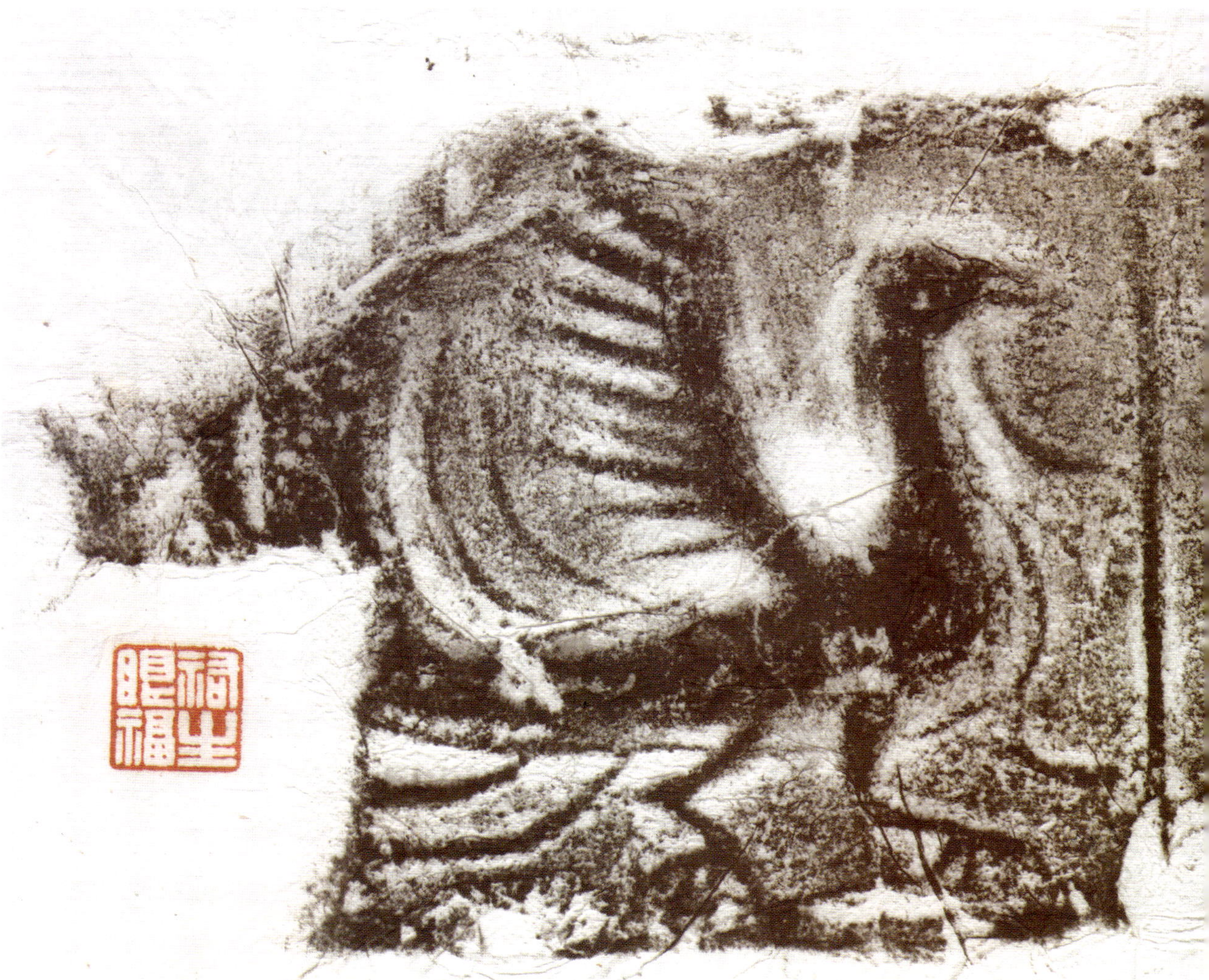

雙鳳磚

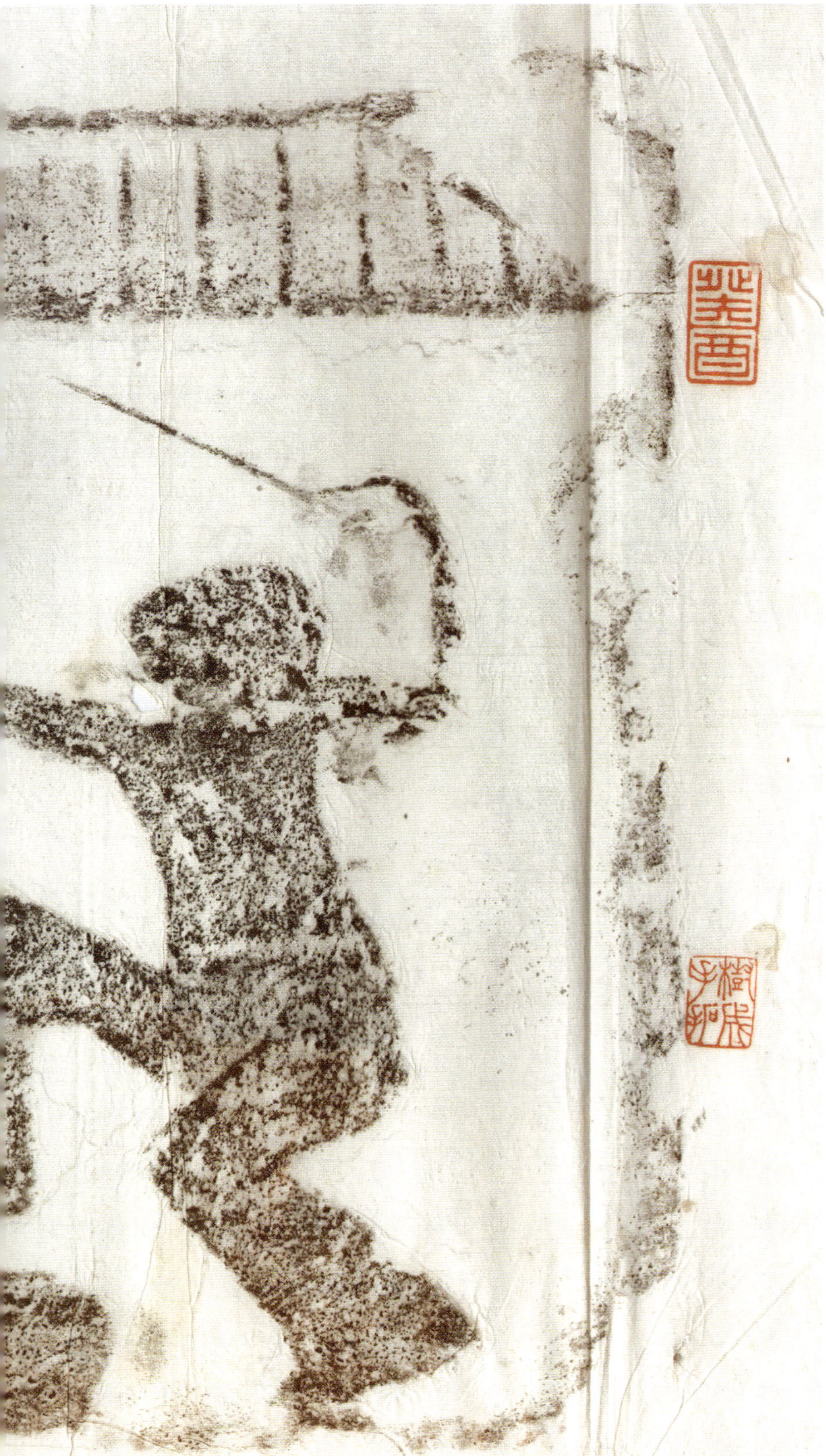

樂伎磚

樂伎磚

車馬磚

車馬磚

人物畫像磚

大人出行磚

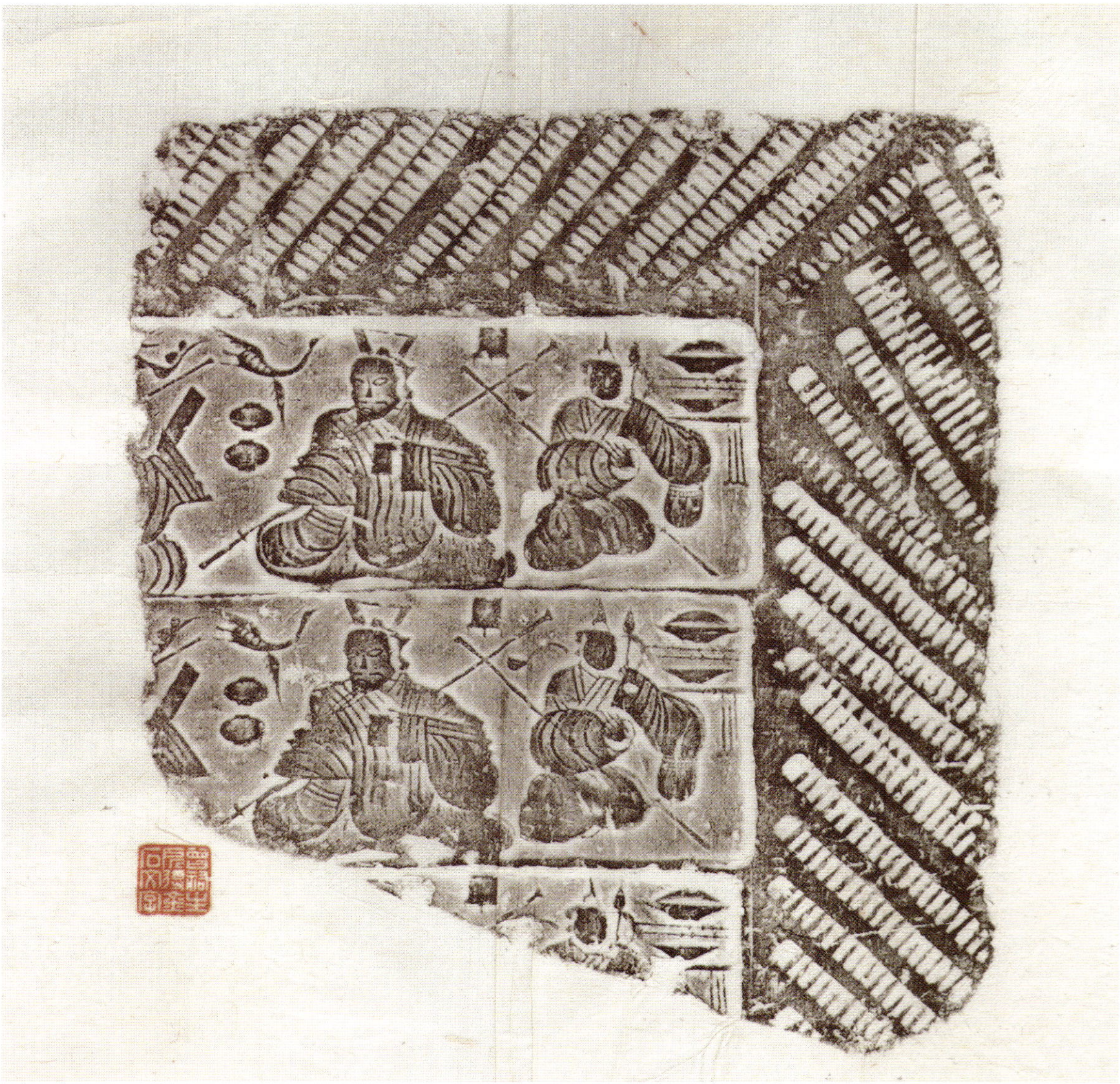

宴樂磚

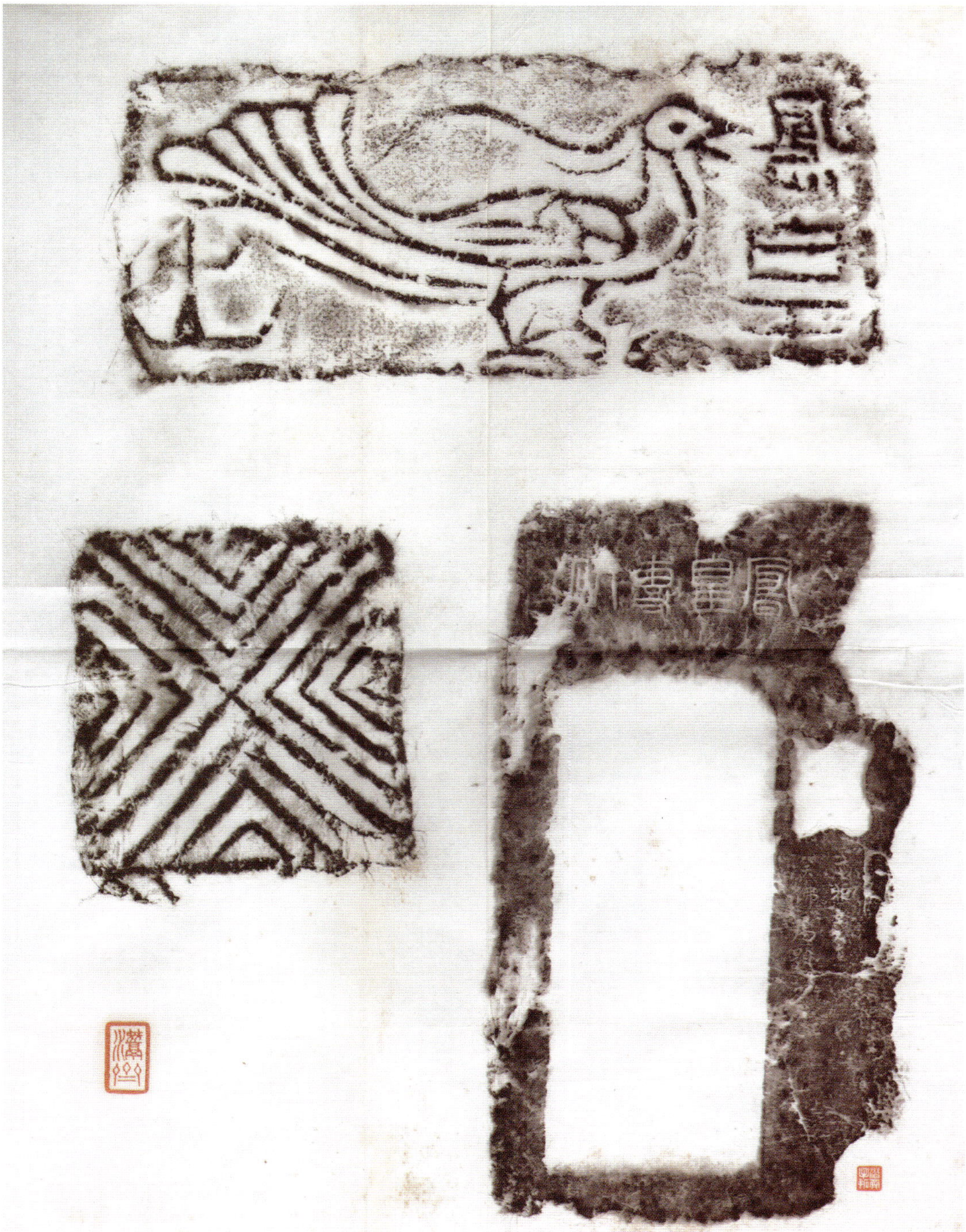

鳳凰磚硯

永平八年人物畫像磚

鳳凰磚

雙驢磚

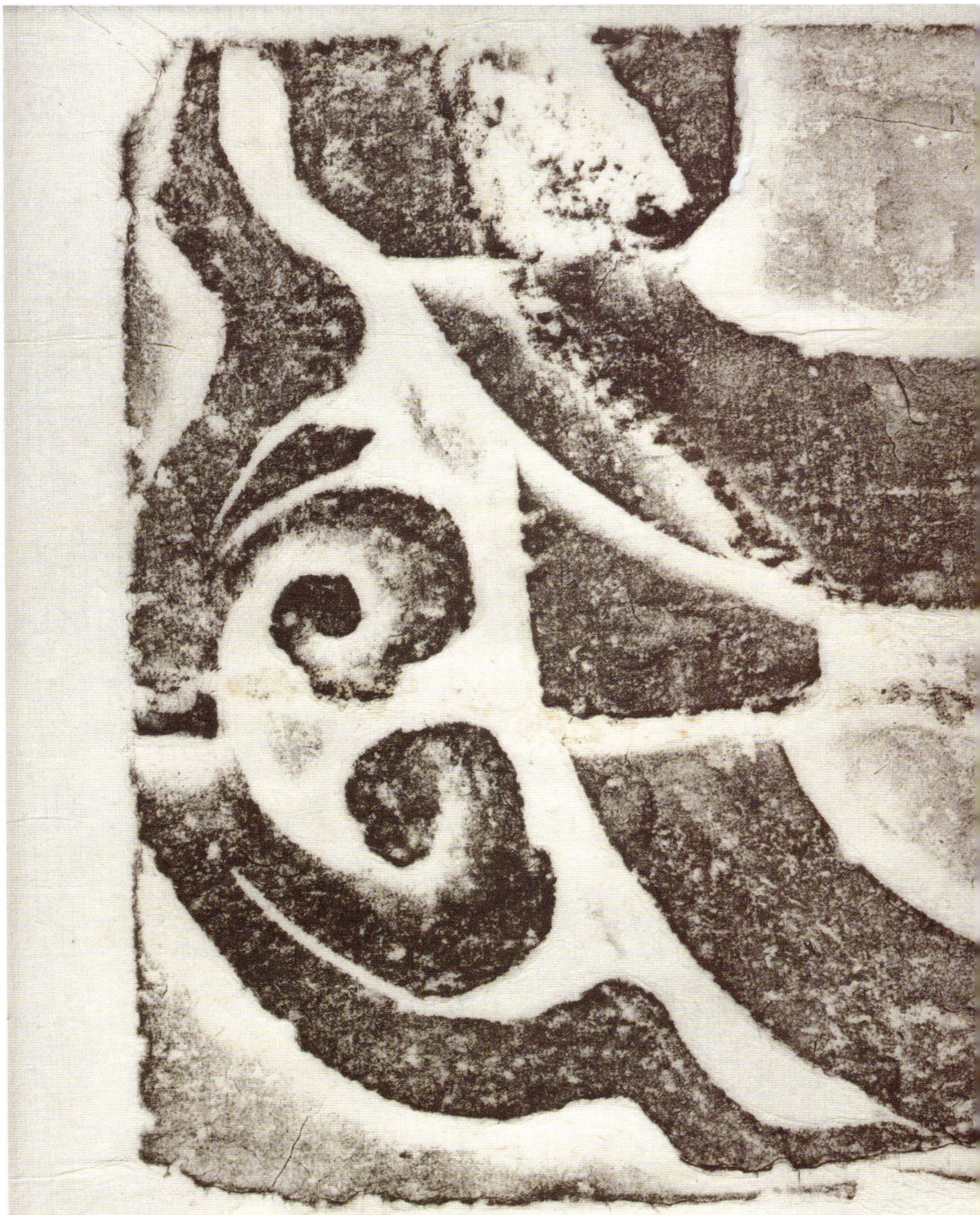

大象磚

車馬殘磚

車馬殘磚

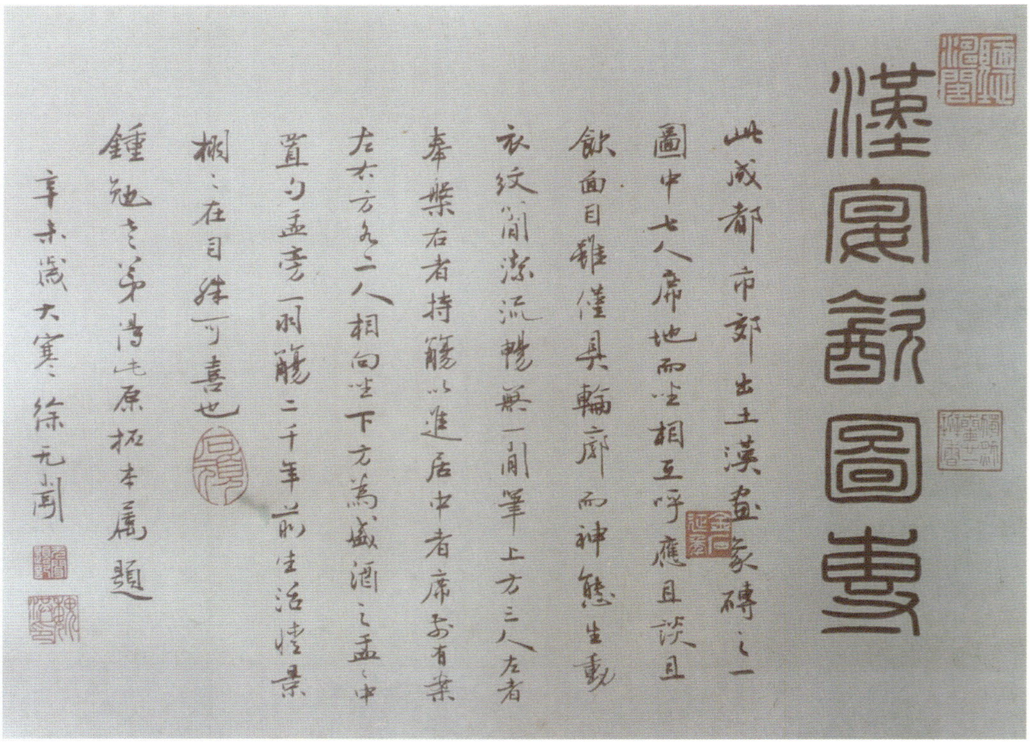
漢宴飲圖專
此成都市郊出土漢畫象磚之一
圖中七人席地而坐相互呼應且談且
飲面目雖僅具輪廓而神態生動
衣纹簡潔流暢無一閒筆上方三人左者
奉案右者持觴以進居中者席前有案
左右方各二人相向坐下方爲盛酒之盂中
置勺盂旁一羽觴二千年前生活情景
栩栩在目殊可喜也
鍾勉之弟得此原拓本屬題
辛未歲大寒 徐无聞

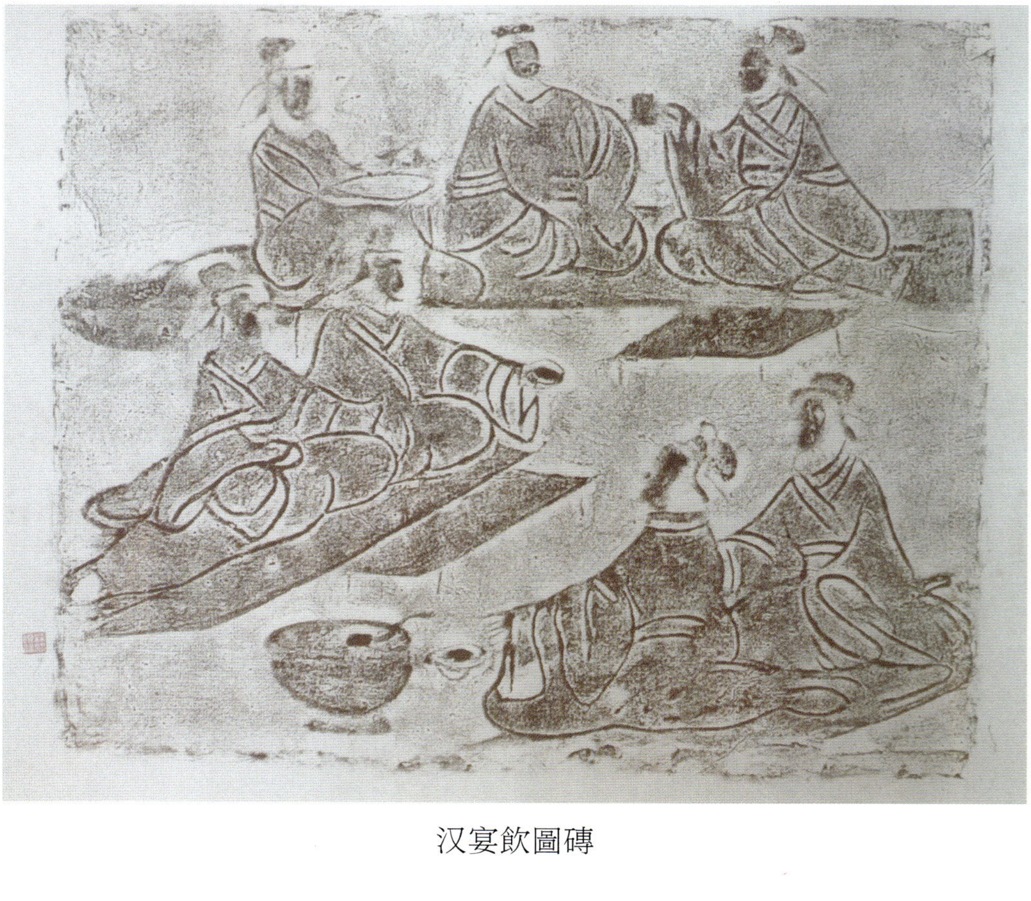

汉宴飲圖磚

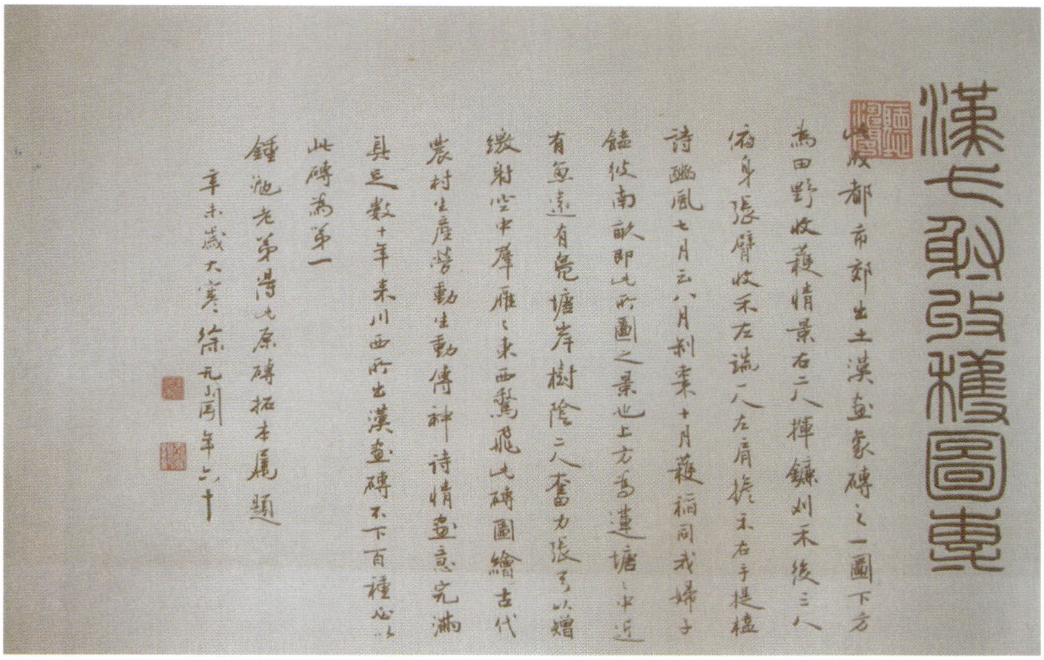

漢弋射收穫圖
成都市郊出土漢畫象磚之一圖下方
為田野收穫情景右二人揮鐮刈禾後三人
俯身張臂收禾左端一人左肩挑禾右手提榼
詩豳風七月云八月剝棗十月穫稻同我婦子
饁彼南畝即此所圖之景也上方為蓮塘塘水近
有魚遠有鳧塘岸樹陰二人奮力張弓以矰
繳射空中群雁雁東西驚飛此磚圖繪古代
農村生產勞動生動傳神詩情畫意充滿
具足數十年來川西所出漢畫磚不下百種必以
此磚為第一
鍾涵老弟得此原磚拓本屬題
辛未歲大寒 徐無聞年六十

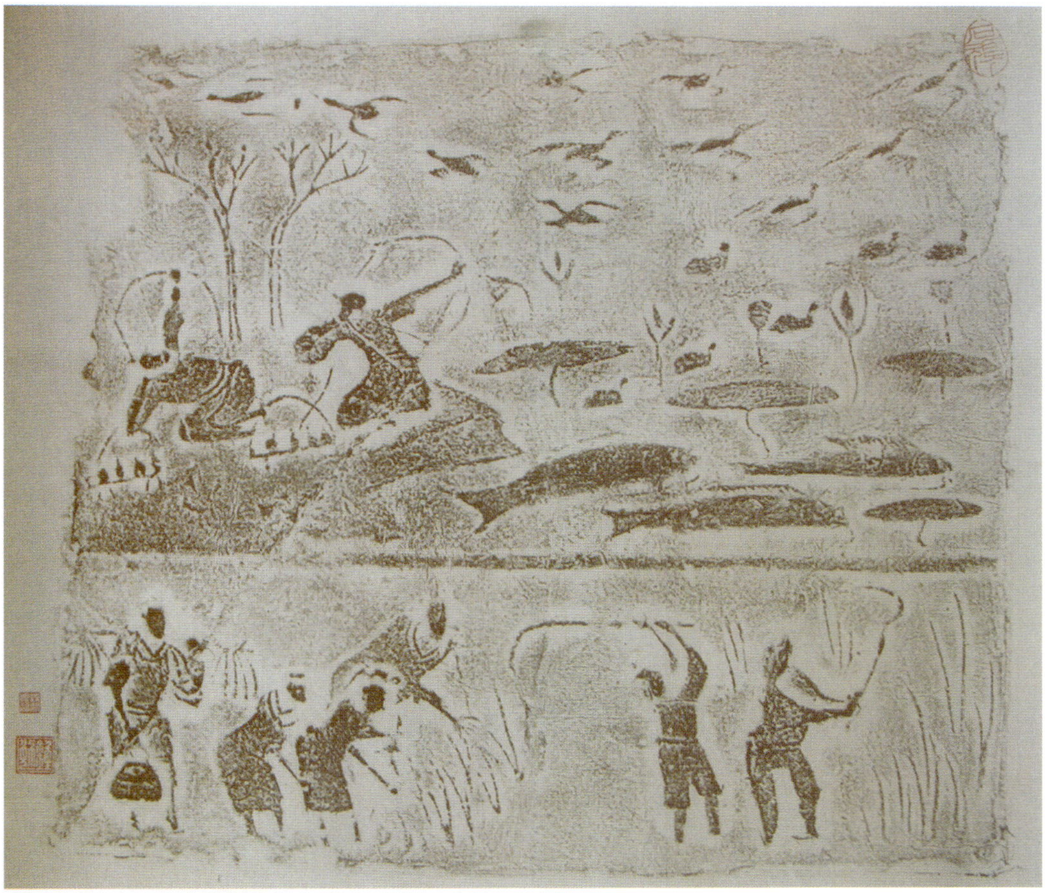

汉弋射收獲磚

瓦當

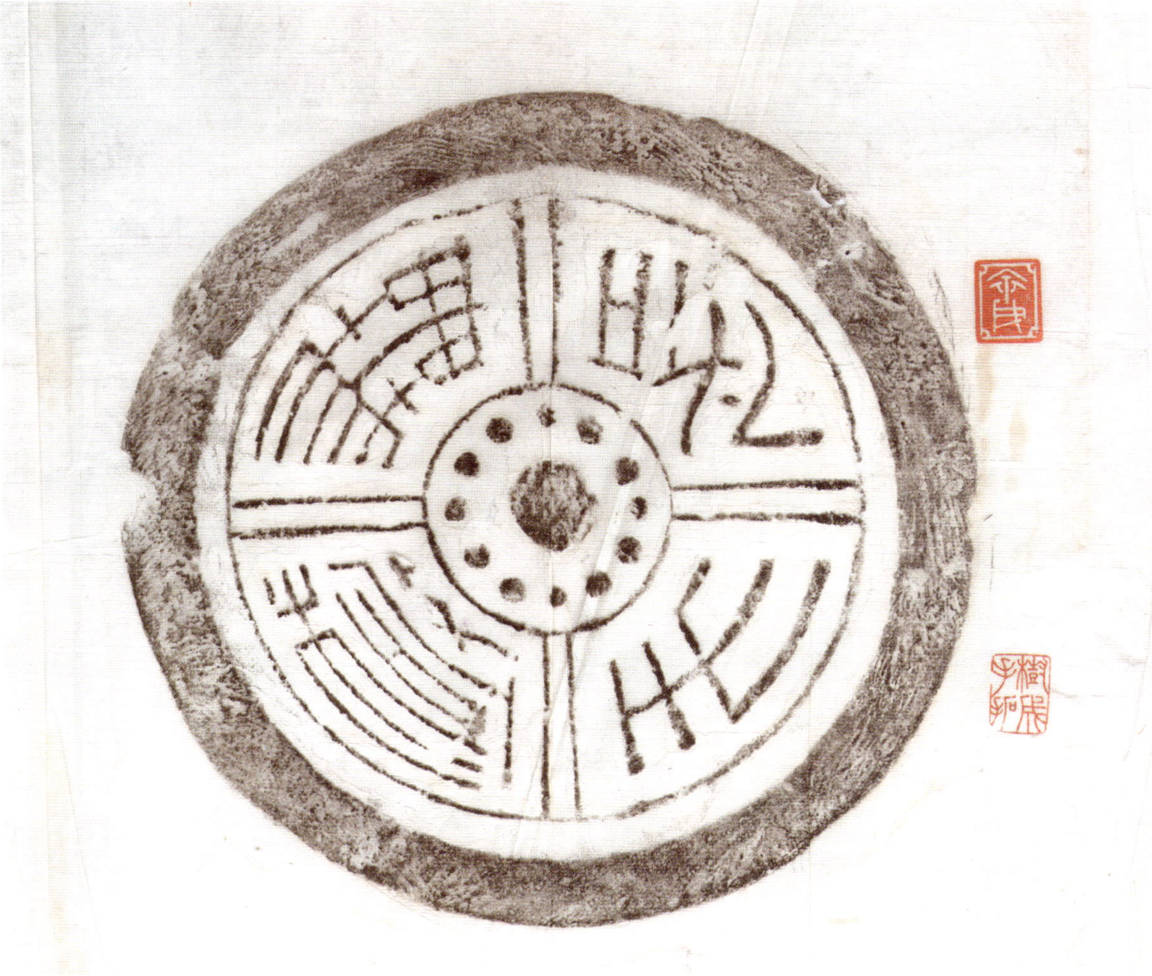

長生無極瓦

長生無極瓦

長生無極瓦

長生無極瓦

長生無極瓦

長生無極瓦

長生無極瓦

長生無極瓦

長生無極瓦

大富吉瓦

宜富昌瓦

大富吉瓦

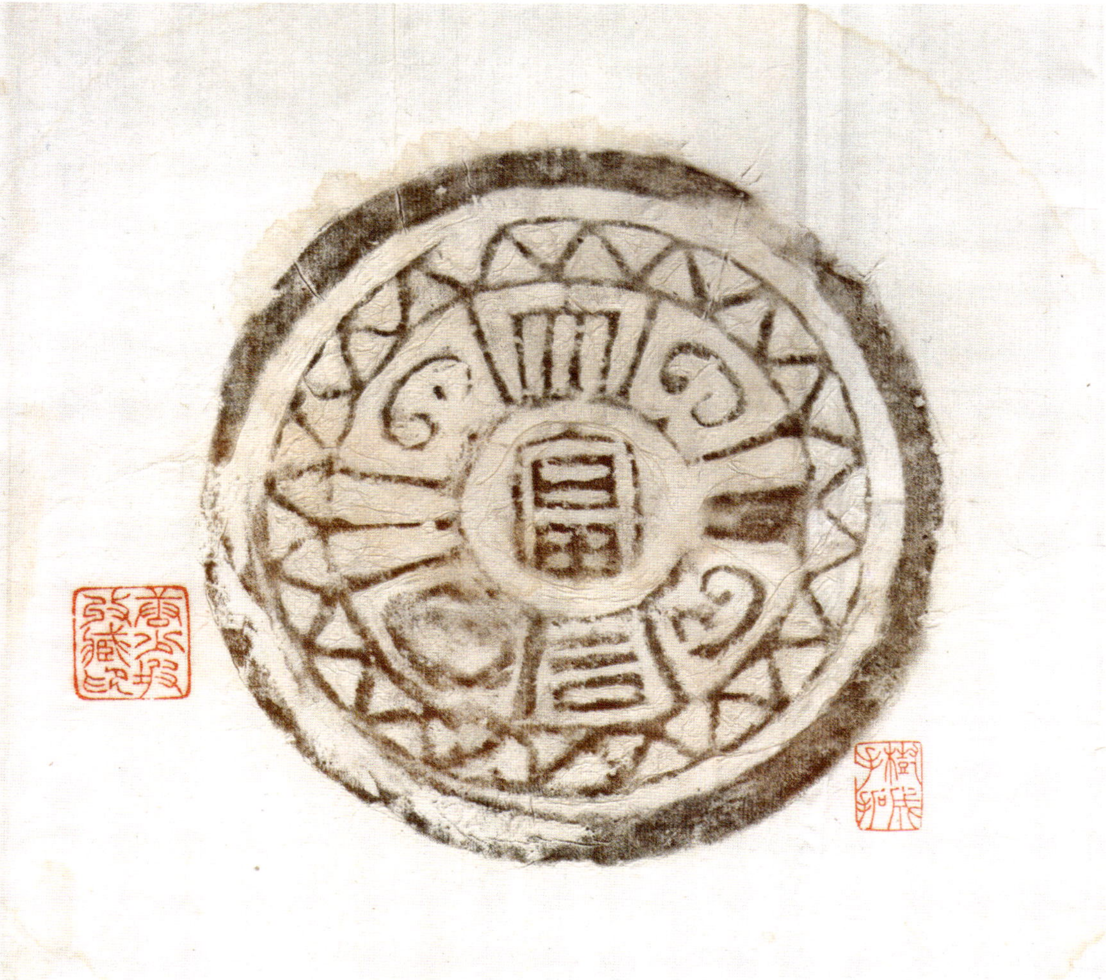

大富吉瓦

大富吉瓦

宜富昌殘瓦

侯富昌瓦

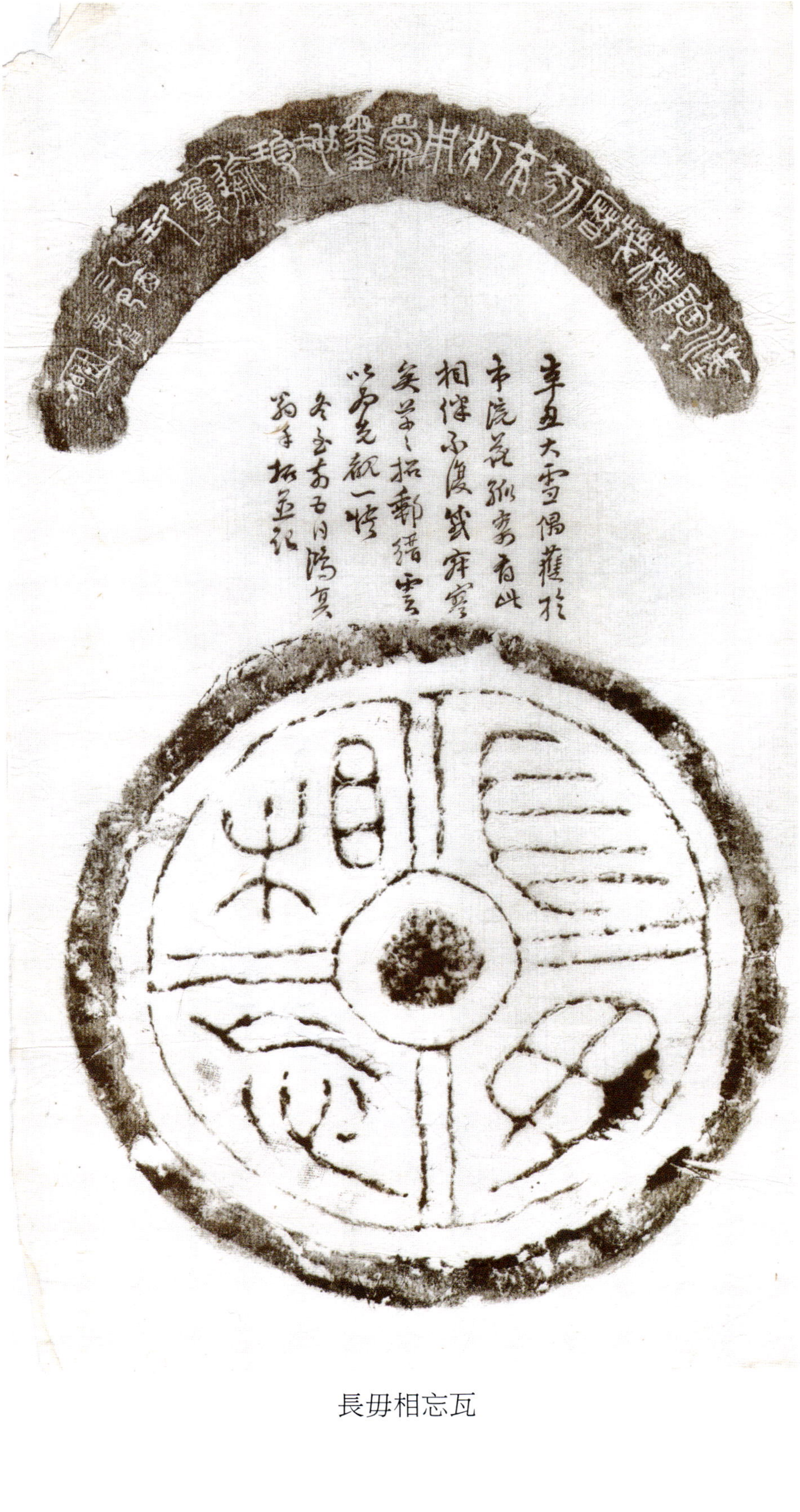

長毋相忘瓦

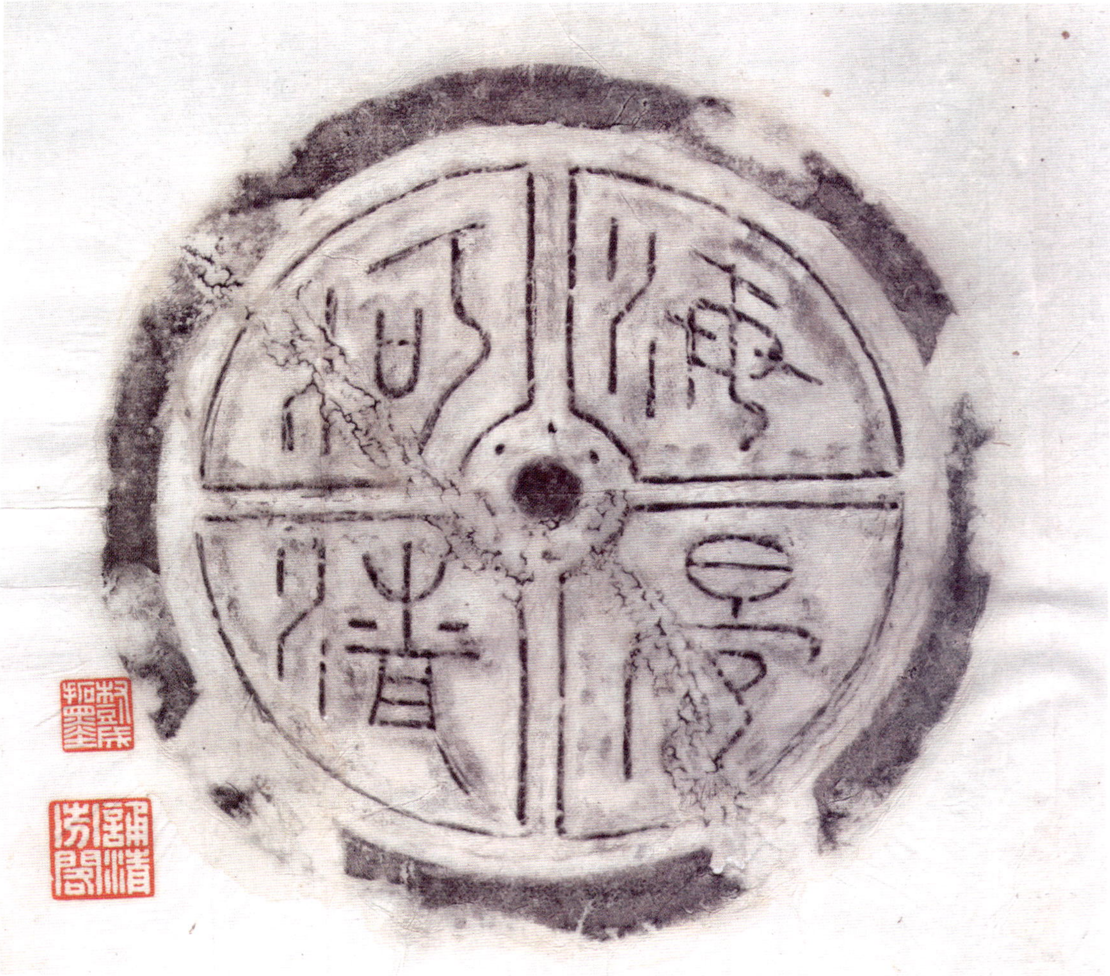

海晏河清瓦

都司空瓦

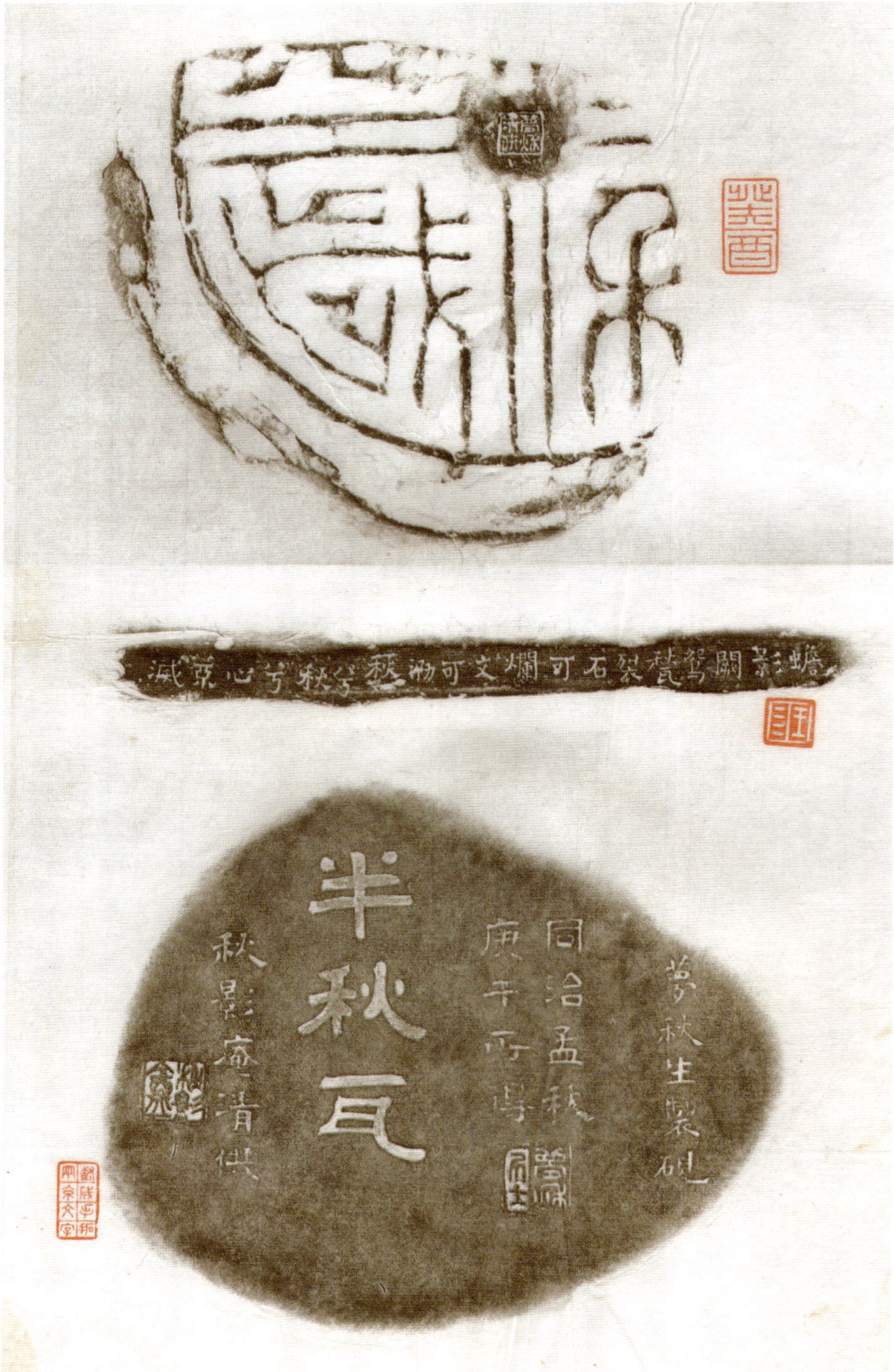

千秋萬歲殘瓦

花形瓦

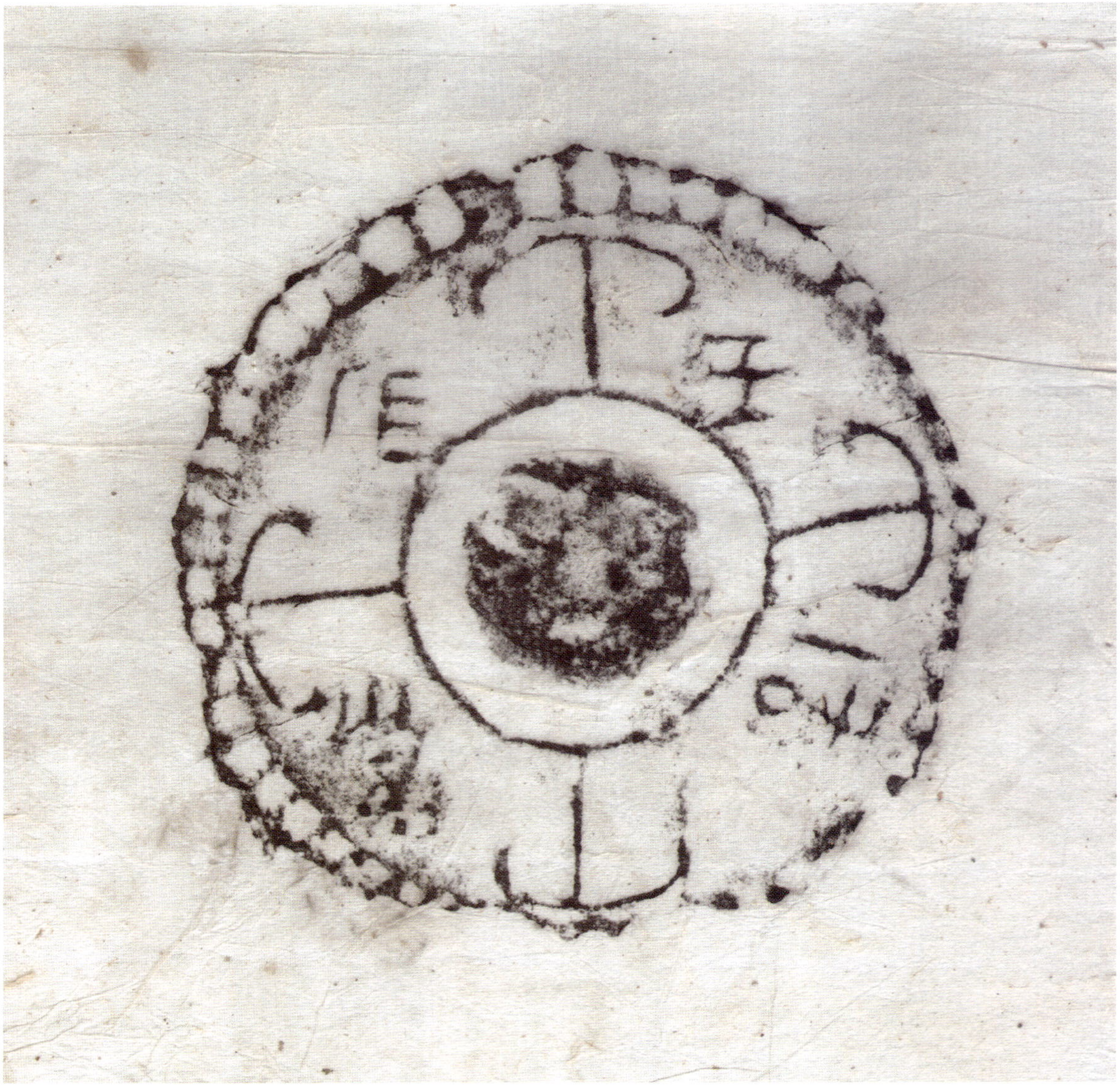

連珠紋瓦

連珠雲紋瓦

長生未央瓦

長生無極瓦

長生未央瓦

長樂未央瓦

長樂未央瓦

長樂未央瓦

長安賓壽瓦

永奉無疆瓦

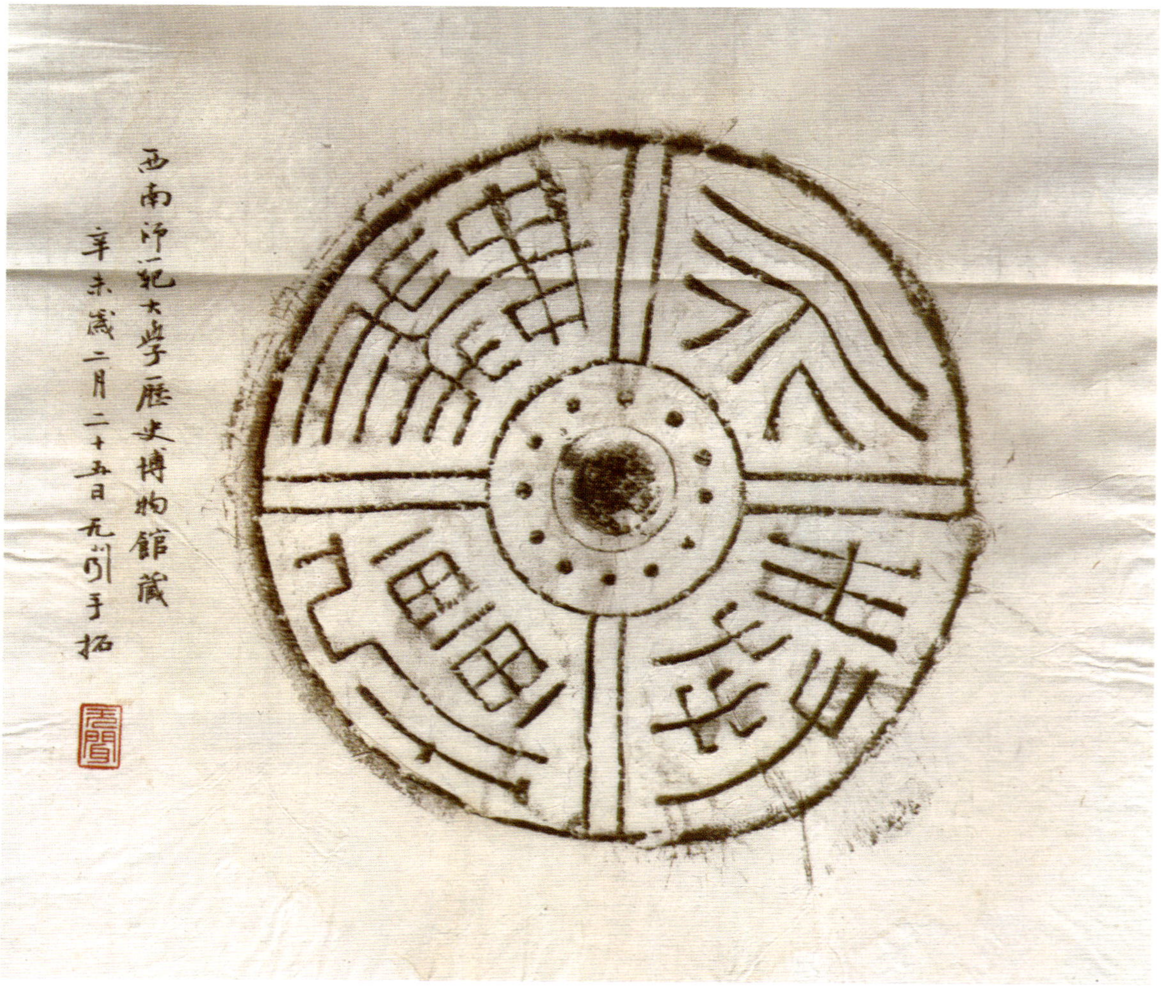
西南師範大學歷史博物館藏
辛未歲二月二十五日无聞手拓

永奉無疆瓦

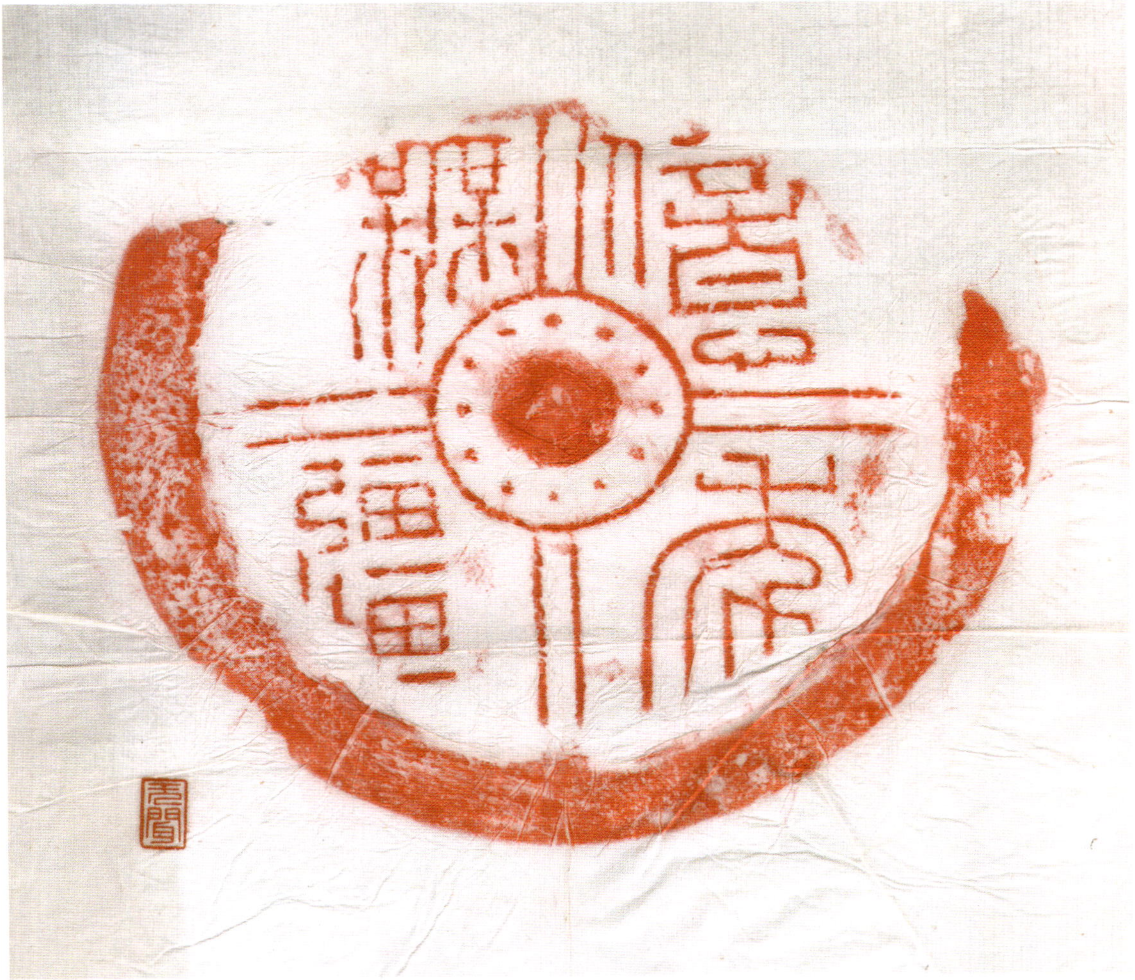

億年無疆瓦

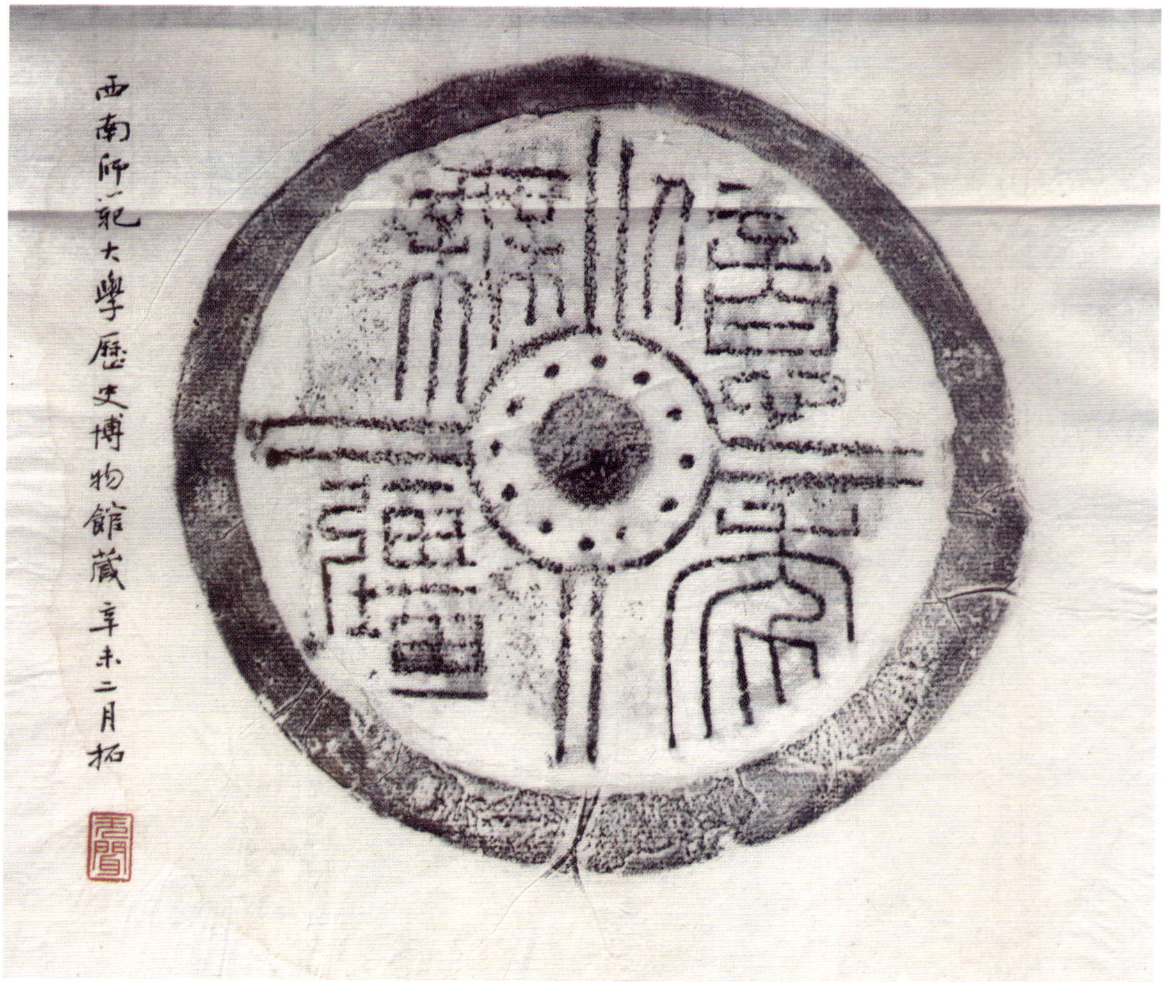
西南師範大學歷史博物館藏 辛未二月拓

億年無疆瓦

高安萬年瓦

千秋萬歲瓦

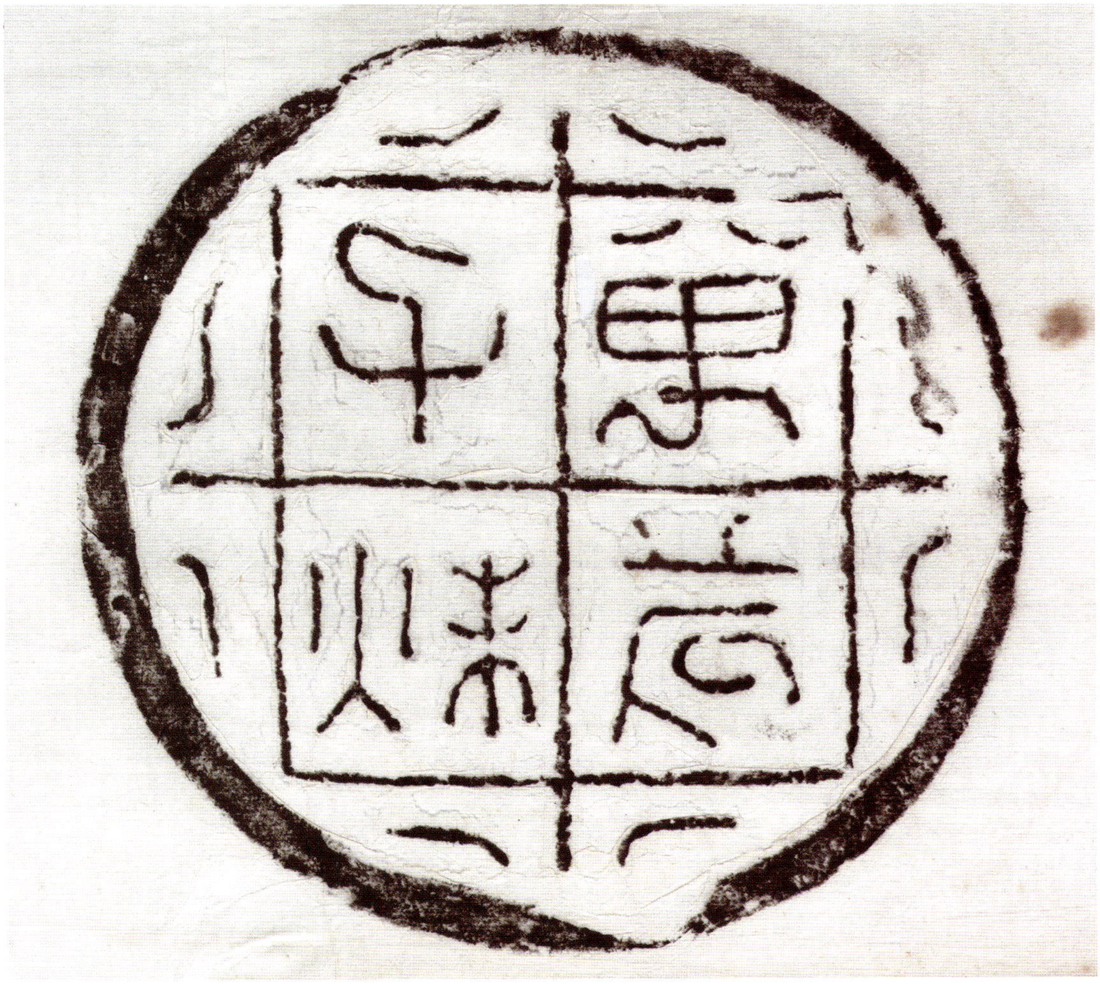

千秋萬歲瓦

與天無極瓦

長毋相忘瓦

甲天下瓦

漢并天下瓦

宗正官當瓦

上林瓦

延年瓦

延年瓦

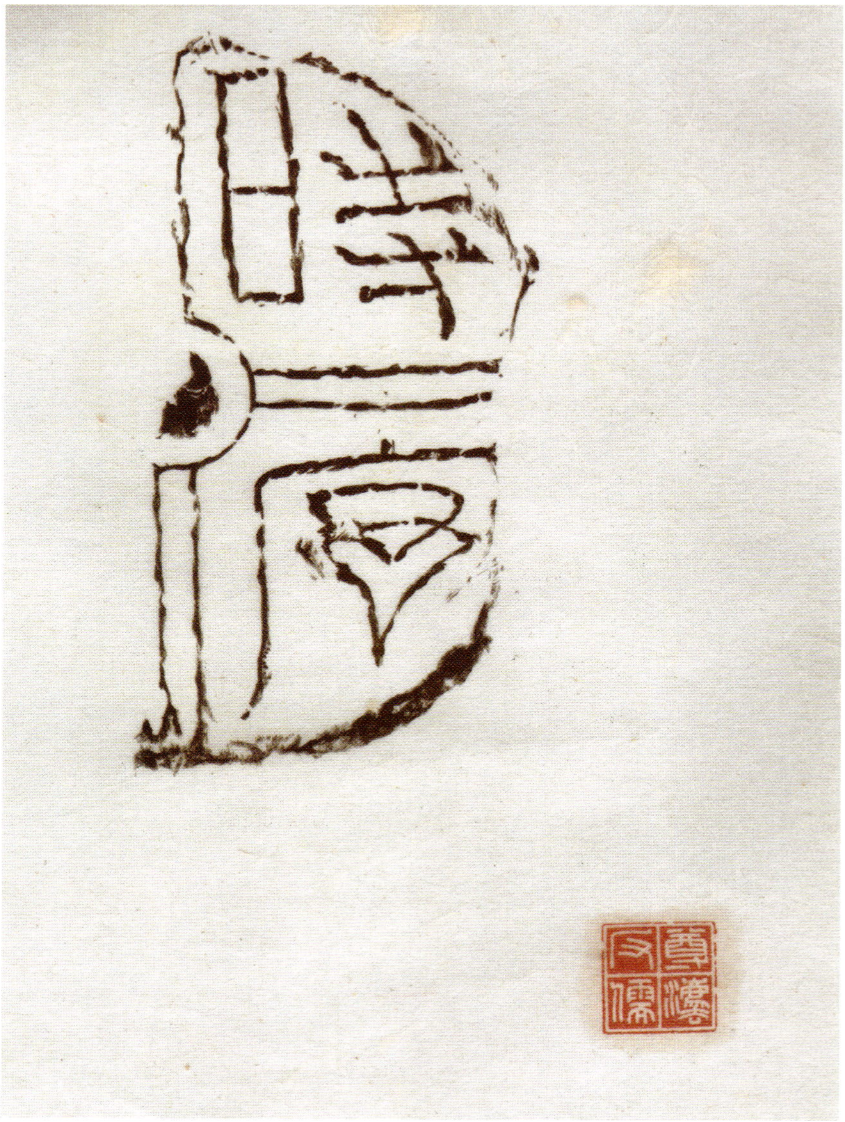

時序殘瓦

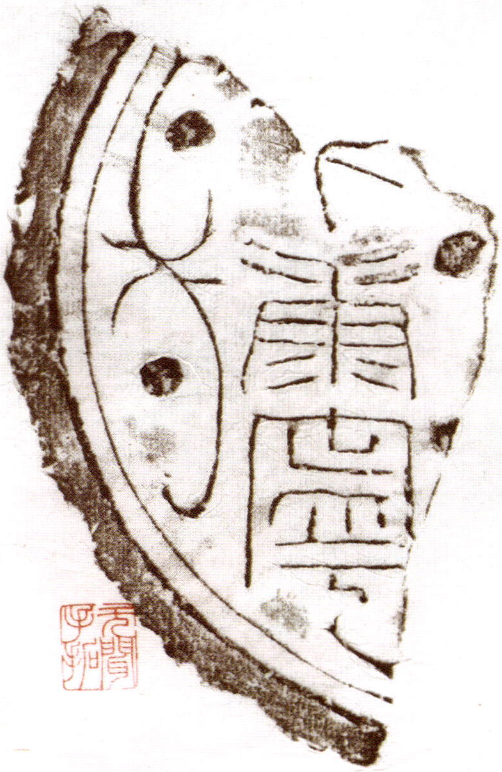

康寧殘瓦

鴛鴦殘瓦

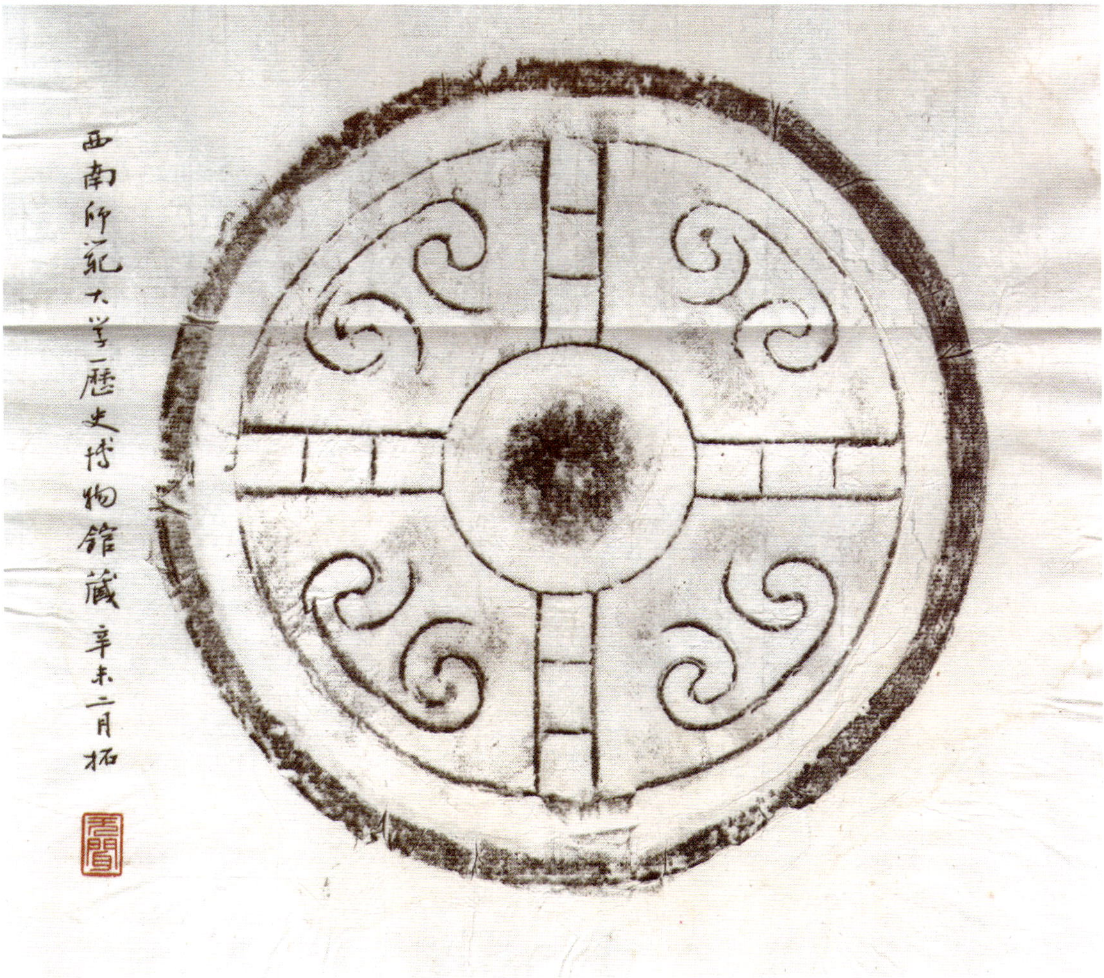
西南師範大學歷史博物館藏
辛未二月拓

雲紋瓦

□中殘瓦